Eva Tragner

Krisensicher

Eva Tragner

KRISENSICHER

VORBEREITUNG, VORRATSHALTUNG UND VORSORGE FÜR NOTZEITEN, BLACKOUT UND MÖGLICHE KRISEN

Leopold Stocker Verlag
Graz – Stuttgart

Umschlaggestaltung: Werbeagentur Rypka, A-8143 Dobl

Titelbild: Daniel Tragner, Glein, St. Margarethen bei Knittelfeld

Bildnachweis: Daniel Tragner: S. 20, 28 links, 41 oben, Mitte, unten, 162, 178 links; Markus Beren: 163 links oben, rechts unten, 164 2. Reihe link und Mitte, 3. Reihe links und Mitte, 4. Reihe Mitte; Zivilschutzverband Steiermark: S. 13. Alle anderen Abbildungen stammen dankenswerterweise von der Autorin.

Bibliographische Information der Deutschen Nationalbibliothek

Die Deutsche Nationalbibliothek verzeichnet diese Publikation in der Deutschen Nationalbibliographie; detaillierte bibliographische Daten sind im Internet über http://dnb.d-nb.de abrufbar.

Hinweis:

Dieses Buch wurde auf chlorfrei gebleichtem Papier gedruckt. Die zum Schutz vor Verschmutzung verwendete Einschweißfolie ist aus Polyethylen chlor- und schwefelfrei hergestellt. Diese umweltfreundliche Folie verhält sich grundwasserneutral, ist voll recyclingfähig und verbrennt in Müllverbrennungsanlagen völlig ungiftig.

Auf Wunsch senden wir Ihnen gerne kostenlos unser Verlagsverzeichnis zu:

Leopold Stocker Verlag GmbH

Hofgasse 5 / Postfach 438

A-8011 Graz

Tel.: +43 (0)316/82 16 36

Fax: +43 (0)316/83 56 12

E-Mail: stocker-verlag@stocker-verlag.com

www.stocker-verlag.com

ISBN 978-3-7020-2045-3

Layout: Werbeagentur Rypka, A-8143 Dobl

INHALT

WICHTIGE TELEFONNUMMERN

Notrufnummern Österreich	
122	Feuerwehr
133	Polizei
144	Rettung
140	Bergrettung
141	Ärztenotdienst
01/4064343	Vergiftungsnotruf

Notrufnummern Deutschland	
112	Feuerwehr/Rettung
110	Polizei
116 117	Ärztlicher Notdienst
112	Euronotruf

BEI EINEM NOTRUF GILT ES, DIE W-REGEL ZU BEACHTEN

WO? Wo wird Hilfe benötigt, Ort?
WER? Wer ist am Telefon?
WAS? Was ist passiert?
WIE? Wie viele Verletzte gibt es?

SIRENENSIGNALE

Dauerton von 3 Minuten	Warnung vor einer herannahenden Gefahr, Rundfunk einschalten
Auf- und abschwellender Heulton je 1 Minute	akute Gefahr, hier sollten Sie im Haus bleiben, Rundfunk einschalten
Dauerton von 1 Minute	Entwarnung, die Gefahrensituation ist zu Ende
Dreimal auf- und abschwellender Heulton (3-mal 15 Sekunden)	Einsatz der Feuerwehr

Für Informationen im Ernstfall schalten Sie bitte den Regionalsender/Rundfunk ein.

Die Zivilschutzalarmübung findet österreichweit einmal jährlich am ersten Samstag im Oktober um 12 Uhr statt. In Deutschland gibt es keine einheitliche Regelung, hier handhabt es jedes Bundesland unterschiedlich.

NOTIEREN SIE HIER WICHTIGE TELEFONNUMMERN

Ort/Person	Telefonnummer	Adresse
Gemeinde		
Arzt		
Zahnarzt		

Eltern		
Kinder		
Schwiegereltern		
Großeltern		
Geschwister		
Freunde		

VORWORT VON HERIBERT UHL, GESCHÄFTSFÜHRER ZIVILSCHUTZVERBAND STEIERMARK

„VORBEUGEN, DAMIT NICHTS PASSIERT – VORBEREITET SEIN, SOLLTE ETWAS PASSIEREN!"

Stellen Sie sich vor, plötzlich ist alles finster. Aber nicht nur das Licht geht aus. Der Kühlschrank summt nicht mehr. Das Radio hört auf zu spielen. Das TV-Gerät ist schwarz. Die Heizung heizt nicht mehr. Handy und Festnetztelefon sind stumm. Ampeln funktionieren nicht. Aufzüge stecken fest. Und das für Stunden, im absoluten Krisenfall für Tage. Undenkbar? Nein – leider nicht. „Blackout" – der großflächige, totale Strom- und Infrastrukturausfall – kann jederzeit auch bei uns passieren.

Soweit die schlechte Nachricht. Die gute: Österreichs Einsatzkräfte und Behörden sind für den Ernstfall gerüstet. Und auch Sie persönlich können sich gut vorbereiten, um gut durch die Stromkrise zu kommen.

24 Stunden unter Strom. Mehr als je ist unsere Gesellschaft von einer reibungslosen Stromversorgung abhängig. Längst haben wir uns daran gewöhnt, dass Strom uneingeschränkt aus der Steckdose kommt. In Wahrheit ist die Stromversorgung eine komplexe und technisch aufwändige Aufgabe. Der rasante Anstieg des Verbrauchs und die steigende Komplexität durch die Digitalisierung oder Energiewende machen unser Stromsystem immer anfälliger für Störungen.

Man kann sich das Stromnetz wie ein Straßennetz vorstellen. Die Hochspannungsleitungen (220.000 bis 380.000 Volt) sind die Autobahn. Sie bilden ein großmaschiges Netz, das sich über ganz Österreich bzw. über Europa erstreckt.

Der Strom sucht sich immer den einfachsten Weg vom Produzenten zum Verbraucher. Fällt eine Stromleitung aus, dann muss er auf eine andere Leitung ausweichen.

Großräumiges Systemversagen durch die sehr komplexe Koordination der unterschiedlichsten Netzebenen auf nationaler und internationaler Ebene macht das System der Stromversorgung auch verwundbar. Kleine Störfälle in Teilbereichen können einen Dominoeffekt auslösen und weite Kreise der Versorgung in

Mitleidenschaft ziehen. Solche lokalen Ereignisse können Unwetter sein (wie der Eisregen im Februar 2014 in Kärnten, der Steiermark und Slowenien), im Bereich der Datenübertragung liegen (wie im August 2013) oder auch durch extreme Schwankungen im Verbrauch oder der Produktion ausgelöst werden.

Eine Grundregel für Stromnetze ist, dass immer genau so viel Strom eingespeist werden muss, wie gerade verbraucht wird. Mit dem Stromverbrauch ändert sich auch die Netzfrequenz – die überall 50 Hertz beträgt –, aber immer ungefähr gleich bleiben sollte. Im Normalbetrieb kann die Frequenz in einem Bereich zwischen 49,8 und 50,2 Hertz variieren. Um bei Frequenzabweichungen wieder den Zielwert von 50 Hertz zu erreichen, werden ausgewählte Kraftwerke – meist Wasserkraftwerke – herangezogen.

Wir stehen vor neuen Herausforderungen. Die Entwicklungen in der Energieerzeugung machen es immer schwieriger, das österreichische und auch das europäische Stromversorgungssystem tatsächlich sicher zu betreiben. In den letzten Jahren sind durch den verstärkten Einsatz erneuerbarer Energien (Windparks, Photovoltaik) viele dezentrale Stromproduzenten dazugekommen. Die Einspeisung dieser Energieformen in das Netzsystem erhöht den Koordinationsbedarf und macht immer häufiger „Netzeingriffe“ notwendig, um die Versorgung stabil zu halten.

Da der Umstieg auf erneuerbare Energien gesellschaftlich erwünscht ist, werden sich die Stromnetze der Zukunft auf diese Aufgabe neu ausrichten müssen.

„Es ist nicht unsere Aufgabe, die Zukunft vorherzusagen, aber es ist unsere Aufgabe, darauf vorbereitet zu sein.“ *(Perikles)*

Tipp

Batterie-, Auto- oder Handy-Radio auf Ö3 einstellen, um Informationen zu erhalten.

Weitere Informationen finden Sie auf unserer Homepage unter www.zivilschutz.steiermark.at

Zivilschutz
Steiermark

KRISENSICHER – SICHER DURCH DIE KRISE

Liebe Leser!

„Krisensicher“ ist doch ein etwas ungewöhnliches Thema, auf das ich Sie in diesem Buch aufmerksam machen möchte – und das zu einer Zeit des Wohlstandes, in der die Regale in den Lebensmittelgeschäften noch täglich prall gefüllt sind, man in Kaufhäusern alles, was das Herz begehrt, findet und viele Menschen ihre Freizeit mit Kinobesuchen, in Lokalen oder Bars, im Theater, Fitnesscenter, Kosmetik- und Nagelstudio verbringen.

Ausgerechnet jetzt möchte ich Sie dazu anregen, sich mit Krisenvorsorge, Verzicht, Mangel, Bevorratung, Haushaltsfähigkeiten, Gartenkenntnissen und mit dem einfachen Leben wie früher zu Omas Zeiten zu beschäftigen.

Was werden Sie dann tun, wenn es in den Geschäften nur mehr wenig gibt oder aber Sie sich vielleicht viele dieser Dinge einfach nicht mehr leisten können? Bedenken wir dabei auch, dass viele von uns bereits jetzt sehr sparsam leben müssen und das Geld bis ans Monatsende schon oft einfach nicht mehr reicht.

Viel lieber beschäftigen wir uns heute mit Netflix, Instagram, Facebook oder Tinder. Es ist ein Rückzug in eine mediale Scheinwelt. Aber wer von diesen Kontakten, Followern und diesen vielen so genannten Freunden wird Ihnen dann in dieser schwierigen Zeit helfen können? Und wer von denen wird dann als echter, realer Freund an Ihrer Seite stehen?

Denn nur sehr wenige Menschen machen sich bisher Gedanken darüber, dass unser Wohlstand, unser jetziges Leben jemals in Gefahr sein könnten. Immer schneller, höher, weiter … so lautet ja das Motto der heutigen Zeit.

So sind viele Wohnungen voll von Luxusartikeln, schönen Möbeln, Dekorationsgegenständen und vielen unbrauchbaren Dingen. Doch für eine lebenswichtige Vorsorge, ja für die ist oftmals kein Platz übrig!

Viele wollen sich nicht mit den vielleicht überlebenswichtigen Dingen des Alltags beschäftigen oder auch nur darüber nachdenken, ob Sie ohne diesen ganzen Luxus leben könnten. Wer kennt denn heute noch die Geheimnisse des einfachen Lebens? Die zahlreichen, einfachen Zubereitungen von Oma und Opa? Wer hat noch das Wissen – *„das eigentlich überlebenswichtige Generationenwissen“* –, das eigentlich nie verloren gehen darf? Wovon würden wir leben, wenn wir diesen Reichtum heute nicht hätten? Was würden wir essen, wenn unser Versorgungssystem, dieses äußerst empfindliche System der Lieferketten, gestört werden und uns dadurch unsere gewohnte, selbstverständliche Versorgung fehlen würde?

Stellen wir uns einmal folgende Frage:

Was glauben Sie?

Wem wird es in Zukunft wohl besser gehen?

Dem, der sich bereits jetzt mit Bedacht auf eine mögliche Krise vorbereitet?

Oder dem, der sagt: Was soll schon passieren – das ist doch eh alles nur Panikmache!

Dieses Buch soll vor allem jene erreichen, die für ihre Lieben und sich selbst vorsorgen möchten, die diesem System nicht mehr vertrauen und viele Dinge in der heutigen Zeit, sei es Macht, Geld, Politik, Wirtschaft, Ökonomie und Menschlichkeit, anzweifeln.

Es ist für die Menschen, die sich über ein paar einfache Tipps freuen. Hier geht es nicht um eine extravagante Gourmetküche oder darum, wer die besten und ausgefallensten Ideen und Rezepte hat, sondern einerseits darum, was Sie aus den einfachen Lebensmitteln im Haushalt, den eingelagerten Vorräten und den Konserven vor oder während einer Krise alles zubereiten können, und andererseits darum, eine einfache bodenständige Küche ohne viel Schnickschnack für eine Zeit, wo es zwar Strom gibt, aber viele Lebensmittel noch nicht erhältlich sind.

Wenn Sie sich gut vorbereitet haben und dann nichts passiert, dann ist das nicht weiter schlimm und Sie haben dabei ja nichts verloren.

Wenn Sie sich aber auf eine mögliche Krise nicht vorbereitet haben und etwas passiert, dann kann es schnell sehr ungemütlich werden.

Beschäftigen wir uns mit Lösungen und sorgen wir rechtzeitig vor.

Erlernen wir jetzt schon wertvolle handwerkliche Fähigkeiten. Verbinden wir uns jetzt schon mit dem göttlichen Glauben, dem Ur-Vertrauen, und hoffen, dass am Ende sowieso alles gut wird.

Mögliche Gefahren bzw. Szenarien, wodurch wir in eine Krisensituation kommen könnten:

- Blackout (flächendeckender, länderübergreifender Stromausfall)
- Brownout (gebietsweise Stromabschaltung oder -ausfall)

- Cyberangriff (kein Internet, kein Strom o.a.)
- Finanzkrise (kein Bargeldwert o. a.)
- Pandemie (Krankheit, weltweite Ansteckungsgefahr)
- Unruhe, Krieg, Gefahr
- Spezifische Probleme: Umwelt- und Naturkatastrophen (Hochwasser, Lawinen, Trockenheit usw.)
- Globaler Lieferkettenzusammenbruch: Rohstoffe, Holz, Öl, Gas, Lebensmittel ...
- Klima- und Energiekrise
- und vieles mehr

WAS FÜR EIN THEMA!

Im ersten Moment bekommen Sie jetzt vielleicht etwas Angst, ein Panikgefühl, ein gewisses Unwohlsein usw., wenn Sie sich ein solches Szenario vorstellen, ja, da gebe ich Ihnen sicherlich vollkommen recht. Hier müssen Sie raus aus Ihrer Komfortzone und sich mit einer Sache beschäftigen, die wir alle nie erleben möchten und deshalb lieber gleich verdrängen.

Dabei tauchen Bilder im Kopf auf, die Sie sofort aus Ihrem Bewusstsein löschen möchten. Aber eines sei hier an dieser Stelle gesagt: Einmal ernsthaft darüber nachgedacht, lässt einen jeden das Thema nicht mehr los. Auch ein gewisses Unbehagen macht sich bei diesen Gedanken sofort breit, es startet ein Kopfkino, was, wäre, wenn?

Ich möchte hier mit diesem Buch aber absolut keine Angst und keine Panik verbreiten, doch nur mit einer guten Vorsorge können wir ruhiger in die Zukunft blicken. Erst eine bewusste Auseinandersetzung mit diesem Thema mildert die Angst. Natürlich hoffen wir alle, dass wir in unserem Leben nie in eine solche Krisensituation kommen werden, dennoch lehrt uns die Geschichte, dass Katastrophen und Krisen tatsächlich immer möglich sind.

Unser ganzes Versorgungssystem ist aber extrem störanfällig. Wenn auch oftmals ein nur unscheinbarer, kleiner Teil darin fehlt, wie z. B. ein Chip in der Technologie, wenn Treibstoffmangel herrscht oder das Getreide für die Futtermittelerzeugung fehlt (z. B. durch Trockenheit oder Hochwasser) usw., so hätte dies bereits in Kürze weitreichende Folgen.

Tipp

Mit einer guten Blackout-Vorsorge sind wir auch relativ gut für viele andere Krisen geschützt.

ERZÄHLUNGEN VON FRÜHER

Ganz gespannt hab ich mir immer wieder die Geschichten von damals angehört und auch heute noch lausche ich den Erzählungen meiner Großmutter. Wenn Sie von der Zeit, als sie noch jung war, und dem einfachen Leben nach dem Krieg erzählt, als keiner mehr als ein Paar Schuhe gehabt hat. Oder wie ihre Familie hinter der Scheune ein Schwein für den Eigenbedarf versteckt und gehofft hat, dass es keiner entdecken und stehlen würde. Und ihr Vater etwas Getreide unter einem Brett im Holzboden des Dachbodens aufbewahrt und ihre Mutter Fleisch in großen Gläsern eingekocht und diese in einem Blindboden in der Kammer aufbewahrt hat.

Sie erzählt von einer Zeit, in der man sprichwörtlich mit einer Scheibtruhe voll Geld zur Bank gefahren ist. Es ist über Nacht nichts mehr wert gewesen und mit zwei Laiben Brot hat man in dieser Zeit ein Stück Land erstanden! Lebensmittelmarken haben den Bedarf einer Familie erhoben und Genügsamkeit war der Menschen nährend Brot. Ja, diese Zeilen klingen beinahe unwirklich – und doch sind sie nur 2–3 Generationen von uns entfernt.

Ein alter Mann sagte einmal zu mir: „Weißt du, alle drei Generationen wiederholen sich so manche Ereignisse in der Geschichte. Das ist meist so lange, dass dann nur mehr ganz wenige von den Alten leben und Sie uns von ihren Erfahrungen als Zeitzeugen berichten können."

Gerade jetzt zur Zeit der Corona-Pandemie erzählt dieser: „Ja, damals ... da durfte man das Haus nach 20 Uhr auch nicht verlassen, es gab Passierscheine, die einen dazu berechtigten, und es wurde eine bestimmte Gruppe von Menschen aus dem öffentlichen Leben ausgeschlossen."

FÜR INTERESSIERTE AUS DER PROPHETIE

In alten Zukunfts-Prophezeiungen von Propheten, Sehern[1] und Hellsichtigen wird von verschiedenen möglichen Zukunftsszenarien, darunter auch vom Dritten Weltkrieg oder von den „Drei Tagen Finsternis", gesprochen (hierfür gibt es spezielle Lektüren).

Zuerst kommt ein Wohlstand wie noch nie, dann folgt ein Glaubensabfall wie nie zuvor und danach kommt ein Sittenabfall. Frauen tragen Männer- und Männer tragen Frauenkleidung. Die Leute werden mit etwas wie mit einem Bierdeckel bezahlen (Kreditkarte). Dann kommt eine große Zahl Fremder in das Land. Es herrscht eine hohe Inflation, das Geld verliert mehr und mehr an Wert. Dann kommen bald Steuern, die keiner mehr zahlen kann, es folgen Aufstände in Europa. In Frankreich beginnt es, Paris wird von den eigenen Leuten angezündet. Nach den ganzen Unruhen und Kriegen wird ein Friedensgipfel einberufen, wo der dritte Hochgestellte ermordet wird.

Dann beginnt's: Nach diesem Mord greifen die Russen über Nacht den Westen an. Orte unterhalb der Donau sind am sichersten. Weiße Tauben (wie Flugzeuge ohne Piloten, vielleicht Drohnen) kommen über die Alpen und werfen gelbe Pakete ab. Eine große Stadt und viel Land versinken im Meer und die Dreitägige Finsternis stoppt den Krieg sofort usw.

Dann kommt der große Weltfrieden, es wird von einer Zeit in einer schönen neuen Welt erzählt, von einer Zeit des Friedens und voller Freude, das als das so genannte Goldene Zeitalter beschrieben wird.[2]

[1] Z. B. Alois Irlmaier (1894–1959). Rutengeher und Hellseher, der Mühlhiasl (1753–1809), bekannt als der Waldprophet u. a.

[2] Jules Silver: Prophezeiungen bis zur Schwelle des 3. Jahrtausends, Ariston Verlag 1974

VORSORGE IST DER BESTE SCHUTZ

Glauben Sie mir, eine gute Vorsorge lässt in jedem ein Gefühl der Sicherheit aufkommen. Zu wissen, dass Sie im Notfall für sich und Ihre Familie vorgesorgt haben und auf einen gewissen Krisenvorrat zurückgreifen können, lässt Sie besser schlafen. Es ist wichtig, sich einmal mit diesem Thema auseinanderzusetzen, eine persönliche Checkliste zu erstellen, vorzusorgen und alles Notwendige für Ihre persönlichen Lebensumstände zu organisieren.

Dann können Sie auch wieder etwas entspannen, die Energie aus dem Thema rausnehmen und das Leben wieder in vollen Zügen genießen.

„Versuchen wir aus der Angst herauszukommen, denn Angst wirkt lähmend und Sie vermittelt Machtlosigkeit."

Tipp

Eine gute Vorsorge ist wie eine Lebensversicherung. Eine Versicherung für meine Zukunft, wir schließen sie heute ab und wissen nicht, ob wir sie jemals brauchen werden – und doch ist es ein gutes Gefühl, dass wir sie haben, um so etwas entspannter zu leben und uns um die Zukunft weniger Gedanken machen zu müssen.

FAMILIENORGANISATION

So Gott will, werden wir von sämtlichen Szenarien verschont bleiben. Sollte dennoch einmal etwas passieren, heißt es, Panik zu vermeiden, mit Ruhe die Situation zu analysieren und zu überlegen. Je besser Sie sich für einen Notfall vorbereitet haben, desto besser werden Sie in einer solchen Situation reagieren können.

Aufgrund der aktuellen Situation, zahlreicher Lockdowns und Quarantänen, stetig steigender Strom- und Spritpreise, zahlreicher drohender Lieferengpässe, des bevorstehenden Energie- bzw. Gasproblems, Blackoutgefahren usw. möchten immer mehr Menschen vorsorgen, damit sie für den Fall der Fälle eine kleine Notration zuhause lagernd haben, um sich etwas mehr unabhängig zu machen und mit dem, was ihnen aus ihrer Vorsorge zur Verfügung steht, eine Krisensituation gut zu überbrücken.

Was aber, wenn Sie gerne vorsorgen möchten, während sich Ihr Partner und der Rest der Familie nicht mit diesem Thema beschäftigen möchten? Hier höre ich dann sehr oft, dass viele dieser Menschen ihre Vorsorge im ganz Kleinen und ganz unauffällig machen müssen. Ich möchte Sie hier trotzdem dazu ermutigen: Wenn Sie den inneren Drang verspüren, vorsorgen zu müssen, dann bleiben Sie dran und sorgen Sie vor. Natürlich in Ihrem Rahmen und mit den Ihnen zur Verfügung stehenden Möglichkeiten. Wenn Sie dann Ihre Vorsorge nicht benötigen, dann ist ja nicht viel passiert. Sie bauen diese in den Alltag ein und verbrauchen sie oder aber Ihre Liebsten werden Ihnen eines Tages sehr dankbar für Ihr vorausschauendes Denken sein.

Diskutieren, besprechen und erarbeiten Sie am besten gleich heute mit Ihrem Partner und Ihrer Familie folgende Punkte:

- Wie gut sind wir für eine Krise gerüstet?
- Wofür möchten wir uns vorbereiten?
- Was müssten wir als Erstes tun?
- Für wie lange wollen wir vorsorgen?
- Wer kann was dazu beitragen?

Es gilt, erst einmal die wichtigsten Punkte einer Krisenvorsorge herauszufiltern:

- Was könnte in einer Krisensituation, zum Beispiel bei einem Blackout o. Ä., zu einem akuten Problem für mich werden?
- Um welche Dinge muss ich mich zuallererst kümmern?

Lassen Sie dazu Ihre Gedanken schweifen und machen Sie mit Ihrer Familie eine Art Brainstorming. Schreiben Sie dazu jedes Thema als Überschrift auf ein Blatt Papier und jedes Familienmitglied sagt dann, was ihm spontan zu diesen Themen einfällt. Wenn Sie es als Experiment versuchen möchten, schalten Sie dabei den FI-Schalter im Sicherungskasten aus, damit Sie gleich sofort live sehen, was alles nicht mehr funktioniert. Jede Familie hat andere Bedürfnisse und Gewohnheiten und nur so kann der Bedarf des Einzelnen gut erhoben werden. Für mich waren es diese Themen:

- Wasser
- Nahrung
- Wärme
- Hygiene
- Sicherheit

BLACKOUT

Die mögliche Gefahr eines flächendeckenden Stromausfalles!

Wir leben in einer Welt, die von einer funktionierenden Stromversorgung abhängt. Vieles basiert auf einer selbstverständlichen Funktion des Energienetzes. Sei es Handy, Computer, Supermarktkasse und Logistik, Geldautomaten sowie Zugriff aufs Bankkonto, Radio und Fernseher, Kochen und Kühlschrank, Versorgung, Produktion, Lieferketten sowie ein Großteil der medizinischen Versorgung u. v. m.

Viele Gebiete dieser Erde würde ein flächendeckender Stromausfall (Blackout) nicht so hart treffen wie uns Menschen in den westlichen, wirtschaftlich starken, industriellen Ländern. Denn wir sind es gewohnt, jederzeit alles rund um die Uhr und in einer großen Auswahl zu bekommen. Ganz selbstverständlich läuft bei uns das Wasser aus dem Wasserhahn, ein Knopfdruck reicht und unsere Wohnung wird mit Licht durchflutet und die wohlig-angenehme Raumtemperatur im Winter wird von einem Thermostat reguliert.

Unser Stromnetz ist in den europäischen Stromverbund UTCE eingebunden, in dem die Stromerzeuger sich gegenseitig aushelfen. Der Strom fließt mit 50 Herz in unseren Stromleitungen und kann mit einer Spannungsbreite von 0,2 (49,8–50,2 Herz) schwanken. In Österreich reguliert die AGP (Austrian Power Grid) den Stromfluss. In Deutschland sind es die vier Übertragungsnetzbetreiber (ÜNB): 50Herz, Amprion, TenneT und TransnetBW. Die AGP versucht, den Stromfluss so zu regulieren, dass immer genau so viel Strom eingespeist wird, wie auch gerade verbraucht wird. Bis vor wenigen Jahren musste hier selten eingegriffen werden. Aktuell jüngste Entwicklungen u. a. durch die Einspeisung erneuerbarer Energien, wie Windräder, Photovoltaik (erhöhen den Koordinationsbedarf), machen ein Eingreifen ins Netz immer häufiger notwendig, um die Spannungsfrequenz stabil auf 50 Herz zu halten.

Aber es gilt wohl auch zu bedenken, dass hier Ereignisse[3] außerhalb Österreichs oder Deutschland durch den Kaskadeneffekt des Verbundes ein Versorgungsproblem darstellen können, deshalb hängt die Stabilität nicht nur von unseren eigenen Vorsorgemaßnahmen, sondern von denen des gesamteuropäischen Verbundsystems ab.

Wenn es nicht möglich sein wird, das Netz zu stabilisieren, wird das System bei 47,5 oder 51,5 Herz gezielt rechtzeitig heruntergefahren, mit dem Hintergrund, dass so an elektrischen Anlagen keine großen Schäden an der Hardware entstehen, denn in diesem Falle würde sich ein Wiederhochfahren des europäischen Stromnetzes noch viel schwieriger gestalten.

Man geht davon aus, dass nach ca. 48 Stunden die Stromversorgung wiederhergestellt werden kann, wobei die Versorgung mit Kommunikation, Internet, Handy, lebenswichtigen Gütern, Treibstoff usw. erst frühstens nach ca. 14 Tagen zu erwarten ist.

Viele Expertinnen und Experten im Land halten einen solchen Blackout (flächendeckender Stromausfall) in den nächsten 5 Jahren für sehr wahrscheinlich.

Hierfür gibt es zahlreiche Informationen und Tipps vom Zivilschutzverband sowie auch vom Bundesministerium. So wird dort empfohlen, dass sich jeder Bürger darauf vorbereiten sollte, sich für ca. 14 Tage mit Gütern des täglichen Bedarfs sowie Medikamenten, Lebensmitteln und Getränken selbst zu versorgen. Denn Selbstschutz ist immer noch der beste Schutz!

---

[3] Seltene, aber schwerwiegendere Folgen für die Strominfrastruktur könnte ein starkes Erdbeben oder aber sogar ein gezielter Terror- oder Cyberangriff haben. Die Dauer der Wiederherstellung des Stromnetzes nach einem so massiven Problem kann aber nicht genau eingeschätzt werden.

Was wäre, wenn?

Was wäre, wenn es rund um mich dunkel wird, wenn bei mir und in der ganzen Nachbarschaft der Strom wegbleibt?

Wenn im Verteilerkasten aber alle Sicherungen in Ordnung sind?

Wenn ehemals leuchtende Städte und Dörfer finster sind, da nur wenige Einrichtungen über ein funktionierendes Notstromaggregat mit reichlich Treibstoff verfügen?

Und wenn im Radio von zahlreichen Tunnelsperren aufgrund eines Stromausfalls berichtet wird ...?

Hinweis

Die Notinformation über den Rundfunk, wie z. B. über Ö3, ist übers Auto-, Batterie- oder Kurbelradio gesichert und funktioniert.

Dies alles könnte ein Zeichen für ein beginnendes Blackout sein. Deshalb ist es immer von großem Vorteil, wenn Sie mit dem Auto unterwegs sind, eine Wasserflasche und etwas Bargeld mitzuführen. Achten Sie auch darauf, das Auto nie mit leerem Tank zuhause abzustellen, tanken Sie lieber öfters und fahren Sie nicht ganz ans Limit. Auch eine Straßenkarte im Auto (zur Orientierung) wäre sehr sinnvoll, vor allem, wenn Sie auswärts unterwegs sind, wo Sie keine Ortskenntnis haben. Sie müssen möglicherweise Umwege auf Landstraßen fahren, denn auf den Autobahnen könnte bereits Chaos herrschen bzw. könnten sie gesperrt sein.

Kennen im Notfall alle Ihre Familienmitglieder den Nachhauseweg zu Fuß?

Haben Sie Kinder im Kindergarten oder Schüler in der Schule? Was ist, wenn die U-Bahn oder der Bus nicht mehr fährt, kennen die Kinder den Nachhauseweg? Gibt es einen fix ausgemachten Notfalltreffpunkt und kennt diesen auch jeder in der Familie? Nicht dass Sie ihr Kind abholen wollen, es aber bereits unterwegs nach Hause ist und Sie panisch im Kreis fahren.

Wenn Sie ein Notquartier außerhalb Ihres aktuellen Wohnortes (oder entfernten Arbeitsplatzes) vorbereitet haben, überlegen Sie sich unbedingt im Vorfeld einen alternativen Anfahrtsplan, falls Straßen oder Tunnel gesperrt sind oder mögliche Unterführungen mit Wasser gefüllt sind.

ERSTER SCHRITT – DIE PLANUNG

Der beste Schutz für die Zukunft ist ein gesundes Maß an Vorsorge.

Was wir alle als Gemeinschaft zur optimalen Vorsorge für evtl. Problemsituationen in der Zukunft tun können, ist:

- Mit Ihren Nachbarn, der Familie und den Freunden über eine mögliche Vorsorge sprechen.
- Es gilt, die Menschen etwas zu sensibilisieren.
- Wenn möglichst viele Menschen in Ihrer Umgebung vorsorgen, dann wird es uns allen in einer Krise besser gehen und wir können uns gegenseitig besser helfen.
- Sprechen Sie vielleicht auch mit ihrer Gemeinde und deren Möglichkeit zur Vorsorge oder Sensibilisierung der Bürger und Bürgerinnen. Im Notfall wird fürs erste jede Gemeinde auf sich alleine gestellt sein, bis Hilfe ankommt, sodass es auch hier einen Notfallplan geben sollte.
- Ziel sollte sein, auf allen Ebenen handlungsfähig zu bleiben, um uns selbst in dieser veränderten Situation zu schützen, aber auch gegebenenfalls unseren Mitmenschen beistehen zu können.

Die beste Krisenvorsorge ist, einen Plan zu haben!

SOS-VORSORGEFAHRPLAN

Wir gehen grundsätzlich davon aus, dass wir von sämtlichen Szenarien verschont bleiben. Sollte dennoch einmal etwas passieren, heißt es, Panik zu vermeiden, mit Ruhe die Situation zu analysieren und zu überlegen. Je besser Sie sich für einen Notfall vorbereitet haben, desto besser werden Sie in einer solchen Situation reagieren können.

- Information
- Vorsorge planen
- dringenden Arztbesuch baldmöglichst erledigen
- ein gutes Netzwerk aufbauen
- Haushalt checken (Reparaturarbeiten erledigen)
- vertrauen, entspannen, zur Ruhe kommen

Was ist Schritt für Schritt zu tun?

- Familienorganisation
- Wasservorräte anlegen
- Lebensmittelvorräte anlegen
- Wärmequelle, Licht organisieren
- Hygiene, Hausapotheke
- für Sicherheit vorsorgen
- Tauschmöglichkeiten
- Wissen aneignen, handwerkliche Fähigkeiten und Bücher (Kochen, Gartenbau, Arbeiten mit Holz usw.) dazu erwerben

5 SÄULEN DER VORSORGE

WASSER

- Wasserflaschen für die Vorratskammer
- Regenwasser oder Schnee
- Gewässer, Bach, Fluss
- im Frühling Baumwasser (Birkenwasser)
- Wasser für Reinigungsmöglichkeiten

WÄRME, LICHT

- Holz, Feuer
- Campingkocher, Gasgrill
- Notstromaggregat
- Kerzen, Taschenlampe, Brennpaste
- Petroliumofen oder Teelichtofen

HELFER AUS DER NATUR

- Wasser
- Feuer, Holz
- Früchte, Beeren, Pilze
- Knospen, Blätter, Blüten, Wurzeln
- Fisch, Fleisch (Jäger)

HAUS-APOTHEKE

- Medikamente für den täglichen Bedarf
- Schmerzmittel (Entzündungen)
- Salben gegen Wunden, Verletzungen, Verbandsmaterial
- Medikamente gegen Erkältung, Husten, Fieber
- Allergiemittel

NAHRUNG

- Grundnahrungsmittel (Zucker, Mehl, Öl, Salz)
- Eiweiß (Fisch, Fleisch, Bohnen, Linsen)
- Kohlenhydrate (Kartoffeln, Nudeln, Couscous, Reis, Hirse, Dosenbrot)
- Gerichte ohne Kochen: Konserven, selbst Eingemachtes oder Fertignahrung
- Obst und Gemüse (Säfte, Gläser oder Eingemachtes)

Bedenken Sie: Diese Tipps sind bloß Anregungen, Ansätze und Ideen und sollten auf alle Fälle von Ihren eigenen Vorstellungen ergänzt werden.

WAS IST IM ERNSTFALL EINES BLACKOUTS ZU TUN?

- Wenn möglich, am Nachhauseweg noch letzte Besorgungen machen, falls manche Geschäfte über ein Notstromaggregat verfügen (der Kriseneinkauf soll hier aber bereits erledigt sein). Solange Sie noch etwas Frisches, wie Milchprodukte, Brot, Obst, Gemüse usw., bekommen, sollten Sie zugreifen. Da Kassensysteme nicht mehr funktionieren werden, denken Sie an etwas Bargeld. Höchstwahrscheinlich werden hier viele Geschäfte leicht verderbliche Waren, wie Tiefkühlware, ausgeben bzw. kleine Versorgungspakete für z. B. € 20,- Bargeld anbieten.

- Sparen Sie den Treibstoff und planen Sie Ihre Fahrten sorgfältig. Deshalb ist es auch sinnvoll, den Tank nie ganz leer zu fahren.

- Die meisten Tankstellen verfügen über kein Notstromaggregat, somit bekommen Sie auch keinen Sprit mehr. Falls Sie doch eine solche kennen, müssen Sie ausreichend Bargeld mithaben. Sie könnten einen Reservekanister für Ihr Auto oder ein Stromaggregat bereits jetzt schon vorab zuhause einlagern und regelmäßig umwälzen.

- Im Haus oder in der Wohnung die Wasserleitung aufdrehen und das Wasser in Kübel, Badewanne oder Töpfe füllen und, nicht vergessen, anschließend den Wasserhahn wieder abdrehen. Sie bekommen vielleicht noch bis ca. 1–2 Stunden nach dem Stromausfall Wasser aus dem Speicher. Je nach Wohngebiet gibt es mitunter eine relativ gute und gesicherte Wasserversorgung. Da dies in jedem Ort unterschiedlich geregelt ist, erkundigen Sie sich hier am besten bei Ihrer Gemeinde, Kommune bzw. Wasserversorgung.

- In Österreich den Radiosender Ö3[4], Ihren Regionalsender oder den Staatsfunk (z. B. über ein batteriebetriebenes Radio, Kurbel-, Solar- oder Autoradio) einschalten und auf Informationen immer zur vollen Stunde warten.

- Alle Elektrogeräte ausschalten, ausstecken oder vom Stromkreis trennen, es kann zu Beginn eines Blackouts immer wieder zu Überspannungen kommen. Eine kleine Kontrolllampe eingeschaltet lassen, um rechtzeitig zu wissen, wann der Strom wieder funktioniert.

- Für Tiefkühlgeräte brauchen Sie genügend Tücher, um das Abtauwasser, das sich sammelt, aufzuwischen. Am besten wäre es, wenn Sie die Gefrierschranktür so lange wie möglich komplett geschlossen lassen, um so die Temperatur möglichst lang zu halten, und dann zügig das Tiefkühlgut verarbeiten und evtl. am Notfallkocher haltbar machen.

- In der Wohnung sofort mögliche Stolperfallen vom Boden oder vom Gang entfernen.

- Eine Lichtquelle für die Nacht bereitstellen. Vorbereitungen treffen und Wärmequelle, Taschenlampe, Kerzen und Zünder griffbereit halten.

- Überprüfen Sie, ob es bedürftige Menschen in der Nachbarschaft gibt: Sollte es einen Aufzug im Wohnhaus geben, schauen Sie bitte nach, ob jemand eingeschlossen ist.

- Wissen Sie von Personen in der Nachbarschaft, die Ihre Hilfe benötigen? Bedenken Sie, es wird womöglich keinen Pflegedienst, kein Essen auf Rädern usw. geben. Diese Personen haben wahrscheinlich auch keinen Notvorrat angelegt, daher bieten Sie hier eventuell vorab Ihre Hilfe für die Zusammenstellung und den Einkauf eines einfachen Notfallpaketes an.

---

[4] Ö3 gilt als Notfallsender und sichert die Kommunikation mit dem österreichischen Krisenstab.

- Man sollte bestmöglich helfen! Aber Achtung, trotzdem dürfen Sie sich selbst nie in Gefahr begeben.

Bei einem längeren Stromausfall ist zu beachten

- Miteinander in Kontakt zu bleiben, ist jetzt trotzdem wichtig, wie z. B. Informationen auf ein Anschlagsbrett bzw. Zettel aushängen und sich in der Nachbarschaft austauschen, da nicht jeder die Möglichkeit der Information über den Rundfunk hat.
- Stärken anbieten, wie Erste Hilfe oder Kochkenntnisse, Reparaturarbeiten, handwerkliche Unterstützung usw.
- Die ehrliche Nachbarschaftshilfe wird wichtig: „Gemeinsam sind wir stark." Aber achten Sie darauf, wem Sie vertrauen, denn trotz allem ist sich jeder selbst am nächsten.
- Nachbarschaftliche Notfallteams organisieren: Schutz, Verpflegung von bedürftigen und kranken Menschen.
- Gestrandeten, hilfesuchenden Menschen bestmöglich helfen, wenn Sie die Möglichkeit dazu haben.
- Sichere Wohnräume sollten nur in Notfällen verlassen werden.
- Sie sollten sich möglichst unauffällig verhalten und keine unnötige Aufmerksamkeit erregen (Achtung: Nicht unbedingt volle Lebensmittelkisten vom Kellerabteil sichtbar durchs Stiegenhaus in die Wohnung tragen).
- Nach mehreren Tagen ohne Strom fallen mancherorts weitere Probleme an. Der Hunger geht auf Suche ... es besteht die Gefahr von Raub und Plünderungen.
- Fenster evtl. verdunkeln. Licht und der Duft einer frischen Mahlzeit locken womöglich ungebetene Gäste an. Nach außen möglichst nicht den Anschein erwecken, dass Sie Wärme, Licht, Essen, Vorräte usw. zuhause haben.

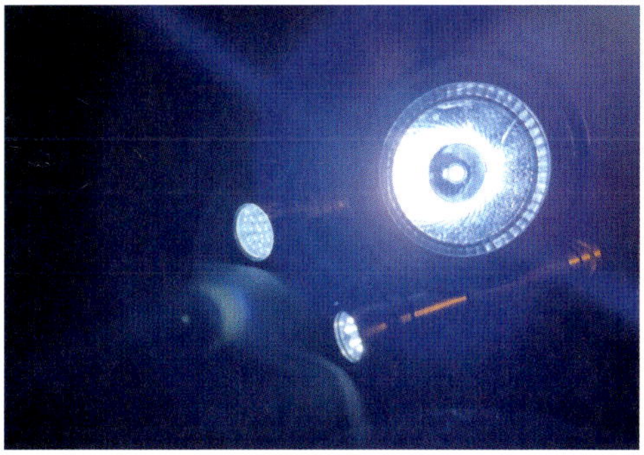

- Daher sollten Sie spätestens nach fünf Tagen (vor allem in der Stadt bzw. Stadtnähe) versuchen, den Außenbereich besser möglichst verlassen erscheinen zu lassen ... Verdorrte Blumen oder Müll sollen einen unbewohnten Eindruck hinterlassen und das Gefühl erwecken, dass bei diesem Haus nichts mehr zu holen ist bzw. bereits vorher jemand da war. Evtl. einen üblen Geruch verbreiten (dafür Buttersäure in ganz kleine Schraubgläser aufteilen und aufstellen). Achtung, das riecht wirklich schlimm, in manchen Wohngegenden sollte es auf alle Fälle keine Einladung für ungebetene Gäste geben.
- Falls Sie ein Stromaggregat besitzen und in Stadtnähe wohnen, sollten sie es nachts

nicht laufen lassen und tagsüber wirklich nur, um wichtige Dinge zu erledigen, wie speziell in der Landwirtschaft Tiere zu versorgen usw., weil es großen Lärm macht und ebenfalls ungebetene Gäste anziehen könnte. Aber nachts müssen Sie abwägen, je nachdem, wo Sie wohnen, ich würde es generell nachts eher ausschalten.

- Wenn Mitglieder der Einsatzkräfte für diesen Ernstfall privat gut vorgesorgt haben, werden sie in dieser Situation zum Einsatz bereit sein. Ich glaube, dass, wenn Gefahr in Verzug ist, diese ihre Familie, Frauen und Kinder nicht im Chaos zurücklassen werden. Deshalb wird genügend Information und ein guter gesunder Umgang mit der allgemeinen Öffentlichkeit und der privaten Krisenvorsorge ein wesentlicher Bestandteil für die gute Bewältigung eines solchen Ereignisses oder Zukunftsszenarios sein.

Für die Psyche

- Verteilen Sie in der Familie oder der Gruppe bestmöglich spezifische Aufgaben – je nach den Fähigkeiten, der Belastbarkeit und dem Können des Einzelnen. Jeder sollte hier eingebunden werden und etwas beitragen können), das stärkt jeden Einzelnen und den Zusammenhalt innerhalb der Gruppe.

- Gesellschaftsspiele, Karten, Rätsel, Hausmusik, Gitarre, gemeinsame Lieder singen und, wenn man gläubig ist, beten und meditieren. All das kann Ihnen etwas Kummer und Trübsinn nehmen. Vor allem positive Gedanken, Licht, Hoffnung und Visionen einer neuen Zukunft spenden Hoffnung und Trost.

- Belohnungssystem: Toll finde ich hier auch die Bohnen-Methode: Stecken Sie in die linke Hosentasche eine Handvoll rohe Bohnen. Bei jedem Ereignis, jedem Moment voll Freude und Dankbarkeit (und sei er noch so klein) wird eine Bohne von der linken in die rechte Hosentasche gesteckt. Abends kann man sich darüber austauschen und für all die positiven Ereignisse des Tages dankbar sein, sich gegenseitig loben und sich freuen, all das verspricht Zuversicht. (Quelle unbekannt.) Solche schönen Momente sind z. B. ein hübscher Vogel, ein Schmetterling, ein sonniger Tag, das Lächeln eines Mitmenschen, eine warme Mahlzeit usw. So können Sie sich ganz bewusst Glücksmomente schaffen.

- An wohltuenden Düften (echte ätherische Öle), wie Lavendel (beruhigend), Orange (stimmungshebend) oder Zirbenöl (entspannend), riechen und dabei tief einatmen.

- In akuten Stresssituationen sollten Sie ganz langsam von 50 rückwärts zählen, dabei immer wieder ganz bewusst ein- und ausatmen.

Wenn der Strom wieder kommt

- Sie sollten nicht sofort alle Geräte wieder ans Netz anschließen, es besteht die Gefahr von Überspannungsschäden und eine erneute Überforderung des kompletten Stromnetzes. Es wird dauern, bis alles wieder stabil läuft, von starken Schwankungen im Stromnetz anfangs wird ausgegangen. Besonders Serverdaten könnten so stark beschädigt werden.

- Wenn der Strom wieder da ist, heißt es noch lange nicht, dass alles wie vorher ist. Falls die Lebensmittelgeschäfte noch intakt sind und hoffentlich nicht Opfer von Vandalismus wurden, wird es trotzdem noch etwas länger dauern, bis die nötige Ware nachgeliefert werden kann, die Mitarbeiter wieder dort erscheinen und die Tore sich wieder öffnen.
- Kühlketten wurden unterbrochen! Und viele Großlager von Konzernen verfügen über kein Notstromaggregat, diese lagern jetzt ungenießbare Tiefkühlware und Lebensmittel.
- Das Ausmaß des Schadens, z. B. bei Rinder-, Schweine- und Hühnerzuchten, ist unermesslich und viele Tiere müssen wahrscheinlich notgeschlachtet werden, da die Tiere in diesen riesigen Betrieben, in denen es Hunderte oder Tausende Stück Vieh gibt, nicht mehr von Hand versorgt werden konnten und die Notstromversorgung nur bedingt gereicht hat. Aber auch die großen klimaempfindlichen Gewächshäuser für den Gemüseanbau dürfen hier nicht vergessen werden. Auch sie haben möglicherweise Schaden genommen.

- Vermeiden Sie es, nun das Telefonnetz zu überlasten. Alle nicht lebenswichtigen Anrufe können jetzt womöglich ernste Hilferufe blockieren.

WASSER

Wir können eine gewisse Zeit ohne Essen überleben, aber nicht ohne Wasser. Um Leitungswasser für längere Zeit haltbar zu machen, muss es keimfrei gemacht werden.

Eines der wichtigsten Dinge ist Wasser ... ohne Wasser gibt es kein Leben.

- Sorgen Sie für ausreichend Trinkwasser, man rechnet pro Person und Tag mit mind. 2–3 Litern Wasser (bzw. Flüssigkeit). Für eine Person und 10 Tage wären das mind. 22–30 Liter Wasser. Das sind pro Person ca. 3 Stück von diesen Sechserpacks Wasser mit je 1,5 Litern.
- Wasser am besten in Kisten lagern, denn diese sind im Keller besser stapelbar. Glasflaschen sind zu bevorzugen und auch optimal zum Wiederverwenden. Aber in der Not ist alles besser als nichts.
- Bei Stromausfall sofort die Wasserleitung aufdrehen und das Restwasser in Kübeln, der Badewanne oder in großen Töpfen auffüllen.
- Kennen Sie in Ihrer Wohnnähe eine natürliche Trinkwasserquelle oder einen Brunnen? Wenn ja, kommt man da auch gut ran, ohne sich der Gefahr auszusetzen, sich zu verletzen?
- Haben Sie auch ein passendes Gefäß zum Transportieren von Wasser?
- Für ganz kleine Haushalte mit Platzproblemen gibt es faltbare Wassertanks aus dem Campingbedarf. Auch eine mobile Campingdusche wäre klein und faltbar.

- Bedenken Sie, auch zum Kochen brauchen Sie Wasser, egal ob für eine Suppe, den Reis, die Nudeln oder für die Babyflasche ...

- Auch an die Reinigung von Geschirr und Töpfen (es sollte ja auch alles wieder sauber werden) denken. Für Notfälle reichen eine Packung Einweggeschirr bzw. Pappteller, Feuchttücher oder eine Küchenrolle auch.

- Tau und Regenwasser können unterwegs mit einer Plastikplane oder einem Regenponcho gesammelt werden.

- Birken transportieren im Frühjahr sehr viel Wasser aus dem Erdinneren. Dieses wird durch das Abbrechen eines Ästchens, das dann in eine Öffnung einer Wasserflasche ragt, aufgefangen. Oder in die Birke wird im unteren Drittel des Stammes ein Loch gebohrt und mit Hilfe eines Strohhalms oder eines hohlen Pflanzenstammes in einem Behälter das Wasser aufgefangen.

- Ein einfacher Stofffilter leistet gute Dienste gegen Sand und Schlamm. Das Wasser zum Filtern ganz langsam durch ein T-Shirt träufeln lassen.

- Wir müssen uns eventuell auch eine einfache Wasser-Aufbereitungsmöglichkeit überlegen? Wie kann man einen Notfallwasserfilter selber bauen? Eigenbau Lagenfilter z. B. aus einer alten Wasserflasche oder einer Socke: Dafür eine leere Plastikflasche mit der Öffnung nach unten hinstellen. Oben wird mit einem scharfen Messer der Rand abgeschnitten. Nun kommt ein Stück Stoff hinein, darüber eine ca. 5 cm dicke Schicht feine Kieselsteine und eine Schicht Holzkohle, dann wieder ein feiner Stoff oder etwas Watte. Nun füllen wir ca. 10 cm feinen Sand auf, geben

darüber nochmals feine und zum Schluss gröbere Kieselsteine. Nun bedecken wir unseren Filter wieder mit etwas feinem Stoff und lassen das trübe Wasser tröpfchenweise ganz langsam durchsickern. Anschließend das Wasser trotzdem gut abkochen.

- Beim Abkochen muss das Wasser mindestens 10 Minuten sieden. Nach dem Abkochen mehrmals umgießen und es mit Sauerstoff anzureichern.

- Alternative Wasserfilter zur Haltbarmachung wären auch Silbermünzen (diese werden einfach dem Wasser hinzugeben) oder Silberionen bzw. Kolloidales Silber zum Abtöten der Bakterien.

- Weiters Wasseraufbereitungstabletten zur Desinfektion, wie Micropur, Certilsil, CDL und Aktivkohletabletten.

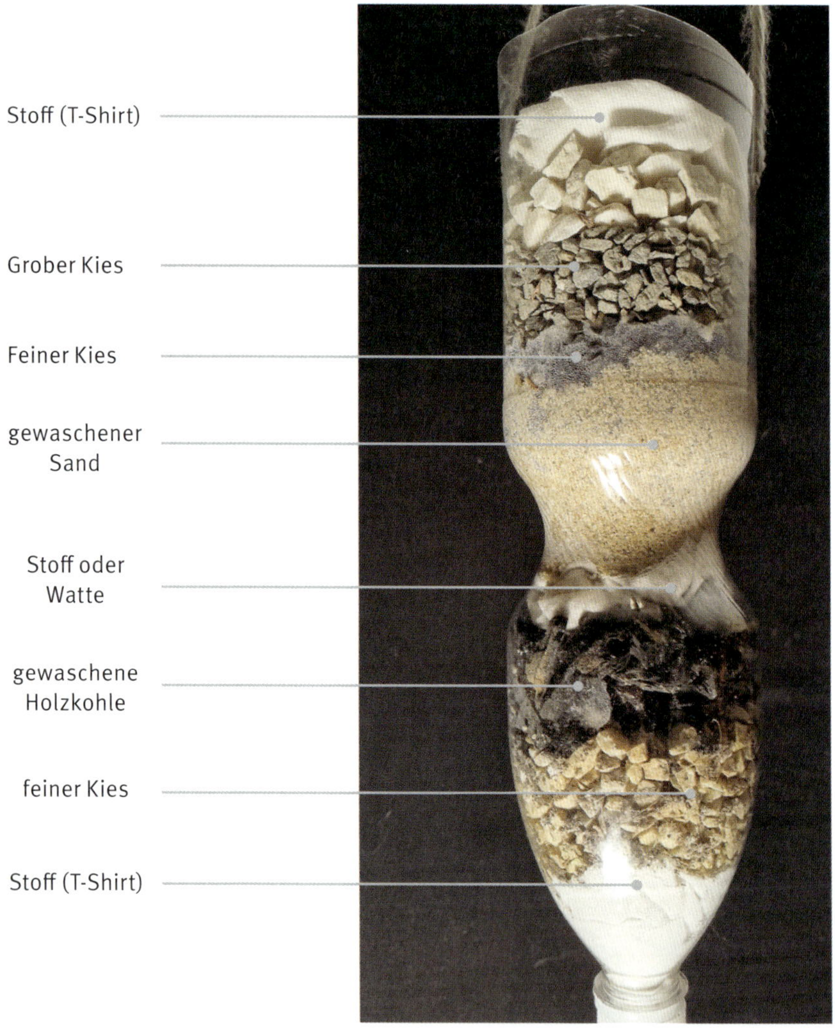

- Wasserfilterkaraffen oder Flaschen, die das Wasser von Verunreinigungen filtern, wie z. B. MSR- oder Katadyn-Taschen oder Reise-Wasserfilter PF mit Ersatzfiltereinsätzen gegen Bakterien und schlechte Gerüche, jetzt schon vorab organisieren.
- UV-Desinfektion mit Sonnenlicht: In eine gut gereinigte, durchsichtige PET-Flasche wird möglichst sauberes und reines Wasser eingefüllt. Bei direkter Sonneneinstrahlung wird diese Flasche mind. 6 Stunden oder 2 Tage, falls dazwischen der Himmel bewölkt ist, in die pralle Sonne gestellt. Das Wasser wird durch einen reflektierenden Untergrund, wie z. B. einer schwarzen Folie oder einem halbseitigen Anstrich der Flasche mit schwarzer Farbe, durch die UV-Strahlung desinfiziert. Nun kann das Wasser getrunken werden. Die so genannte SODIS (Solar Water Desinfektion) ist ein in Zürich (Eawag) entwickeltes Verfahren, um Wasser keimfrei zu machen, und wird bereits in zahlreichen Entwicklungsländern erfolgreich angewendet.
- Ich befülle von Zeit zu Zeit immer leere 10-Liter-Wasserkanister, die ich dann, wenn ich das Wasser wechsle, später zum Blumengießen verwende oder mit denen ich einen Baum oder Strauch gieße. Anschließend wieder neu mit frischem Wasser befüllen und dunkel in der Vorratskammer beiseitestellen. (Das mache ich alle 6 Monate einmal.) Diesem Wasser könnten Sie dann zur Haltbarkeitsverlängerung z. B. eine Silbermünze hinzufügen.

Genauere Informationen für mobile Wasserfilter bzw. Aufbereitungsmöglichkeiten im Outdoorbereich können Sie auch in einem Shop für Campingbedarf nachfragen.

SICHERHEIT

Im Falle von Unruhen im Land oder Nahrungsmittelknappheit steigt die Gefahr von Angriffen, Überfällen und Plünderungen. Hier sollten Sie auch für die eigene Sicherheit bzw. Verteidigung vorsorgen.

- Versperren Sie alle Kellerabteile, Nebengebäude, Gartenhütten etc., damit dort niemand Schaden anrichten bzw. sich einnisten kann. Eventuell verdecken Sie diese mit Brettern, Ästen usw., um diese nicht besonders einladend wirken zu lassen.

- z. B. Pfefferspray (alternativ Tierabwehrspray): Der Pfefferspray ist in Deutschland frei käuflich, fällt aber in Österreich unter das Waffengesetz und darf nicht frei gekauft werden. Ab 18 Jahren (in Deutschland ab 16 Jahren) darf aber zum Schutz vor Wildtieren ein Tierabwehrspray (Pfefferspray) bei sich getragen und auch problemlos gekauft werden. Wird dieser im äußersten Notfall zur Verteidigung gegen Menschen angewandt, gilt das als Notwehr und wird nicht strafverfolgt.

- Golfschläger, Baseballschläger sind relativ klein, handlich und sorgen im Notfall für eine gute Verteidigung.

- Trillerpfeife (pro Person): Um sich lautstark bemerkbar zu machen oder um jemandem ein Signal zukommen zu lassen, empfiehlt es sich, eine Trillerpfeife zur Hand zu haben. Falls jemand im Garten herumschleicht, hat jeder im Haus den Auftrag, laut zu pfeifen. Dann wissen alle sofort Bescheid, z. B. dass da ein Fremder ist oder evtl. jemand Hilfe benötigt.

- Spraydosen (Haarspray, Lackspray ...)

- Selbstverteidigungskurs

- evtl. Schreckschusspistole o. Ä.

- Für unerwartete Besucher nachts können so genannte Stolperdrähte ausgelegt oder scheppernde Dosen oder auch Gläser aufgestellt werden usw.

- Leitern und Aufstiegshilfen rund ums Haus und von Wohnräumen unbedingt wegräumen!

- Die Fenster vom Kellerabteil sollten von innen verdeckt werden. Man sollte von außen nicht Ihre Vorräte erblicken können.

- Buttersäure in ganz kleinen Schraubgläsern aufteilen und aufstellen (extrem übler Geruch). Achtung, das riecht wirklich schlimm. Aber in manchen Wohngegenden kann es im Außenbereich von Vorteil sein, denn es sollte damit keine Einladung für ungebetene Gäste geben.

Hinweis

Für den Schutz und Ihre eigene Sicherheit müssen Sie selbst etwas Fantasie walten lassen, es geht womöglich um Ihr Überleben.

CHECKLISTE FÜR EIN NOTGEPÄCK BEI AKUTER GEFAHR

Manche Menschen müssen oder möchten sich zu ihrer eigenen Sicherheit auch auf eine Evakuierung oder plötzliche Flucht vorbereiten. Die Gründe hierfür können ganz unterschiedlich sein, z. B. wenn man in einem Überschwemmungsgebiet wohnt, bei Feuer, Unruhen usw.

Hier können Sie einen so genannten Fluchtrucksack, fertig bepackt, irgendwo gut in der

Wohnung verstaut (z. B. auf dem Kasten) griffbereit vorbereiten.

Der Vorteil eines Rucksackes gegenüber einem Koffer ist, dass Sie sich damit am Rücken frei bewegen können und immer beide Hände frei haben. Aber hierfür gibt es spezielle Survival-Bücher zum Nachschlagen.

Ich möchte Ihnen eine ganz einfache Checkliste zum persönlichen Erweitern mit an die Hand geben.

In diesem Buch gehen wir grundsätzlich von einem möglichen und sicheren Aufenthalt in den eigenen vier Wänden oder Ihrer gewählten Vorsorgeunterkunft aus.

Das brauche ich	hab ich	hab ich nicht
großer Rucksack		
Wechselwäsche (Unterwäsche, Socken, T-Shirt, Pulli, Hose)		
wasserdichte Jacke und Schuhe		
Mütze, Kappe, Tuch, Handschuhe		
Schlafsack, Isoliermatte, Regenponcho, evtl. Hängematte aus Fallschirmseide (wiegt inkl. Befestigungsvorrichtung ca. 800 g)		
Taschenlampe oder Stirnlampe sowie Ersatzbatterien		
Medikamente des täglichen Bedarfs, Pflaster, Erste-Hilfe-Set		
Kleiner Kulturbeutel		
Taschentücher, Feuchttücher, Gefrierbeutel (zum wasserdichten Einpacken oder Transportieren)		
Wasserfilter und Trinkflasche (evtl. Wasseraufbereitungstabletten)		
Besteck, Becher, Geschirr (Teller), Taschenmesser		
Notproviant: Fertignahrung, wasserdicht verpackt, die nicht gekocht werden muss, Eiweißdrinks, Müsli und Energieriegel, Instantgerichte, EPa* (Einmannpackung bzw. Einpersonenpackung), Dosen mit Öffner usw.		
evtl. Minikocher oder mehrere kleine Brennpasten		
Feuerzeug, Feuerstarter		
Fernglas		
Pfefferspray, Trillerpfeife o. Ä.		
Kurbel-Solarradio (mit integrierter Powerbank)		
Kompass		
Handy für Bilder usw. mit Ladekabel		
Karte der näheren Umgebung		
kleiner Notizblock, Bleistift, wasserfester Stift		
Kopie der wichtigsten Dokumente in einer Folie wasserdicht verpackt (und evtl. ein Bild der Familie sowie Adressen) oder evtl. auf einem Stick gespeichert.		
etwas Bargeld (kleine Scheine, etwa € 5,-) oder eine Tube Silbermünzen		

Tipp! Eichhörnchendepot

Wenn es wirklich sehr kritisch wird und Sie für einige Tage das Haus verlassen müssen, können Sie sich überlegen, eine kleine SOS-Box in der Wohnortnähe zu deponieren. Sie soll wasserfest und mit dem wichtigsten Inhalt sowie Langzeit-Notnahrung, Kochmöglichkeit usw. getarnt bzw. vergraben und gut verstaut sein. Falls Sie kurzfristig Ihren Wohnort verlassen müssen, haben Sie so eine erste Notanlaufstelle.

TAUSCHMITTEL UND VORSORGE

In schwierigen Zeiten lehrt uns die Geschichte, dass der Tauschhandel immer funktioniert hat, besonders am Schwarzmarkt lagen die Preise auch im Tausch gegen Lebensmittel sehr hoch. Die ältere Generation bezeichnete es damals auch als Bauern-Valuta, da Stadtleute mit Landleuten gerne für Speck und Brot, Zigaretten und Medikamente tauschten. Aber auch ein Tausch von Fähigkeiten oder Dienstleistung gegen Naturalien wird uns dann gemeinsam gut durch eine Krisenzeit bringen.

Falls es zu einem längeren Stromausfall kommt oder sich auch ein Finanzproblem dazu entwickelt oder das Geld entwertet wird, empfiehlt es sich bereits jetzt, einige Punkte im Vorfeld zu überlegen. Ich kann Ihnen an dieser Stelle keine speziellen Tipps geben, dafür gibt es aber viele Experten, die Sie bestimmt gerne beraten werden. Ich kann Ihnen höchstens eine Möglichkeit der Krisenvorsorge nennen, die sich bereits seit Jahrhunderten bewährt hat.

Bargeld

Haben Sie immer etwas Bargeld (nach eigenem Ermessen) zuhause, möglichst in einer kleinen Stückelung, da Sie damit rechnen müssen, dass es kein Wechselgeld geben wird und auch kein Bankomat, kein Bankschalter und kein Internetbanking funktionieren werden.

Tauschhandel

Einige wenige Menschen werden teilen und andere werden Dinge verschenken bzw. können Sie auf staatliche Versorgung hoffen, Sie sollten sich aber nicht 100 % darauf verlassen.

Es wird in einer Krise womöglich dann nur Ware gegen Cash akzeptiert oder auch ein Tauschhandel mit Tauschmitteln (siehe unten) betrieben, so wie früher.

Edelmetalle

Hierzu fällt mir ein altes Sprichwort ein: „Gold ist für den Grund und Silber für den Mund." Falls Sie die Möglichkeit dazu haben, wären ein paar Silbermünzen (die bekommt man aktuell für ca. € 25–30.- pro Unze) eine gute Kriseninvestition. Man sagt ja, Silber ist das Gold des kleinen Mannes, das können Sie auch, wenn die aktuelle Währung nichts mehr wert sein sollte, gut gegen Nahrungsmittel und Dinge für das alltägliche Leben eintauschen.

Gold steht nicht für große Gewinne, es steht vielmehr für Stabilität, es ist auch viel mehr für die Zeit danach, für die Zeit des Aufbaus, als Wertanlage gedacht. Man sagt, vor 100 Jahren hat man für eine Goldmünze (aktuell € 1.500,- pro Unze) einen maßgeschneiderten Anzug bekommen und einen solchen bekommt man heute noch dafür und wird ihn auch in 100 Jahren noch dafür bekommen.

Edelmetalle unterliegen natürlich Preisschwankungen, aber haben schon seit Tausenden von Jahren Kaufsicherheit bewiesen und das wird wohl auch für die nächsten tausend Jahre so sein.

Ein anonymer Kauf wird hier dennoch empfohlen, da es in der Geschichte schon einmal ein Goldverbot gab. Aktuell (2021) ist die Grenze für einen anonymen Kauf bei 10.000 Euro in Österreich pro Person und Kauf, in Deutschland bei 2.000 Euro. Auch mit Sammlermünzen ohne Nennwert, wie z. B. einem Dukaten oder Gulden, geht man hier auf Nummer sicher. Es gibt auch so genannte Tafelbarren, die man bei Bedarf in einer Krise (wie bei einer Tafel Schokolade) abbrechen kann.

Fremdwährung

Haben Sie die nötigen finanziellen Mittel dazu, wäre ergänzend auch ein kleiner Anteil einer Fremdwährung (Valuten), z. B. Schweizer Franken, Norwegische Krone, eine Möglichkeit. Oder investieren Sie in die Währung eines Landes, in dem Sie sowieso schon immer einmal Urlaub machen wollten. Bedenken Sie aber auch, dass es womöglich zu einem plötzlichen Reiseverbot kommen könnte (wie wir ja aktuell gesehen haben).

Tipp

Wertgegenstände sollten in solchen Zeiten nicht in der Bank aufbewahrt werden (im Ernstfall werden sie dort an Ihr Schließfach nicht rankommen). Werden Sie kreativ, notfalls legen Sie eine Liste mit ihren Verstecken an und übergeben diese für den Fall Ihres Ablebens einer vertrauten Person.

Dienstleistungen

Wissen, Leistung, handwerkliche Fähigkeiten oder Reparaturarbeiten können auch angeboten werden, nach dem Motto: Tausche Handwerk gegen Essen, verschiedene Güter und andere Dienstleistungen. Ich helfe (gebe) dir und du hilfst (gibst) mir. Auch so kann man gemeinsam eine Krisensituation gut überstehen.

Weitere beliebte Tauschmittel sind:

- Alkohol oder Whiskey
- Zigaretten, Zigarren oder Snus
- Zünder, Feuerzeug und Teelichter
- Kaffee
- Kakao
- Schokolade
- Zucker
- Schmerzmittel, Medikamente
- Werkzeug, Schrauben
- Lebens- und Nahrungsmittel, wie z. B. Brot
- Batterien

Tipp

Eine voll aufgeladene Powerbank kann in der heutigen Zeit auch sehr begehrt sein.

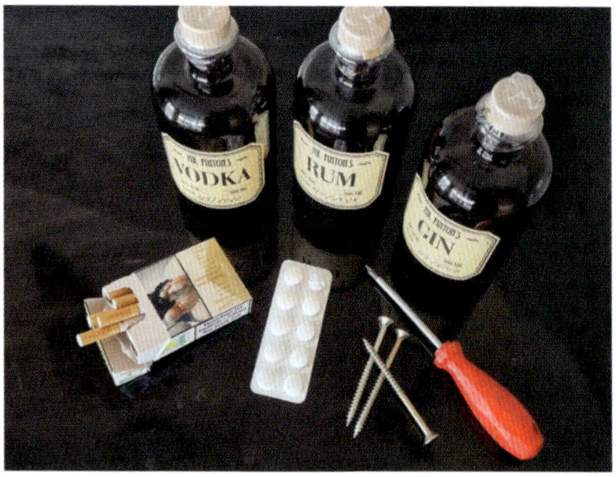

WEITERE WICHTIGE DINGE

Das sollten Sie weiters auf alle Fälle zuhause haben:

- Kopie aller wichtigen Dokumente, zusätzlich eingescannt und auf einem Stick gespeichert.
- Radio (Solar-, Kurbel-, Batterie- oder alternativ ein Autoradio)
- Taschenlampe, Stirnlampe inkl. genügend Batterien als Reserve (diese sollten von Zeit zu Zeit erneuert werden)
- Zündhölzer, Feuerzeug oder einen Magnesiumfeuerstarter
- einige Langzeitgrablichter, genügend Kerzen für Innenräume, evtl. Petroleumlampen inkl. Nachfüllung und Ersatzdocht, Solarlampe, Solarlaterne
- Powerbank, voll aufgeladen (oder auch Solar-Powerbanks)
- Ersatzbrille, Lesebrille

Beliebte Alltagshelden

Alltagshelden sind kleine Helfer, die uns den Alltag in einer Krise enorm erleichtern können.

- Gummibänder
- Spanngurte
- starkes Klebeband
- Tacker mit Klammern
- Papier
- Stifte
- Nähgarn
- Nadel
- Schere
- kleine Küchensäckchen, Gefrierbeutel, optimal sind auch Zipperbeutel
- Natur-, Garten- und Kräuter- sowie einfache Kochbücher
- Spiele und Spielkarten (gegen Langeweile, hebt die Stimmung)
- Müllbeutel in verschiedenen Größen
- Dosenöffner
- Funktions- oder Taschenmesser
- Anzündholz
- evtl. mobile Solarzelle
- Mausefallen
- Kohletabletten
- Bekleidung:
  - warme und intakte Kleidung
  - wasserfeste Schuhe
  - warme Socken
  - Regenschutz
  - Handschuhe
  - Mütze
- warme Decken
- Rucksack
- Stirnlampe
- Schlafsack
- Transportmittel, wie z. B. ein Fahrrad, inkl. Ersatzmaterial (wie Reifenschlauch, Luftpumpe, Radwerkzeug)

Tipp

Sie sollten schon vorab netzwerken! Bauen Sie sich bereits jetzt ein gutes Netzwerk auf, was sehr wertvoll für die Zukunft sein wird, z. B. mit Nachbarn und Menschen in Ihrer Nähe, denen Sie vertrauen können. Wer hat was und wie könnten wir uns in der Nachbarschaft gegenseitig weiterhelfen?

Auch Bildung, handwerkliche Fähigkeiten und Reparaturarbeiten, Kochen, Brotbacken, Einkochen, Gärtnern, Kräuterkunde usw. sowie Bücher zu diesen Themen können ein wichtiger Teil der Vorsorge sein.

NOTFALLAPOTHEKE

Persönliche, wichtige Medikamente für mind. 2 Monate auf Vorrat lagern, wie Pille, Insulin und Herzmedikamente usw. Auch an den Bedarf Ihrer Familienmitglieder denken.

Produkt	Haltbarkeit	Menge	Erledigt
Schmerz-, fiebersenkende und entzündungshemmende Mittel (z. B. Ibuprofen)			
Halswehtabletten			
Breitbandantibiotikum			
Augentropfen (z. B. Euphrasia)			
Durchfall (Kohletabletten)			
Magentropfen			
Wund- und Heilsalbe			
Desinfektionsspray			
Hustentropfen			
Erkältungssalbe			
Wärmende Salbe			
Nerventropfen			
Blutstiller			
Salbe gegen Verbrennungen			
Kalium-Jod-Tabletten (nur nach ausdrücklicher Anweisung der Behörde)			
Vitaminpräparate o. Ä.			
Allergiemittel (Antihistaminikum, Cortisonspray)			
Wunddesinfektion (Octenisept, Betaisodona-Spray o. a.)			
genügend Verbandsmaterial, den Verbandskasten aus dem Auto			
Fieberthermometer			
Pflaster			
Schere			
Pinzette (evtl. mit Lupe)			
Einweghandschuhe			
Mundschutz			
CDL			
DMSO			
Chlorella oder Zeolith (Vulkangesteinsmehl)			
Aktivkohle zur Wasserreinigung			
Wärmepflaster			

Erste-Hilfe-Kurse besuchen, Buch bzw. Broschüre für Erste-Hilfe-Maßnahmen anschaffen.

HYGIENE

Generell ist es empfehlenswert, immer eine kleine Menge von Pflegeprodukten in Reserve aufzubewahren und, wenn etwas ausgeht, kaufen Sie gleich zwei oder drei Produkte nach. Das sind alles Dinge, die wir täglich immer wieder brauchen und die durch die laufend steigende Inflation in Zukunft bestimmt nicht billiger werden.

Im Notfall eignen sich Hygieneartikel auch gut als Tauschware.

Produkt	Haltbarkeit	Menge	Erledigt
Zahnpflege: Bürste, Zahnpasta und Zahnseide			
Seife			
Shampoo			
Rasierzeug (Rasierschaum, Klingen)			
Deo			
Natron			
Wasch- und Putzmittel			
Küchenrolle			
WC-Papier			
Nagelschere, -zwicker, -feile			
Taschentücher			
Damenhygiene (Binden, Tampons[5], Menstruationstassen)			
Verhütung[6]			
Sonnenschutz			
Hautpflege (bei extrem trockener und rissiger Haut)			
genügend Müllsäcke in verschiedensten Größen			
Feuchttücher			
stilles Wasser			

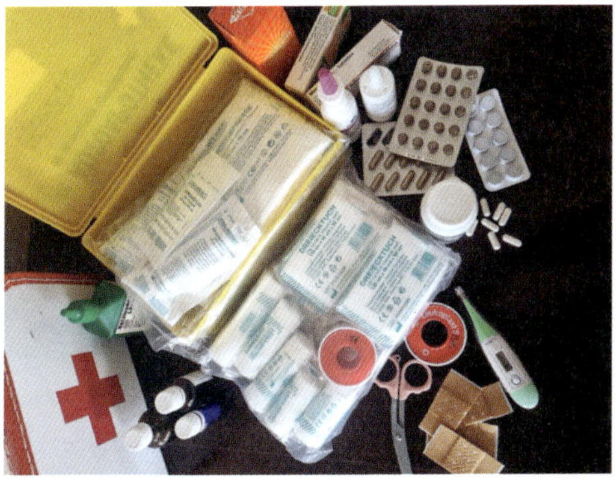

5 Ein Tampon gilt als Super-Feueranzünder für unterwegs, da er auch noch wasserdicht verpackt ist.

6 Kondome lassen sich unterwegs gut als Notfalls-Wasser-Transportmittel für ca. 1 Liter Wasser nutzen.

Ersatztoilette

Wenn das Abwassersystem nicht funktioniert, geht auch keine Toilette. Sie benötigen eine Ersatztoilette. Dafür könnten Sie Folgendes verwenden:

- Campingtoilette mit dazupassender Chemie
- Ein Kübel mit Deckel sowie viele dazupassende kleine Müllbeutel sowie Feuchttücher. Geruchsbindend zum Abdecken wären z. B. Natron oder Gesteinsmehl, aber auch Katzenstreu wäre eine gute Alternative.
- Trockentrenntoiletten (großes und kleines Geschäft getrennt sammeln)
- Am Land im äußersten Garteneck eine Grube ausheben, darüber evtl. eine feste Haltestange montieren und das Loch anschließend mit einem Brett zudecken. Das Geschäft mit Erde, Rindenmulch oder Sägespäne bedecken.
- Als Papierersatz im Freien könnten Sie im Sommer große Blätter, wie die der Pestwurz oder Ampfer, verwenden.

Tipp! Toilette in der Krise

Für einen gewohnten Sitzkomfort müssen Sie genügend Müllbeutel bevorraten und im Notfall über die WC-Brille stülpen bzw. einen kleinen Kübel, der hineinpasst, in das WC stellen und einen Müllsack darüberstülpen.

Es wäre ratsam, die Frage nach dem Abwasser vorab mit den Gemeindeverantwortlichen zu klären und zu erfahren, ob es bei ihnen im Haus bzw. in der Wohnung eine Hebeanlage oder evtl. Rückstauklappen für die Kanalisation gibt?

Einfache Ersatzmöglichkeiten für die Körperreinigung

NATURWASCHMITTEL

Ca. 2 EL Rosskastanie (oder Efeublätter bzw. Seifenkraut) zerkleinert mit 1 Liter Wasser ansetzen, einige Stunden stehen lassen und anschließend abseihen und ein weiteres Mal ansetzen. Das ergibt eine gute natürliche Lauge zum Waschen von Körper, Haaren, Wäsche und Geschirr.

SEIFENRESTE

Seifenreste können mit etwas Wasser geschmolzen werden und in eine Spenderflasche abgefüllt werden. Hierfür einfach ca.1 EL geraspelte Seifenreste in ca. ½ Liter Wasser aufkochen lassen, dabei rühren und abkühlen lassen. Anschließend die Flüssigseife in Spenderflaschen abfüllen.

NATRON

Natron pur oder mit etwas Wasser kann zur gesamten Körperpflege verwendet werden: zur Zahnpflege, als Deo, bei Fußgeruch oder sogar zum Wäschewaschen. Es wirkt geruchs- und bakterienhemmend sowie basisch.

Auch bei Sodbrennen ist Natron, mit etwas Wasser getrunken, ein wirksames Heilmittel.

Alternative Zahnpflege

- Asche können Sie, ganz fein pulverisiert, zum Zähneputzen verwenden. Sie macht schön weiße Zähne. Auch Natron ist dafür geeignet (siehe oben).

- Ein Salbeiblatt auf den Zeigefinger legen und damit die Zähne wie mit einer Bürste putzen. Salbei desinfiziert, reinigt, wirkt entzündungshemmend und hilft gegen Bakterien, Pilze und Viren.

- Mit Salzsole (3 EL Salz mit ⅛ Liter Wasser und evtl. 1 Zweig Rosmarin dazugeben) einfach die Zahnbürste befeuchten und wie gewohnt damit die Zähne putzen.

- Pappelknospen oder Weidenrinde wirken entzündungshemmend und wären ein Notfallmittel bei Zahnschmerzen. Mit Alkohol mörsern oder einfach die Knospen bzw. die zarte feine Rinde an der Triebspitze abschälen und kauen oder als Tee spülen.

Aschenseife, wie sie unsere Vorfahren vor Jahrhunderten hergestellt haben

Unsere Vorfahren hatten ein spezielles Seifenrezept aus Asche (Kohle) und Rindertalg (oft wurden auch die Knochen mitverwendet). Diese Seife wird aus einer Verbindung aus Fett und einer Lauge hergestellt. Ich habe dieses spezielle Rezept nach den Erzählungen von unserer Großmutter ausprobiert.

ca. 1–1½ kg Rindertalg • evtl. 1 EL Schweineschmalz • 100 g Holzasche • 1 l Quellwasser
2 EL Salz • 2 EL Natron • evtl. 10–20 g Bienenwachs

Reine Holzasche wird in Quellwasser ca. 1½ Stunden gekocht, dadurch ist die Lauge stark konzentriert. Anschließend wird sie abgekühlt, die Asche hat sich nun am Boden abgesetzt (sie kommt als Dünger in den Garten) und die Flüssigkeit wird abgeleert und bleibt als reine Lauge (pH-Wert 12) übrig.

Achtung!

Achten Sie darauf, dass die Lauge nicht in die Augen kommt!

In einem zweiten Topf werden 2–3 Teile Rindertalg zerkleinert (evtl. ganz wenig Schweineschmalz), mit ⅛ l Wasser ca. 1½ Stunde langsam erwärmt und sanft geköchelt, wobei sich die festen Stoffe hier trennen. Ich habe den Talg im Freien ausgezogen, da er sehr, sehr eigen riecht. Danach wird abgeseiht.

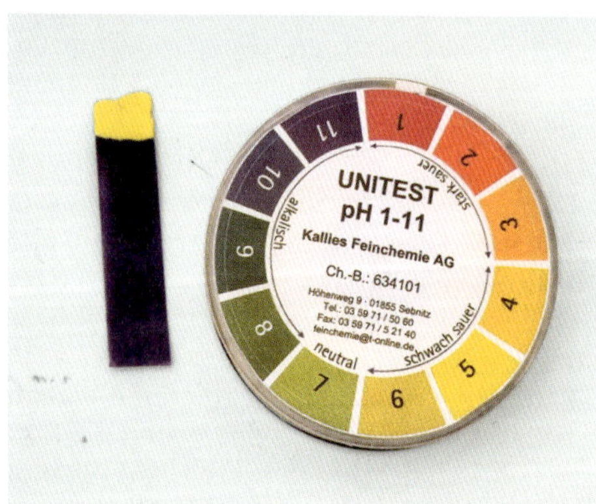

Das gereinigte Fett ist nun flüssig, es wird mit dem Bienenwachs geschmolzen. Die zimmerwarme Aschenlauge wird ganz langsam in das zimmerwarme Fett eingerührt. Die Masse mehrere Minuten miteinander gut verrühren (evtl. einen Mixstab verwenden) und anschließend 2 EL Natron und Salz dazugeben und weiterrühren. Wenn vorhanden, mit ätherischen Kräuterölen verfeinern und in Formen zum Aushärten abfüllen (oder in ein kleines Gefäß als Schmierseife gießen). Nach ca. 2 Tagen hole ich die Aschenseife aus der Form und stelle sie in den kühlen, trockenen Keller. Die Seife kann nach einer Lagerung von ca. 3 Wochen verwendet werden. Menschen der älteren Generation erzählen auch von Zusätzen, wie Seifenstein, Alaun, Pottasche oder Aktivkohle aus der Drogerie, die hinzugefügt worden sind.

Ich wollte die Aschenseife aber wirklich einfach, ganz ohne Zusätze versuchen und bin

überrascht vom Ergebnis. Die Farbe wird mit der Zeit etwas dunkler, die Seife ist allgemein sehr rückfettend und im warmen Badezimmer wird sie fast zu weich, d. h., es wäre besser, sie kühl zu lagern.

Für raue und stark beanspruchte Hände nach der Garten-, Holz- und Feldarbeit oder bei Rissen an den Fingern (von der Kälte und vom Wasser) ist sie eine ausgesprochene Wohltat.

WÄRMEQUELLEN ODER KOCHMÖGLICHKEITEN

Für den Außenbereich

Produkt	
Campinggrill	
Gasgriller mit genügend Reservegas	
Holzkohlengriller mit genügend Feuerholz bzw. Holzkohle	
Dutchofen (Gusseiserner Dreibeintopf mit Deckel zum Backen und Braten am offenen Feuer)	
Notfeuerstelle mit Ziegeln oder Steinen	
Feuerfester Topf oder Pfanne	
Stromaggregat mit Treibstoff, inkl. genügend Reservekanister, zum Bedarf passend, wie z. B. für eine Landwirtschaft	
Photovoltaik (im Inselbetrieb, funktioniert bei Stromausfall aber nur mit Speicher und Netztrennschalter)	

Beachte

Der Duft von Essen im Freien könnte ungebetene Gäste anlocken.

Für den Innenbereich

Produkt	
Fondueset mit genügend Brennpaste (ca. 20 Stück)	
Brennpaste mit Stövchen oder Herdrostgitter	
Campingofen für den Innenbereich	
Gaskocher mit Ersatzkartuschen	
Petroleumofen inkl. Brennmaterial	
Teelichtofen und ausreichend Ersatzteelichter	
Notkochstelle für den Innenbereich aus dem Baumarkt	
Kochkiste	
Holzherd	
Gasherd	
Wärmflasche	

Tipp

Im Winter als Wärmequelle an die gute alte Wärmflasche denken.

Sonstiges

Produkt	
Feuerschutz, Feuerlöscher, Löschdecke	
Reservezündhölzer und Feuerzeug	

Hinweis

Recherchieren Sie selbst in diversen Camping- und Outdoorabteilungen und informieren Sie sich. Überlegen Sie bereits heute, welche Möglichkeiten Sie haben oder was Sie dafür noch benötigen würden.

ALTERNATIVE LICHTQUELLEN UND KERZEN SELBST HERSTELLEN

Um wichtige Dinge zu erledigen und nicht völlig im Dunkeln zu sitzen, gibt es verschiedene Möglichkeiten, um etwas Licht ins Dunkel zu bekommen. Petroleumlampe, Taschen- oder Stirnlampe, Kerzen, Kurbel- oder Solar-Taschenlampe zum Aufladen sind gute Möglichkeiten. Auch eine relativ neue Erfindung am Markt ist ein Fairtrade-Produkt aus Afrika – das Sonnenglas. Das ist eine Lampe, die über eine Solarzelle betrieben wird. Es gibt auch Modelle, die zusätzlich mit einem USB-Anschluss geladen werden können. Diese Lampe soll eine Leuchtzeit von bis zu 20 Stunden haben.

Bedenken Sie beim Umgang mit offenem Feuer, dass Sie womöglich keine Feuerwehr erreichen können! Seien Sie daher im Umgang mit Feuer besonders achtsam und gehen Sie keinesfalls ein Risiko ein.

Hinweis

Achten Sie darauf, dass nie etwas leicht Entflammbares oder Brennbares in der Nähe von Kerzen und Feuer steht. Verschiedene Versuche werden immer im Freien auf einer sicheren feuerfesten Unterlage gemacht.

Achtung

Lassen Sie Kerzen und offene Lampen nie unbeaufsichtigt brennen! Besondere Vorsicht gilt auch bei Kindern und Haustieren.

Öllaterne oder Öllampe alternativ selbstmachen

Sie brauchen:

- ein leeres feuerfestes Einmachglas mit Deckel
- Runddocht, Schnürsenkel, ein Baumwollgarn, ein Stück Küchenrolle, einen Baumwollfaden, doppelt gezwirnt, oder aber einen Streifen Stoff aus einem alten, reinen Baumwoll-T-Shirt
- Öl, evtl. Wasser
- Feuerzeug

Zum Befüllen der Öllampe eignen sich Sonnenblumen-, Raps-, Oliven- oder Distelöl gut.

Zum Aufgießen können Sie auch einfach abgelaufenes Speiseöl verwenden. Für die Verwendung im Freien als Terrassenlicht (wegen des Geruchs) können Sie auch gebrauchtes Öl aus der Küche verwenden und so wiederverwenden und upcyclen.

MÖGLICHKEIT 1: ÖLLAMPE

Das Glas mit Pflanzenspeiseöl auffüllen. Ein ganz kleines Loch von unten durch den Deckel bohren. Einen Docht von unten durch das Loch stecken, evtl. doppelt nehmen und etwas kürzen. Das Glas zuschrauben, etwas warten, bis sich der Docht vollgesogen hat, und anzünden. Das Loch darf nicht zu groß sein, es darf kein Hohlraum entstanden sein, denn sonst funktioniert der selbstgemachte Docht nicht.

Tipp

In das Glas können Sie zur Dekoration Steine, Muscheln usw. und als besonderen Duft Orangen- oder Zitronenzesten und Gewürznelken hineingeben.

MÖGLICHKEIT 2: WINDLICHT

Als besonderen Windschutz können Sie das Glas in ein noch größeres Gurkenglas stellen, was Sie auch hübsch verzieren können. Möchten Sie die Kerze löschen, müssen Sie nur das größere Glas zuschrauben und so geht aufgrund von Sauerstoffmangel langsam das Licht aus.

MÖGLICHKEIT 3: ZWEI-PHASEN-LAMPE

Diese Lampe besteht aus einer Mischung von Wasser und Öl. Damit Sie nicht so viel Öl verbrauchen, können Sie das Glas zur Hälfte bis ca. ³⁄₄ mit Wasser befüllen. Wichtig ist hier, dass der Docht immer komplett im Öl schwimmt.

MÖGLICHKEIT 4: FLASCHENLAMPE

Nehmen Sie eine klare Glasflasche, füllen Sie diese zur Hälfte mit Wasser und zur Hälfte mit Öl auf. Bohren Sie in den Schraubverschluss ein Loch von unten nach oben durch, fädeln Sie einen Küchenrollendocht oder einen T-Shirt-Docht von unten durch, Kürzen nicht vergessen, und achten Sie darauf, dass der untere Teil immer im Öl schwimmt. Verschließen Sie die Flasche und lassen Sie den Docht mit Öl vollsaugen. Später können Sie ihn wie gewohnt anzünden.

Einen Docht alternativ selbst herstellen

Grundsätzlich kann Docht in 100-m-Rollen um wenig Geld gekauft werden. Oder Sie nehmen einen Baumwollfaden und reiben diesen mit etwas Wachs ein.

DOCHT AUS KÜCHENROLLE

Nehmen Sie ein kleines Stück Küchenrolle, ca. 3 cm lang und breit. Rollen Sie dieses ganz eng zu einer Schnur zusammen und stecken Sie es von unten durch Ihr Loch im Deckel. An der Oberseite, an der Sie den Docht anzünden, müssen Sie ihn etwas kürzen, ansonsten brennt die Flamme zu stark und es kommt zu vermehrter Rußbildung.

DOCHT AUS ALTEM T-SHIRT (REINE BAUMWOLLE)

Hierfür einen Streifen von einem alten T-Shirt (3,5 cm breit und 10 cm lang) abschneiden. Dehnen Sie ihn, damit der Stoff sich etwas mehr einrollt und so nun durch die Öffnung passt. Von unten durch die Deckelöffnung schieben und oben auf ein paar Millimeter kürzen, denn ansonsten rußt es zu stark. Das Öl ins Einmachglas einfüllen, zuschrauben, warten, bis sich der Stoffdocht vollgesogen hat, und anzünden.

WEITERE DOCHTALTERNATIVEN

Runddocht, Schnürsenkel, ein Baumwollgarn, ein Stück Küchenrolle, einen Baumwollfaden, doppelt gezwirnt – es gibt verschiedene Möglichkeiten, einen Docht nachzubilden.

In den Deckel ein ganz kleines Loch von unten bohren. Nun den Runddocht, ein Baumwollgarn, einen T-Shirt-Docht, Küchenrollen- oder einen WC-Papierdocht durchstecken oder versuchen, ihn dabei wie eine Schraube hineinzudrehen. Das Loch darf nicht zu groß sein, es darf kein Hohlraum entstanden sein, denn sonst funktioniert der selbstgemachte Docht nicht.

Schwimmkerze

Für eine selbstgemachte Schwimmkerze bzw. ein Schwimmlicht brauchen Sie:

- ein leeres Alu-Teelicht (von Wachsresten gründlich reinigen)
- einen Schraubverschluss aus Metall (verschiedene Größen)[7]
- ein feuerfestes Gefäß oder eine Schale

Die Schale oder das Glas mit ¼ Öl und ¾ Wasser befüllen (das ist sparsamer im Ölverbrauch, denn das Öl schwimmt ja auf). In ein leeres

Teelicht oder in die Schraubkappe mit einer Nadel von unten nach oben ein Loch durchstechen, damit es wie ein kleines Boot schwimmt. Ein kleines Klopapier oder Küchenrollenstück ganz fest kompakt zu einem Docht rollen, von unten durch das Loch ziehen und den Docht ganz kurz abschneiden. Ganz wichtig ist hier, dass der Rand ganz eng sitzt, sonst füllt sich der Schraubverschluss oder das Teelicht mit Öl und geht unter! Unser Behältnis nun mit dem Docht in eine Schale direkt auf das Öl geben und schwimmen lassen.

Wenn sich der Docht mit dem Pflanzenöl vollgesogen hat, können Sie die Kerze entzünden und fertig ist unsere selbstgemachte Schwimmkerze.

Für mehr Farbe könnten Sie hübsche Steine oder etwas Lebensmittelfarbe ins Wasser hinzufügen.

Teelichter

Teelichtformen aufheben und reinigen. Alte und übrig gebliebene Kerzenreste in einem Topf schmelzen lassen. Den Runddocht zu-

7 Wichtig: Jede Metall-Verschlusskappe hat innen eine Kunststoffdichtung. Diese gehört unbedingt (mit einem spitzen Gegenstand) entfernt, sonst beginnt sie beim Anzünden zu schmelzen, zu stinken und das Licht geht aus.

rechtschneiden. In die Teelichter entweder einen Dochthalter hineinstellen und sie dann mit den Kerzenresten auffüllen. Verwenden Sie einen selbst gebastelten Docht, stecken Sie ihn, solange das Wachs noch nicht ganz fest eingedickt ist, hinein. Falls jemand von Ihnen ein Imker ist, dann haben Sie den Luxus, Ihre Kerzen natürlich mit eigenem flüssigem Bienenwachs zu befüllen.

Tipp! Upcycling

So können Sie zu jeder Jahreszeit oder jedem Anlass die perfekte Beleuchtung mit Wow-Effekt aus altem Wachs zaubern.

Upcycling Kräuter-Gewürzkerze

Verschiedene Kerzenreste zusammensammeln und in einem alten Topf schmelzen lassen. In Silikonförmchen getrocknete Kräuter oder Gewürze, Beeren usw. verteilen. Das warme Kerzenwachs einfüllen und, kurz bevor das Wachs zu stocken beginnt, einen Docht einsetzen oder einen Docht mit Dochthalter verwenden. Nach dem Abkühlen aus der Form drücken.

KOCHEN OHNE HERD UND OFEN

TEELICHTOFEN ZUM KOCHEN BAUEN

Kein Strom zum Kochen? Dann könnte dieser krisensichere Teelichtofen für Sie die Lösung in der Not sein.

Dafür brauchen Sie:
den Rost vom Backofen • ca. 9 St. Teelichter oder eine Brennpaste
4 gleich große Steine, 2 Ziegel oder andere hitzebeständige Alternativen[8]
Backblech als Unterlage • eine Pfanne mit Deckel zum Braten oder einen Topf mit Deckel zum Kochen

Auf das Backblech stellen Sie zuerst die Steine, sie sollten etwas höher sein, als die Flammen der Teelichter brennen. Die Teelichter in der Mitte zentral aber mit genügend Abstand zueinander verteilen und den Gitterrost daraufsetzen. Darauf stellen Sie den großen Topf mit Deckel oder eine Pfanne. Zünden Sie die Kerzen an und los geht's.

Die Dauer variiert je nach Topf und Teelichtqualität. Am besten den Topf bzw. die Pfanne mit dem Deckel aufstellen, vorwärmen und anschließend etwas Öl in die Pfanne geben und das Hühnchen, Omelette, Pfannkuchen oder ein einfaches Fladenbrot beidseitig darin backen. Sie können aber auch einen Eintopf oder Nudeln darauf kochen sowie Wasser oder Babybrei erwärmen. Planen Sie dafür aber mindestens die doppelte Zeit als normal ein.

---

8 Falls Sie nichts anderes haben, nehmen Sie einfach vier Kaffeetassen, stellen diese verkehrt in die äußeren Ecken des Backbleches und setzen den Gitterrost darauf.

Gemüseomelette aus dem Teelichtofen

1 kleine Dose Gemüse • 5 Eier • 2 EL Mehl
100 ml Sahne oder Milch • 2 EL geriebener Hartkäse
Salz, Pfeffer und gehackte Kräuter • etwas Öl zum Backen

Zubereitung
Alle Zutaten verrühren. Den Teelichtofen einheizen und die Pfanne vorwärmen. Das Öl darin erhitzen, die Gemüse-Eier-Mischung eingießen und zugedeckt ca. 15–20 Minuten darin backen. Dann umdrehen und auf der anderen Seite nochmals kurz fertigbacken. Aufschneiden, mit gehackten Kräutern servieren und evtl. einen Salat dazu reichen.

Tipp

Einem echten Candle-light-Dinner steht nun nichts mehr im Wege.

TEELICHTBACKOFEN ZUM BACKEN UND BRATEN BAUEN

Kein Strom für einen Backofen? Dann könnte dieser Notfall-Ersatzbackofen für Sie die Rettung in der Not sein.

Dafür brauchen Sie:

Rost vom Backofen • ca. 9 St. Teelichter oder eine Brennpaste
4 gleich große Steine, Tontöpfe, 2 Ziegel oder andere hitzebeständige Alternativen
Nägel, Schrauben mit Muttern oder Kieselsteine • etwas Wasser (für Dampfgaren)
1 kleinerer Topf oder eine Metall- oder Emailschüssel (mind. 2 cm kleiner)
1 großer Edelstahltopf oder Gusseiserner Topf (wo der kleinere gut reinpasst) mit einem dazupassenden Deckel • Backblech als Unterlage

Auf das Backblech stellen Sie an die vier äußeren Ecken die Tontöpfe oder Ziegel auf, sie sollten etwas höher sein, als die Flammen der Teelichter brennen.

Die Teelichter in der Mitte zentral verteilen und den Gitterrost aufsetzen. Darauf stellen Sie den großen Topf (mit Deckel) und geben am Boden die Schrauben oder Steine (mit etwas Wasser) hinein. Das bewirkt, dass die Wärme gespeichert wird, die Luft zirkulieren kann und nichts anbrennt. Den kleineren Topf oder die Schüssel auf die Schrauben stellen, achten Sie dabei darauf, dass etwas Abstand zum äußeren Topf besteht. Nun auf den größeren äußeren Topf den passenden Deckel setzen.

Tipp

Den kleinen Topf können Sie vor der Anwendung etwas einölen, damit brennt Ihnen Ihr Back- oder Bratgut nicht an und die Luft kann darin wie in einem Backofen zirkulieren. So können Sie notfalls ein kleines Hühnchen, Brot (ca. ¼ kg), Nudeln, Auflauf, Reis, Linsen, Lasagne usw. backen bzw. dampfgaren und das auch ganz ohne Strom.

Brot auf dem Teelichtofen backen

250 g Mehl • ca. 100 ml Wasser (zimmerwarm)
½ Packung Hefe, Backpulver oder Natron
1 EL Öl, ½ TL Salz, evtl. Gewürze, wie Kümmel, oder 2 EL Leinsamen

Zubereitung
Alle Zutaten zu einem festen Teig verarbeiten, kneten und den Teig ca. 1 Stunde zugedeckt nicht zu kühl rasten lassen. In den etwas vorgewärmten Teelicht-Backofen etwas Öl geben und den Teig hineingeben, nach ca. 60 Minuten wenden und nochmals ca. 60 Minuten fertigbacken.

Risotto auf dem Teelichtofen backen

1 Tasse Reis • 1 Tasse rote Linsen • 3 Tassen Wasser • Suppenwürze, Kräutersalz o. a.
1 Glas Champignons • etwas Sahne, Butter oder 1 EL Öl • Kräuter

Zubereitung
Reis, rote Linsen, Wasser, Suppenwürze, Kräutersalz , Champignons in den Topf geben und miteinander verrühren. Die Masse in den Teelichtofen stellen, zudecken und ca. 45 Minuten garen lassen. Dazwischen einmal umrühren und evtl. etwas nachgießen. Anschließend mit etwas Butter (Öl), Sahne und mit gehackten Kräutern verfeinern. Bei Bedarf nachziehen lassen und heiß servieren.

Hinweis

Falls Sie die Möglichkeit haben, könnten Sie diese Methode natürlich auch anstatt mit Teelichtern im Freien mit einer Blechbüchse machen. Dafür in einer Blechbüchse oder Dose ein Feuer machen (mit kleinen Holzspänen). Am Rand die Ziegel aufstellen, den Rost mit Abstand daraufsetzen und den Topf daraufstellen.

Achtung!
- Lassen Sie Ihre Kochstelle niemals unbeaufsichtigt!
- Halten Sie Ihre Kochstelle stets von schnell entflammbaren Materialien fern und kochen Sie auf einer feuerfesten Unterlage (z. B. Backblech).
- Löschen Sie brennendes Öl und Fett nicht mit Wasser, sondern mit einer Löschdecke (durch Sauerstoffentzug) oder einem Feuerlöscher.
- Haben Sie eine Löschdecke oder einen Feuerlöscher stets griffbereit.

Für den Notfall! Energie und Teelicht sparen.

Gerichte kurz aufkochen lassen, z. B. mit dem Teelichtofen oder der Brennpaste und energieloses Fertiggaren in der Kochkiste (siehe unten)!

KOCHKISTE AUS OMAS ZEITEN

Klimafreundliches Kochen ohne Strom und Energie!

Unter einer Kochkiste versteht man einen Behälter, der wärmedämmend isoliert ist und in den Töpfe zum Fertiggaren der Speisen gestellt werden. Um das 19. Jahrhundert findet man in Kochbüchern einige Rezepte für Kochkisten, doch der eigentliche Erfinder der Kochkiste war Karl von Drais (1785–1851).

Vor allem in Zeiten, in denen Heiz- und Brennmaterial knapp und teuer waren und die Menschen nur mäßig oder gar keinen Strom zur Verfügung hatten, hatte die Kochkiste den Höhepunkt ihrer Beliebtheit erreicht. Vor allem in der Zeit zwischen dem Ersten und dem Zweiten Weltkrieg wurde in den Städten, wie z. B. in Berlin, der Strom so rationiert, dass man nur zu gewissen Stunden, meistens nachts, Strom für den Haushalt nutzen konnte. Also wurde in den frühen Morgenstunden gekocht und das Essen dann in der Kochkiste fertiggegart. Mittags hatte man dann eine fertige warme Mahlzeit.

Oft wurden diese Kisten damals in so genannten Einbauküchen in Schränken fix miteingeplant.

Hatte man keine Kochkiste zur Verfügung, wurde der Topf mit dicken Decken und Pölstern zugedeckt und in einen Korb gestellt. Heute könnte man den Topf notfalls auch in Styroporkisten stellen und gut zudecken.

Die Kochkisten wurden früher am Land auch mit Heu oder Stroh ausgekleidet und auch als Heukisten bezeichnet. So konnte man die morgens zugestellte Speise in der Kiste oder im Korb sogar aufs Feld mitnehmen und hatte für die Helfer mittags eine warme Mahlzeit bereit.

Generell fanden sie vermehrt in den Stadtwohnungen Verwendung, denn am Land hatten viele Menschen einen Holzherd zum Kochen.

Was ist eine Kochkiste?

Eine Kochkiste ist eine Truhe, meist eine Holztruhe, die wärmedämmend ausgekleidet ist. Töpfe mit erhitzen Speisen können hineingestellt werden. Darin kann man die Speisen ohne weiteren Energiebedarf über mehrere Stunden hinweg fertig garen.

Ein langes Garen verspricht bei niedriger Temperatur zartes und saftiges Fleisch. Aromatische Eintöpfe, Suppen, Reis, Hirse werden fertig gegart, ohne umzurühren und ohne anzubrennen. Größere Töpfe, Römertöpfe, Gusseisene Töpfe (sie nehmen die Wärme gut auf und speichern sie) mit viel Inhalt können die Wärme natürlich viel besser und länger speichern.

Die Kochkiste hat einen Effekt wie ein Backofen mit Zeitschaltuhr – nur ohne Strom und Energiebedarf. Eine gut isolierte Kochkiste hält eine Temperatur von ca. 70 °C für mehrere Stunden. Und den Strom für einen Dunstabzug spart man sich außerdem. Sie würden sich ca. 50–70 % der Energie beim Kochen sparen, somit sparen Sie also bares Geld. Und das wird gerade jetzt in Zeiten der Energiewende, wo Gas, Strom und Öl beinahe wöchentlich teurer werden oder sogar wieder rationiert werden, wohl ein wichtiges Thema werden.

Hinweis

Zu beachten wäre, dass der Topf mind. ¾ vollgefüllt (also besser einen kleineren Topf) und dieser kochend heiß in die Kiste gestellt werden muss und diese sollte sofort luftdicht verschlossen werden. Ansonsten gehen der Dampf und die Wärme verloren.

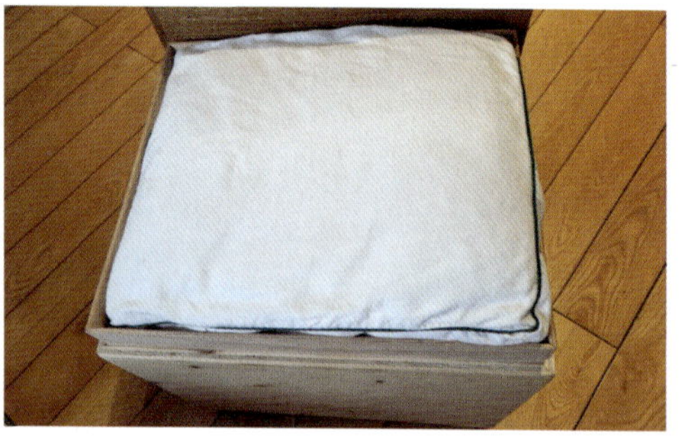

Tipp

Diese Methode könnte man als modernes Thermokochen bezeichnen und als nachhaltige klimafreundliche, energieschonende Koch-Idee wieder neu aufleben lassen. Morgens beim Frühstück die Speisen zustellen, und wenn die Kinder mittags von der Schule oder Sie von der Arbeit kommen, so ist das temperierte Essen bereits fertiggekocht. Zudem ist es auch noch gesund und lecker!

Gericht	Vorkochen am Feuer, Herd, Campingkocher …	Zeit in der Kochkiste
Reis	3 Min.	2 Std.
Vollkornreis	15 Min.	2 Std.
Grieß	1 Min.	1 Std.
Nudeln	2 Min.	2 Std.
Strudel	3 Min.	2 Std.
Linsen	10 Min.	4 Std.
Bohnen	20 Min.	5 Std.
Polenta	2 Min.	1 Std.
Nockerln	1½ Min	2 Std.
Tirolerknödel	3 Min.	2 Std
Gemüsereis	3 Min.	3 Std.
Hirse	5 Min.	2 Std.
Gemüsesuppe	5 Min.	2 Std.
Eintopf mit Fleisch	15 Min.	4 Std.
Kartoffelgulasch	15 Min.	4 Std.
Chili con carne	15 Min.	5 Std.
Kartoffeln	5 Min.	3 Std.
Hühnersuppe	15 Min.	4 Std.
Suppenfleisch	30 Min.	4 Std.
Rehragout	20 Min.	4 Std.
Schmorbraten	30 Min.	4 Std.
Hühnchen mit Reis	15 Min.	3 Std.
Schweinefleisch	10 Min.	3 Std.
Geselchtes	30 Min.	5 Std.

Hier zeige ich Ihnen einige Beispiele, wobei die Zeiten je nach Kiste, Größe und Topf variieren.

Alle Gerichte können natürlich länger in der Kiste bleiben.

Der Vorteil an der Kochkiste ist, dass die Gerichte nicht verkochen oder zerfallen, es kann nichts anbrennen und wird auch nicht pappig.

Eine liebe Bekannte erzählte mir, dass sie die Speisen nur einmal gut aufkochen lässt und dann sofort in die Kiste stellt. Ich habe es ausprobiert und es funktioniert. Allerdings hängt das Ergebnis natürlich auch vom Inhalt bzw. vom Kochgut ab.

Auch ein Zustellen über Nacht in die Kochkiste funktioniert ganz gut, z. B. Kartoffeln am Abend einmal aufkochen lassen, ab in die Kiste und am nächsten Tag zu Mittag sind sie fertig gegart. Bei Bohnen, Gulasch oder Tafelspitz usw. kann sein, dass die Speise noch nicht ganz gar ist, in so einem Fall können Sie es morgens nochmals kurz aufkochen und bis mittags in der Kiste fertiggaren lassen.

Hinweis

Beim Vorkochen gilt die Zeit ab dem Zeitpunkt, wo der Inhalt wirklich kocht. Unmittelbar bevor Sie den Topf in die Kiste stellen, nicht mehr öffnen! Ansonsten geht die komplette Wärme verloren und Ihr Gericht wird nicht gar. Auch die Kochkiste selbst sollte bis zum Essen nicht geöffnet werden, da so wertvolle Speicherwärme entweichen kann.

Eine ganz einfache, improvisierte Notfallskochkiste wäre eine ganz einfache Aufbewahrungsbox aus dem Supermarkt. Diese wird mit Styropor oder Hartschaumplatten (ganz einfach mit einem Stanleymesser zuschneiden) ausgekleidet. Hier wird der heiße Topf zugedeckt hineingestellt, mit einem Handtuch bedeckt und die Box gut verschlossen. Zudem ist sie superleicht zum Transportieren und kann im Sommer auch als Getränkekühler benutzt werden.

KENNEN SIE DAS KOCHEN IM ERDOFEN? ERDHERD, ERDOFEN UND GAREN IM ERDLOCH

Erdöfen sind die ältesten Backöfen der Welt und gelten als ein richtig ultimatives Abenteuer. Diese Art des Kochens wurde schon vor der Erfindung der Töpferzeit praktiziert. Unsere Vorfahren längst vergessener Zeit sowie auch Indianer der Aborigines bereiteten ihr Fleisch auf diese Art und Weise zu.

Ein 1 kg schweres Stück Fleisch (Braten), Pulled Pork, Spare Rips, Steak, Lamm, Hühnchen, Fisch mit Beifuß, Wacholder, Bohnenkraut, Thymian und Salz und Pfeffer würzen, in große, grüne Blätter, wie Kohldistel, Beinwell, Pestwurz, Ampfer, Bärenklau usw., einwickeln und mit langen Grashalmen zusammenbinden.

Kurzanleitung für den Erdofen Variante 1

- Ein ca. 40 cm großes Loch in der Erde ausheben,
- mit einem Teil der Steine bodenbedeckt füllen und

- darauf mit Holz und Ästen usw. ein schönes Feuer machen.
- Sobald das Feuer abgebrannt ist, werden die glühenden Holzreste entfernt und
- die heißen Steine mit Moos, Gras, grüne Baumtaschen, großen Blättern (Pestwurz, Ampfer, Ahorn,) und Kräutern abgedeckt.
- Nun können zuerst das eingewickelte Fleisch und weiter oben dann Pilze, Wurzeln, Maiskolben, Kartoffeln, das Gemüse oder der Fisch aufgelegt werden.
- Als weitere Schicht werden wieder genügend Blätter, Kräuter und Reisig als Schutz darübergelegt und zum Abschluss kommt eine Schicht Sand oder Erde darüber.
- Nun heißt es warten, ein Nickerchen machen, ein Kartenspiel spielen, ein spannendes Buch lesen oder abwarten und Tee (oder ein kühles Bier) trinken. Die Garzeit ist abhängig vom verwendeten Fleisch, bedenken Sie, dass Fisch und Gemüse eine kürzere Garzeit haben. Also vielleicht weiter oben eine zweite Lage einbauen oder das Gemüse eher seitlich platzieren.
- Die Erde nun vorsichtig abschaufeln, das Fleisch herausnehmen und ganz sanft von der Blätterschicht befreien und den herrlichen Duft des frisch gegarten Steaks vernehmen.

Zeitplan

9:00 Uhr einheizen
11:00 Uhr Fleisch einlegen (je nach Größe des Bratgutes)
14:00 Uhr essen

Variante 2

- Ein Erdloch ausgraben.
- Separat ein Feuer machen und ca. 20–30 faustgroße, trockene Steine in die Glut legen.
- In dieses Erdloch werden die glühenden Steine mit einer Schaufel geworfen und
- mit Moos und Grün bedeckt.
- Das in Blätter gewickelte Fleisch darauflegen,
- wieder mit Grün gut abdecken, mit Reisig zudecken und mit Erde oder Sand bedecken.

Variante 3

- Sie geben Ihr Fleisch in einen feuerfesten gusseisernen Topf.
- Stellen Sie diesen in das Erdloch auf die glühenden Steine und bedecken diese mit Tannengras, Erde oder Sand.
- Nach einigen Stunden können Sie den Topf entnehmen.
- Dazu passt ein gutes Fladenbrot.

Aus gut zerstoßenem Getreide, Meldesamen oder Mehl, Salz und Wasser einen Teig bereiten. Mit den Händen zu hauchdünnen Fladen[9] formen, diese kann man auf einen etwas größeren, glatten Stein aus der Glut legen und kurz beidseitig backen.

Fladenbrot oder auch Tortilla (S. 120, 197), mit kleinen Fleischstücken und mit einer Sahne-Knoblauchsauce gefüllt, schmeckt sehr lecker und wäre auch beim Zelten auf alle Fälle einen Versuch wert.

[9] Ein solches Fladenbrot wurde z. B. nach dem Brotbacken in den Backofen eingeschlossen und kurz knusprig gebacken.

Eva Tragner
KRISENSICHER
VORBEREITUNG, VORRATSHALTUNG UND VORSORGE FÜR NOTZEITEN, BLACKOUT UND MÖGLICHE KRISEN
MIT 150 EINFACHEN REZEPTEN!
stv
Kaffee

LEBENSMITTELVORRAT

Warum sollten wir einen kleinen Lebensmittelvorrat anlegen?

Damit wir uns und unsere Familie im Notfall einige Tage autark versorgen können, wir in Zeiten der rasend steigenden Inflation eine gute Wertanlage haben und eine echte Lebensversicherung in einer Krisensituation daheim haben. Was wäre, wenn die Straßen gesperrt sind, ein Erdrutsch die Straße blockiert oder wir 14 Tage in Quarantäne sind? Oder wir einfach überraschend größeren Besuch bekommen, wir einmal ein verlängertes Wochenende nicht einkaufen gehen und uns trotzdem gut versorgt wissen möchten?

Ein bis zwei Wochen (oder mehr!) ohne Einkaufen auszukommen, sind das Ziel.

EINE GUTE VORSORGE

Damit wir im Ernstfall nicht in Panik verfallen müssen, ist eine gute Vorsorge das Um und Auf. Denn wenn alle Menschen in letzter Minute loslaufen und einkaufen wollen, dann kann es erstens ungemütlich werden, zweitens werden Sie nur mehr das bekommen, was noch übrig ist, und drittens geht, wenn ein Stromausfall ist, auch keine Geschäftstür mehr auf und keine Kasse wird mehr funktionieren. Und viertens wird vorerst auch keine neue Ware mehr nachgeliefert.

Kaufen Sie nur Lebensmittel, die Sie und Ihre Familie sowieso und gerne essen, ganz nach ihren Essens - und Trinkgewohnheiten, so können Sie diese Vorräte laufend verbrauchen und in Ihrer Vorratskammer erneuern und ergänzen.

Manche Lebensmittel, wie Konserven, Reis, Nudeln usw., sind oft mehrere Jahre haltbar, und das sogar über die angegebene Mindesthaltbarkeit hinaus. Sie können diese kurz vor dem Verfallsdatum einfach aufessen oder einem Bedürftigen oder einer Hilfsorganisation spenden. Werfen Sie bitte nichts weg.

Um festzustellen, ob Ihre Vorräte noch schmecken, riechen Sie an den Lebensmitteln. Die Mindesthaltbarkeitsfrist ist nur ein empfohlenes Verbrauchsdatum. Topfen (Quark) z. B. schmeckt auch noch nach 1 Monat gut bzw. können Sie ihn noch als Wickel verwenden.

Tipp

Und wenn wir unseren Krisenvorrat doch nicht brauchen, dann feiern wir das. Wie? Indem wir nach fünf Jahren (Krisenvorratshaltung) ein Fest der Freude und des Friedens feiern und dazu laden wir unsere Freunde, Nachbarn und die Familie ein, um dann dankbar all diese Dinge gemeinsam zu verspeisen. Gegebenenfalls ersetzen wir einige Lebensmittel wieder durch neue länger haltbare Vorräte oder verschenken und teilen Sie mit Menschen, die sie gerade dringend brauchen.

DOSEN- UND FERTIGGERICHTE

Hierzu möchte ich abgesehen von den Ernährungsgewohnheiten vielleicht eine kurze Anmerkung zu einem durchaus auch sehr kritischen Thema machen.

Glas oder Dose

Es geht hier um eine Krisenvorsorge und um lange haltbare Lebensmittel, natürlich ist Glas zu bevorzugen. Es kann Glas wiederverwendet werden und ist bei langer Lagerung auch gesünder.

Aber trotzdem sollten Sie vielleicht auch einige Konserven bzw. Dosen bevorraten. Bedenken Sie (z. B. bei einem Erdbeben), dass Gläser sehr leicht zerbrechen könnten und somit auch all unsere Vorräte kaputt gehen würden. Die Dosen können Sie noch genießen, sofern sie nicht beschädigt sind.

Ein weiterer Vorteil ist, dass Doseninhalte bereits fertiggekocht sind und Sie sie sie direkt auf einen Teelichtofen, in ein Feuer oder auf heiße Kohlen stellen und auch ohne Topf wärmen können (einen funktionsfähigen Öffner griffbereit halten).

Eine gute Alternative wäre, selbst einzumachen.

Verwenden Sie dazu Ihr eigenes Gemüse oder kaufen Sie frisches Saisongemüse am Bauernmarkt (das bekommen Sie in der Hauptsaison immer preiswert und es schmeckt besonders lecker). Sammeln Sie dafür verschließbare Gläser und kochen das Gemüse jedes Jahr kostengünstig selbst auf Vorrat ein (S. 185).

Tipp

Wenn Sie Bedenken wegen des Aluminiums in den Dosen haben, können Sie zum Ausleiten abends 1 TL Zeolith oder Asche bzw. Kohle in etwas Wasser trinken.

Fertig- und Instantprodukte

Einen Notfallplan zu haben, ist immer besser als nichts, wir sollten jetzt nicht gleich laut mit

Vorwürfen drauflosschimpfen. Um gesunde ausgewogene Ernährung können Sie sich den Rest Ihres weiteren Lebens kümmern, hier geht es jetzt wirklich darum, vielleicht 5–10 Tage über die Runden zu kommen und zu überleben. Die Tatsache, etwas im Magen zu haben oder jemanden vorm Verhungern zu bewahren, ist hier vorrangig.

Wenn jemand sonst nichts zuhause bevorratet hat und vielleicht keine wirkliche Kochmöglichkeit hat, dann sind diese Gerichte ganz einfach zuzubereiten. Meist reicht es, sie mit Wasser aufzugießen, quellen zu lassen und aufzuessen! Es geht ja oft nur um eine Überbrückung von ein paar kritischen Tagen und ist ja kein Dauerzustand. Vieles davon können Sie auch, ohne es zu erwärmen, direkt konsumieren.

Tipp

Hier eignen sich ergänzend auch hochwertige, gut haltbare Obst- und Gemüsesäfte. Diese sorgen für eine abwechslungsreiche Nährstoffversorgung.

Hülsenfrüchte und Co.

Oft hab ich schon gehört: Ja, ich hab eine Menge getrocknete Bohnen, Erbsen und Linsen zuhause eingelagert, und beim Gespräch kommen wir darauf, dass eine entsprechende Wärmequelle und das Zusatzwasser zum langen Kochen von Bohnen und Linsen fehlen könnte. Hier sollten Sie sich überlegen, ob Sie dann nicht besser auf bereits fertiggekochte Bohnen, die auch einige Jahre haltbar sind, zurückgreifen möchten, wobei man Bohnen auch wunderbar über Nacht in der Kochkiste kochen kann (S. 52).

Tipp

Bohnen, Linsen selbst einkochen. Dafür Bohnen in reichlich Wasser am Vorabend einweichen, am nächsten Tag mind. 1½ Stunde weichkochen lassen, fertiggegart ohne Salz mit dem Eigensaft in Gläser abfüllen, verschließen. Nun die Gläser nochmals in einem Topf mit Wasser und zugedeckt für ca. 120 Minuten bei ca. 100 °C einkochen, herausnehmen, abkühlen lassen und beschriftet in die Vorratskammer stellen.

Hinweis

Verwenden Sie zum Kochen der Bohnen energiesparend die Kochkiste (S. 52).

Lagerung

Achten Sie auch auf die richtige Lagerung. Ihre Vorräte sollten trocken, kühl und geschützt vor Schädlingen aufbewahrt werden.

Anfällige Lebensmittel können zur Sicherheit auch vakuumiert werden. Das Thema Platz ist oftmals eine echte Herausforderung, aber versuchen Sie, kreativ zu werden, es geht womöglich um ihr persönliches Überleben.

Hier an dieser Stelle fällt mir ein: Bei einer hundertjährigen Dame räumten die Kinder ihre Wohnung. Unter ihrem Bett und unter dem Sofa fanden sie einige Kisten mit haltbaren Lebensmitteln und wichtigen Utensilien, wie Nudeln, Reis, Haferflocken, Kekse, Kaffee, Stifte, Nähgarne usw. Ihr Leben lang wollte sie vorsorgen,

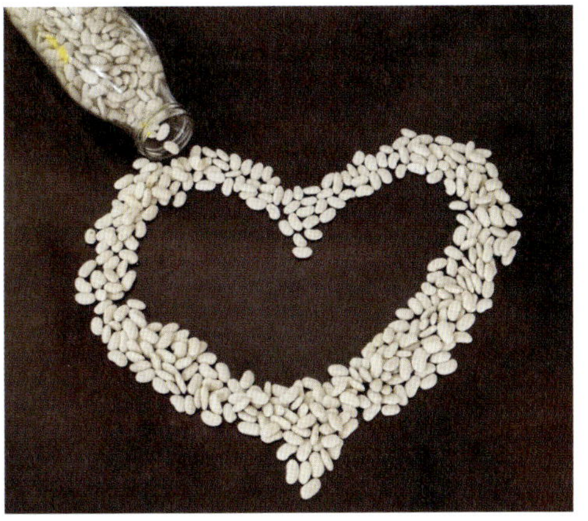

um nie mehr in eine solche Not wie in ihrer Jugendzeit zu geraten.

Legen Sie sich eine Lagerliste an: Was wo ist, wie lange es haltbar ist, wie viel ist davon da usw.? So können auch alle anderen Familienmitglieder darauf zurückgreifen. Und im Fall der Fälle wissen alle mit einem Handgriff, wo sie was finden können.

Verstauen

Ich persönlich finde diese großen transparenten Boxen auch sehr appetitlich, sympathisch und übersichtlich. Da sehe ich sofort übersichtlich, was ich darin verstaut habe. Ich kann sie gut beschriften bzw. scheint das Datum[10] durch. Ich kann sie gut stapeln, meine Nahrungsmittel sind vor Ungeziefer, Feuchtigkeit und Staub geschützt und sie bieten einen zusätzlichen Aromaschutz z. B. für Kaffee.

Nützen Sie leere Stauräume aus, z. B. ganz hinten in Kästen und Regalen, unter der Küchenblende oder ein Leerraum unter der Stiege, auf dem Schrank ... usw.

Haltbarkeit

Achten Sie bereits beim Kauf auf ein langes Haltbarkeitsdatum, diese Produkte stehen im Geschäft oft ganz hinten im Regal.

[10] Bei manchen Produkten müssen Sie lange nach dem Datum suchen und es ist oft sehr klein geschrieben, da können Sie mit einem dicken, schwarzen, wasserfesten Stift zur besseren Übersicht die Jahreszahl groß hinaufschreiben.

Zuhause versuchen Sie, ein rotierendes System einzurichten, d. h., die länger haltbaren Produkte kommen nach hinten, damit die mit einem kürzeren Datum zuerst verbraucht werden.

Vielleicht legen Sie sich auch eine Checkliste der Produkte mit der Haltbarkeit an.

Tipp

Oft gibt es tolle, hochwertige Produkte im Angebot. Hier können Sie auch gerne mal zugreifen, sofern Sie das Produkt sowieso öfters im Jahr kaufen würden. So ersparen Sie sich auch eine mögliche Teuerung (laufende Inflation).

Babynahrung

Wenn Sie Nachwuchs haben, dann werden Sie natürlich auch an den Bedarf von Ihren Kindern denken und dementsprechend vorsorgen.

Im Optimalfall werden Babys im ersten Lebenshalbjahr gestillt und benötigen keine spezielle Zusatznahrung. Grieß-, Reis- oder Haferbrei, später ein Karotten- oder Kartoffelbrei oder auch ein Apfelmus können gut bevorratet werden. Einen Fencheltee bei Blähungen (als Ersatz Wiesenkümmelsamentee) und ausreichend Wasser zum Trinken reichen. Wenn Kinder zahnen, können Sie ihnen ein großes Stück z. B. Eibischwurzel zum Kauen geben oder etwas Kamillenöl zur Beruhigung auf Zahnfleisch, Bauch und Fußsohlen einmassieren.

Aber auch an eine geeignete Hausapotheke und genügend warme Kleidung, Windeln, Feuchttücher sowie eine Wärmflasche (oder evtl. einen Handwärmer) für die Kleinen denken.

Haustiere

Wenn Sie Haustiere haben, müssen Sie auch an deren Bedarf denken und ausreichend vorsorgen. Tierfutter, Wasser, Katzenstreu, Toilettenkiste usw. brauchen die Tiere auch in Notzeiten. Bedenken Sie, dass Tiere während einer kritischen Zeit eventuell nicht ins Freie gehen sollten.

Eingeschlossen im Wohnraum, evtl. mit quengelnden, kleinen Kindern und der gewohnte Auslauf fehlt – in solchen Stresssituationen können Tiere und Menschen oft überreizt reagieren, weshalb es vielleicht empfehlenswert wäre, einen Beißkorb griffbereit zu haben.

Auch eine Hausapotheke sollten Sie für Ihr Tier bereit haben.

INFORMATIONEN ZUM EINKAUF – EINIGE VORSCHLÄGE UND HILFESTELLUNGEN

Wenn Sie sich mit dem Thema Krisenschutz beschäftigen, überdenken Sie früher oder später auch Ihre Vorratshaltung. Ich möchte z. B. keine Langzeit-Astronautennahrung für mich bunkern (was aber für viele andere gut passt), sondern eine automatische, aktive Vorrats- Rotation betreiben. Ich habe von allem, was wir gerne essen und brauchen, das ich sowieso irgendwann einkaufen müsste, einfach etwas mehr zuhause. Auch kann ich hier Aktionen gut nutzen.

Wichtig ist, dass hierbei auch das Haltbarkeitsdatum für mich passt. Ich kaufe statt einer Packung Nudeln und Spaghetti gleich vier, ebenso von Tomatensauce, Reis, Thunfisch sowie auch Linsen, Bohnen und Mais, die sich auch mehrere Jahre halten. Auch vom Honig habe ich gerne zwei Gläser in Reserve sowie auch von Hafer, Hirse, Couscous usw.

Auch sollten Sie bereits beim Einkauf auf eine ausgewogene Mischung in einer Mahlzeit achten:

- Kohlenhydrate (Nudeln, Reis, Bulgur, Hirse, Vollkornmehl, Kartoffelpulver ...)
- Eiweißreiche Alternativen (Linsen, Bohnen, Kichererbsen, grüne Erbsen, haltbare Fleischgerichte, haltbarer Fisch, wie Thunfisch ...)
- Gemüse (Salate, Gemüse getrocknet oder im Glas bzw. als Konserven), Tomaten- und Paprikasauce oder Paprikapaste, Fermentiertes, Gewürze oder frische Kräuter
- Obst getrocknet, gedörrt, als Saft, Mus, als Kompott im Glas oder in Konserven

Sie müssen selbst wissen, ob Sie überhaupt über eine ausreichende Kochfunktion verfügen und etwas wärmen können. So können Sie Ihre Liste dann um Mehl, Getreide und Hefe erweitern.

Probieren Sie den Drei-Tages-Plan

Sind Sie momentan überfordert? Versuchen Sie es anfangs mit einem Einkauf für drei Tage. Gehen Sie heute bewusst nur für Ihren Krisenvorrat einkaufen. Kaufen Sie von allem etwas, einen Vorrat für etwa drei Tage, alles, was Ihnen einfällt und Ihnen schmeckt. So bekommen Sie ein gutes Gefühl für die Mengen und mögliche Produkte für ihre Vorsorge. Das geht sich momentan mit ca. 25–30 Euro aus, je nach Anspruch (geben Sie alles gleich in eine eigene Vorratsbox).

Tipp! Für ein kleines Budget

Falls Ihr Budget nicht für einen solch größeren Vorratseinkauf reicht, fangen Sie klein an. Sie sollten jede Woche eine Kleinigkeit mitnehmen und auf Ihrer Liste abhaken, damit Sie eine gute Übersicht haben. Kaufen Sie mal eine Packung Reis, mal eine Packung Nudeln, mal eine Dose Bohnen oder eine Tube Tomatenmark usw. Sie werden sehen, dass Sie schon sehr bald eine Kiste mit wertvoller Krisenvorsorge bzw. Notnahrung Ihr Eigen nennen können. Oder sammeln Sie Einkochgläser, während der Ernte-Hochsaison gibt es oft viel Überschuss an Obst und Gemüse usw. Diese Gläser bekommen Sie ganz günstig und kochen dann darin ein.

Hinweis

Es kann von Vorteil sein, für den einen Nachbarn oder den anderen guten Freund eventuell etwas Nahrung übrig zu haben. Denn wenn dieser für seine hungrigen Kinder an Ihre Tür klopft und er weiß, dass Sie etwas haben, dann wird er sich nicht ganz friedlich abwimmeln lassen. Aber ein „Ich hab auch nicht mehr viel, aber diese Dose Gulaschsuppe und eine Packung Kekse kann ich Ihnen im Notfall abgeben." könnte hier bestimmt von Vorteil sein. Darum im Vorfeld bereits daran denken und dafür ein oder zwei Dosen mehr einlagern.

CHECKLISTE FÜR IHREN VORRAT

Haben Sie eine Koch- oder Wärmemöglichkeit?

Haben Sie etwas essfertige Nahrung, ohne zu kochen und zuzubereiten?

Wieviel oder was würden Sie von dieser Liste brauchen?

Was wäre noch zu empfehlen?

Ergänzen Sie Ihren Bedarf, die Produkte und die Mengen aber selbst!

Machen Sie eine Übersichts- und Bestandsliste und tragen Sie die Mengen und evtl. auch das Haltbarkeitsjahr mit Bleistift dazu ein.

Dann können Sie dieses bei Entnahme ausradieren und bei Zukauf durch ein neues Datum ersetzen.

Oder Sie kopieren sich diese Liste und tragen alle Werte ein.

Produkt	Haltbarkeit	Menge	Erledigt
Getreide, Getreideprodukte			
Mehl			
Getreide, ganz			
Grieß			
Polenta (Minutenpolenta)			
Haferflocken			
Reisflocken			
Hirse			
Couscous			
Bulgur			
Quinoa			
Reis			
Risotto, bereits fertig gemischt			
Teigwaren, Nudeln			
Lasagneblätter (vorgekocht)			
Instantnudeln			

Hülsenfrüchte, Gemüse, Eingelegtes			
Hülsenfrüchte, getrocknet (z. B. Käferbohnen)			
Hülsenfrüchte in Konserven/Glas (wie Linsen, Bohnen)			
Erbsen			
Kichererbsen			
Asiagemüse süß-sauer			
Letscho			
Pilze, Champignons			
Kartoffelpüreepulver			
Kartoffelteig			

Produkt	Haltbarkeit	Menge	Erledigt
Kartoffelmehl			
Sauerkraut, fertig			
Rotkraut, fertig			
Salate im Glas (Rote-Rüben-Salat, Karottensalat ...)			
Fermentiertes Gemüse			
Eingelegtes pikantes Gemüse (Gurkerl, Paprika, Zwiebel ...)			
Tomatensauce			
Tomatenmark			
Avajar (Gewürz-Paprikapaste)			
Pesto			
Brotaufstrich, vegan, verschiedene Sorten			
Gemüsesäfte (fermentierte Säfte)			
Obst, Nüsse, Marmelade, Säfte			
Früchte und Obstsalat, fertig im Glas oder in der Dose			
Apfelmus			
Apfelchips			
Babybrei			
Trockenfrüchte (Rosinen, Zwetschken, Marillen, Bananenchips, Datteln)			
Nüsse			
Müsli			
Beerensäfte zum Verdünnen, wie z. B. Holunderbeeren, Sanddorn (Vitamin-C-Spender und immunstärkend)			
Beerenmarmelade			
Milch, Milchprodukte, Eier			
Haltbarmilch[11]			
Pflanzendrink als Ersatz für Milch, wie Hafer-, Mandel-, Reisdrink			
evtl. Milchtrockenpulver			
Haltbar-Streichkäse			
Hartkäse, hält sich kühl mehrere Monate			
Haltbarsahne			

11 Haben Sie einen Nachbarn mit Kühen, bereits jetzt dort Kunde werden.

Produkt	Haltbarkeit	Menge	Erledigt
Sahne-Ersatz			
Eier[12]			
Eipulver, veganer Ei-Ersatz			
Fett, Öl, Butter			
Butter, Margarine			
Kokosfett			
Schmalz			
Öl			
Fleisch, Wurst, Fisch			
Speck			
Hartwürste			
Wiener im Glas (Frankfurter)			
Brotaufstrich: Leberaufstrich, Frühstücksfleisch			
Konserven oder Gläser, fertiggekocht: Gulaschsuppe, Bolognese, gefüllte Paprika, Chili con Carne usw.			
Thunfisch im Glas oder in der Dose			
Lachs, Hering, Fisch, z. B. in Tomatensauce			
Suppen, Gewürze			
Gewürze, wie Zimt, Kümmel, Paprika, Pfeffer, gemahlener Knoblauch, Hefeflocken			
reichlich Salz			
Suppenwürze			
Suppeneinlage			
Suppen in der Tüte			
Brot			
Brotbackmischung			
Knäckebrot, Cracker			
Eiweißbrot			
Haltbarbrot			
Grissini, Salzbrezeln, Trockenkekse			

12 Gibt es in der Nähe einen Bauern, der Hühner hat, dann jetzt schon Kunde dort werden.

Produkt	Haltbarkeit	Menge	Erledigt
Sonstiges			
Zucker			
Hefe			
Kochschokolade			
Puddingpulver			
Vanillecreme zum Kaltrühren			
Sahnepulver zum Aufschlagen			
Tee			
Kaffee			
Kakao			
Trinkschokolade			
Süßigkeiten (für viele Nerven- und Seelennahrung)			
Leinsamen, Flohsamen, Chiasamen			
Ergänzung			
Eiweißshakes			
Proteinriegel			
Proteinpulver-Drinks (trinkfertig portioniert)			
Pflanzenpulver für Smoothies			
Keimlinge, Sprossen, Samen			
Samen für Sprossen und Keimlinge (Radieschen, Rote Beete, Rucola, Linsen, Kresse usw., S. 205)			
Getreide auch zum Keimen (Gerste, Urweizen, Dinkel)			
Basis-Speisekammer			
Öl, Fett			
Essig (Einlegeessig)			
Honig			
Alkohol			
Salz			
Zucker			
Gelierzucker			

Hinweis

Laufend nachkaufen, einlagern und verbrauchen: z. B. Topfen (Quark), Sahne, Sauerrahm (Saure Sahne), Naturjoghurt, Kraut, Zwiebeln, Knoblauch, Kartoffeln, Äpfel.

CHECKLISTE „NOTFALLBOX TO GO“

Die „Notfallbox to go“ ist besonders z. B. für Singles, Studenten, Ein-Zimmer-Wohnungen, Senioren, Sozialeinrichtungen usw. geeignet.

Falls Sie für sich, Ihre Kinder, Ihre Eltern, Großeltern, eine alleinstehende Großtante, Jugendliche in Studenten-WGs, Menschen in Wohneinrichtungen vorsorgen möchten, weil diese es selbst nicht können oder sich damit nicht beschäftigen möchten, können Sie vielleicht etwas aus dieser Liste auswählen.

Machen Sie eine Box voll mit einigen haltbaren Produkten (das Wasser separat) und stellen Sie diese Ihren Lieben in eine Vorratskammer, ins Kellerabteil, auf den Kasten oder Ähnliches.

Legen Sie bitte auch eine Bestandsliste mit dem Inhalt und evtl. dem Datum dazu.

Eventuell ergänzen Sie sogar eine kleine Anleitung für die Zubereitung.

In der Not können Sie Ihre Wohnung womöglich nicht verlassen und die Person hat vorerst auch keine Möglichkeit, Sie zu erreichen. Dann haben Sie ein besseres Gefühl und werden beruhigter sein, wenn Sie wissen, dass dieser liebe Mensch, der ihnen ja sehr am Herzen liegt, auf einen kleinen Notvorrat zurückgreifen kann.

Wenn wir ältere oder hilfsbedürftige Menschen in der Nachbarschaft kennen, die Hilfe benötigen könnten, sprechen Sie mit ihnen über dieses Thema und bieten Sie schon jetzt vorab Ihre Hilfe für einen Einkauf oder eine kleine „Not-Vorsorge“ an.

Vorschläge für eine kleine Notfallbox ohne Strom:

Produkt	Haltbarkeit	Menge	Erledigt
Zünder und Langzeit-Kerzen mit Brennschutz[13]			
genügend Teelichter oder Brennpaste für einen Teelichtofen (siehe S. 48)			
Müllbeutel			

[13] Achtung! Brandgefahr! Nur wenn Sie sicher sein können, dass dieser liebe Mensch mit offenem Feuer auch umgehen kann!

Produkt	Haltbarkeit	Menge	Erledigt
Wasser			
Eiweißpulver-Shakes			
Eiweißdrinks, trinkfertig: Portiondrinks, wie Schoko, Vanille, Hafer ...			
Haltbarmilch oder Milchpulver			
Trockenfrüchte, wie Datteln, Dörrzwetschken, Apfelchips, Aprikosen (Marillen)			
Nüsse			
dunkle Schokolade, Traubenzucker			
Instantgerichte (einfach aufgießen mit kaltem Wasser und quellen lassen)			
Couscous, Bulgur (einfach kalt mit Wasser quellen lassen)			
Reisflocken, Haferflocken (kalt mit H-Milch oder Wasser quellen lassen)			
Ajvar (Paprika-Gemüsepaste, essfertig)			
Müsli, Eiweiß- oder Energieriegel			
Suppen, essfertig im Glas			
Obst- und Gemüsesäfte			
Apfelmus, Baby-Fruchtmus			
Babybrei (z. B. Haferbrei) zum Kaltanrühren			
Vollkornkekse			
Cabanossi, Hartwurst, Speck, Trockenfleisch			
haltbare vegane Gemüseaufstriche und Hummus, portioniert			
haltbare Fleisch- oder Leberaufstriche, portioniert			
Fisch in Tomatensauce, Thunfisch oder anderes			
Haltbarbrot, Pumpernickel, Knäckebrot, Grissini, Zwieback, Dosenbrot			
Backerbsen			
Wienerwürstchen im Glas, essfertig			
im Glas oder Dose: Obstsalat			
im Glas oder Dose: Gemüse, wie Erbsen			
im Glas oder Dose: fertiger Gemüsesalat			
im Glas oder Dose: Saures Eingelegtes			
im Glas oder Dose: Antipasti			

Produkt	Haltbarkeit	Menge	Erledigt
bei Dosengerichten unbedingt Dosenöffner beilegen (Bohnen, Linsen, Obstsalat usw.)			
Taschenlampe, Stirnlampe mit Ersatzbatterien, Solarlaterne			
Kurbelradio			
Feuchttücher			
evtl. Hand- bzw. Taschenwärmer			

Legen Sie eine kleine Notiz oder ein kurzes Informationsblatt bei, was notfalls zu tun ist oder was wie zubereitet werden kann. Medikamente und Hygieneartikel je nach Bedarf, siehe S. 39.

REZEPTE AUS DEM KRISEN-VORRATS-SCHRANK UND OMAS KOCHBUCH

EINFACHE KÜCHE

Lernen wir, einfache Rezepte zu kochen, und schreiben wir uns einen ganz einfachen Plan, was wir mit den uns zur Verfügung stehenden Mitteln in 10–14 Tagen so alles kochen bzw. auch kalt zubereiten oder einfach so essen könnten.

- Hätte ich auch die passenden Küchengeräte dafür?
- Ginge das eventuell auch ohne Strom?
- Was hatten die Leute früher?
- Was kann man mit Grundlebensmitteln kochen, was für Gerichte könnte man daraus zubereiteten?

EIN BUCH FÜR ...

Ein wertvolles Wissen für eine Zeit, in der Sie vielleicht zwar Strom haben, aber nicht alle Lebensmittel zur Verfügung stehen. Und Sie müssen lernen, mit einfachen Mitteln wieder zurechtzukommen.

Ich habe hier in diesem Buch versucht, ein paar Tipps und Rezepte für Sie zusammenzustellen.

Sie finden hier eine Mischung aus der einfachen, traditionellen Küche unserer Vorfahren,

aus Rezepten, die Sie auch kalt, ohne eine Kochmöglichkeit zubereiten könnten, aber auch Rezepte für die Zeit, wo sie zwar Strom zur Verfügung haben, aber die gewohnten Lebensmittel nicht verfügbar oder vorrätig sind. Aber auch einfache Gerichte und Vorschläge, die Sie mit ihren Konserven aus ihrem Krisenvorrat zaubern können.

Dieses Buch ist an all jene gerichtet, die sich über ein paar einfache Tipps freuen. Hier geht es nicht um eine extravagante Gourmetküche oder darum, wer die besten und ausgefallensten Rezepte hat, sondern einerseits um eine einfache bodenständige Küche ohne viel Schnickschnack und andererseits darum, was Sie aus den Konserven und eingelagerten Vorräten in einer Krise alles zubereiten können?

Es geht auch um einen wertvollen Wissensschatz, ja, ich würde es fast als wertvolles Kulturgut unserer Vorfahren bezeichnen. Denn wer von uns kennt denn noch eine Aschenseife oder eine Kochkiste, den Brenn- oder Holzknechtsterz und das Türkentommerl?

EINFACHE REZEPTVORSCHLÄGE OHNE VIEL SCHNICKSCHNACK

(reicht für ca. 4 Personen)

SYMBOLBEDEUTUNG

Warm, mit Kochmöglichkeit

Kalt zubereiten ohne Erhitzen

Einweichen bzw. kalt ansetzen und etwas ziehen lassen

SUPPEN

Saure Suppe

¼ l Saure Sahne oder Saure Milch, Naturjoghurt • ½ l Kümmelwasser
40 g Mehl • Salz • Pfeffer

Zubereitung
In das kochende Kümmelwasser die mit Mehl und Sahne verrührte Mischung einrühren, gut umrühren, würzen und servieren.

Eva's Tipp

Zusatzinformation
Kartoffelwürfel, ganz klein geschnitten, für ca. 5 Minuten im Kümmelwasser mitgekocht, ergeben eine gute sättigende Einlage. Hierzu können sie krosse Brotwürfel reichen.

Brotsuppe

1 l Wasser • altes, hartes Brot • Suppenwürze

Zubereitung
Das Brot am Vortag in das Wasser einweichen. Am nächsten Tag aufkochen, verrühren bzw. verquirlen und mit etwas Suppenwürze oder Salz abschmecken.

Eva's Tipp

Zusatzinformation
Zur Verfeinerung können Sie einen Schuss Milch und gehackte Kräuter dazugeben.

Haferflockensuppe

4 EL Haferflocken (oder Grieß) • 2 EL Öl • 1 kleine Zwiebel, falls vorhanden
¾ l Wasser • Salz • Pfeffer

Zubereitung
Haferflocken (Zwiebel) mit etwas Öl anrösten, mit Wasser aufgießen, würzen und etwas köcheln lassen.

Eva's Tipp

Zusatzinformation
Für ein leckeres Frühstück bereits abends die Haferflocken und Rosinen mit etwas Haltbarmilch aufgießen und über Nacht quellen lassen. Morgens etwas Milch nachgießen und mit Zimt und evtl. Apfelmus servieren.

Eintropfsuppe

1 l klare Suppe • 2 EL Mehl • 2 EL Milch • 1 Ei

Zubereitung
Mehl mit Milch und Ei zu einem dickflüssigen Teig verrühren und etwas rasten lassen. Mit einem Schneebesen direkt in die kochende Suppe einlaufen lassen, kurz aufkochen und verquirlen, mit etwas Schnittlauch servieren.

Eva's Tipp

Zusatzinformation
Sie können das Eingetropfte anstatt mit Mehl auch mit etwas Grieß machen.

Bohnensuppe

150 g getrocknete Bohnen, Erbsen oder Linsen oder 1 Dose/Glas vorgekochte Bohnen
1 l Wasser • 1 EL Öl • 1 EL Mehl • 2 EL Zwiebel, gehackt • Salz, Pfeffer, Majoran
1–2 EL Speckwürfel

Zubereitung
In einem Topf Zwiebel und Speck in Öl anrösten und mit dem Mehl gut verrühren (Einbrenn). Die Bohnen mit der Flüssigkeit dazuleeren, aufkochen lassen und zum Schluss mit Majoran, Pfeffer und Salz würzen.

Eva's Tipp

Zusatzinformation
Getrocknete Bohnen und Erbsen 1–2 Tage vorher, Linsen am Vorabend in Wasser einweichen. Am nächsten Tag mit dem Wasser weichkochen. Damit sie schneller gar werden, können Sie zum Wasser 1 Prise Natron geben.

Tipp
Bohnen und Linsen werden am Vorabend in etwas Wasser eingeweicht und am nächsten Tag darin gekocht. Bitte erst am Ende der Garzeit salzen, sonst werden sie nicht weich. Bohnen und Linsen lassen sich wunderbar in der Kochkiste ohne Energie fertigkochen.

Reibgerstel-Suppe

80 g Mehl (griffig) • 1 Ei (Eipulver mit Wasser)

Zubereitung
Ei und Mehl zu einem festen Teig verarbeiten, kneten und den nun entstandenen festen Teig mit einem Reibeisen reiben. Heißes Wasser mit Suppenwürze zum Kochen bringen und das Reibgerstel einkochen, kurz ziehen lassen und sofort servieren.

Eva's Tipp

Zusatzinformation
Wenn Sie es locker auf ein Blech reiben und trocknen lassen, können Sie es auch in Dosen aufbewahren.

Backerbsen

¼ l Haltbarmilch oder Milchpulver und Wasser • 1 Ei oder Eipulver, veganer Ei-Ersatz
8 EL Mehl • 1 Prise Salz • Öl zum Herausbacken

Zubereitung
Alle Zutaten verrühren, etwas stehen lassen und anschließend ins heiße Öl tropfen lassen. Mit einem Schöpflöffel die fertigen Backerbsen herausfischen und auf einer Küchenrolle abtropfen lassen.

Eva's Tipp

Zusatzinformation
Hierfür verwende ich gerne etwas übrig gebliebenen Palatschinkenteig (Pfannkuchenteig, siehe S. 77). Diesen verrühre ich mit etwas Milch und Mehl und lasse ihn dann ins heiße Fett eintropfen, einmal wenden und herausfischen. Schmeckt als Suppeneinlage oder auch einfach so zum Knabbern richtig gut.

Tipp

In einem Fonduetopf oder in einem hohen Topf (Achtung, sehr heiß!) können Sie mit diesem Teig und etwas Öl sozusagen eine Art Bleigießen veranstalten. Welche Figur wird bei mir? Wonach sieht das aus? Was könnte das für meine Zukunft bedeuten? Ein echter Spaß und eine tolle Abwechslung für Groß und Klein.

GUTES AUS DER WIESENKÜCHE

Leckere und vitale Schmankerln aus dem Grünen Shoppingcenter!

Grüne Kräutersuppe

1 kleine Zwiebel (wenn vorhanden) • 1 Handvoll Kräuter, wie Brennnessel, Giersch, Sauerampfer, Melde, Wegerich, Vogelmiere, Labkraut, Brunnenkresse • 1 EL Öl • 1 EL Mehl
1 EL Suppenwürze • 1 l Wasser (Nudelwasser vom Vortag)

Zubereitung

Zwiebel in etwas Öl anrösten, Kräuter ganz klein schneiden, hinzugeben und kurz mitrösten. Etwas Mehl einrühren, kurz mitrösten, mit Wasser aufgießen und für 10 Minuten köcheln lassen. Wenn Sie die Möglichkeit haben, mit dem Mixstab ganz fein mixen oder durch die Flotte Lotte passieren, würzen und heiß servieren.

Eva's Tipp

Zusatzinformation

Auch Fertigcremesuppen aus der Vorratskammer können Sie mit Wildkräutern zu wahren Kraftpaketen aufpeppen! Einfach etwas Brennnesselblätter in die fertige Suppe einmixen oder gehackte Kräuter, wie z. B. Giersch, kurz in der Suppe ziehen lassen. Notfalls durch ein Sieb passieren.

Tipp

Als Hauptspeise darin einfach ein paar Nudeln kochen lassen, bis sie die Flüssigkeit aufgesogen haben. Darüber etwas geriebenen Hartkäse streuen und fertig ist eine weitere leckere, nährende Mahlzeit.

Wald-und-Wiesensushi

12–16 junge Blätter von Linde, Kohldistel, Kohl, Salat • Oberskren aus der Tube
evtl. Dosenlachs in Öl • alternativ: Kichererbsen- oder Bohnenaufstrich (S. 93)
Blüten zum Dekorieren

Tipp

Bei einer Kochmöglichkeit ist es auch sehr lecker, dieses Wiesensushi mit Sushireis (hierfür als Würze Essig, Zucker und Salz verwenden) und Gemüsesticks zu füllen. Den Reis können Sie auch mit einem einfachen Teelichtofen dünsten.

Zubereitung

Die Blätter auflegen, mit Oberskren und dünnen Lachsstreifen, dem Aufstrich oder Reis füllen, einrollen und servieren.

Eva's Tipp

Zusatzinformation
Sushi
Auch Noriblätter (Algenblätter) können Sie super einlagern. Mit etwas Sushireis, Wasser und eingelegtem Gemüse oder Lachs (Konserve) können Sie sich eine Gaumenfreude kreieren. Ich habe auch immer etwas Sojasauce, Wasabikren und Ingwer im Glas bevorratet, auch das hält sich geschlossen über einige Jahre.

Tipp

Kohldistelblätter mit etwas Speck einwickeln und in einer Pfanne am Feuer kurz anbraten.

Wildkräutersalat

2 Handvoll Kräuter, wie Löwenzahnblätter, Giersch, Lindenblätter, Spitzwegerich, Gänseblümchen • 1 Apfel • 2 EL Nüsse, grob gehackt • 1 EL Blüten, wie Gänseblümchen, Himmelschlüssel, Veilchen • 1 EL Olivenöl • 1 EL Apfelessig • 1 TL Honig • 1 Prise Salz

Zubereitung
Kräuter säubern, kleinschneiden und den Apfel kleinwürfelig schneiden. Für die Marinade Essig, Öl, Honig und Salz gut verrühren.

Den Salat mit der Marinade abmischen und anrichten, die gehackten Nüsse und die Blüten als Dekoration darüberstreuen.

Eva's Tipp

Zusatzinformation

Traditioneller Löwenzahnsalat aus Omas Küche: Löwenzahnblätter, gehackte Zwiebel, gekochte Kartoffel, dazu gebratene Speckwürferl und evtl. ein gekochtes Ei mit einem Dressing aus Essig, Öl und einer Prise Salz über den Salat geben.

Brennnessellaibchen

3–4 Handvoll Semmelwürfel (Knödelbrot) • ⅛ l Haltbarmilch • 2 Eier oder Eipulver
½ TL Salz • 1 EL Grieß • 2 Handvoll Brennnesseln (oder Giersch, Melde, Spinat), klein gehackt
4 EL Olivenöl • evtl. Hartkäse, gerieben • wenn vorhanden, etwas Zwiebel, in etwas Öl geröstet
Öl zum Ausbacken

Zubereitung

Semmelwürfel, Grieß in eine große Schüssel geben. Die Haltbarmilch mit dem Ei(-pulver), dem Olivenöl und dem Salz verrühren und darübergießen, die kleingehackten Kräuter und evtl. etwas geriebenen Hartkäse dazugeben und gut vermengen. Etwas stehen lassen, Laibchen formen und in einer Pfanne mit Öl beidseitig anbraten. Mit einer Mayonnaisesauce (S. 92) servieren.

Eva's Tipp

Zusatzinformation

Für etwas Abwechslung am Teller können Sie die Masse teilen und einen Teil mit Tomatenmark und Ajvar (Paprikagewürzpaste) oder Paprikapulver rötlich einfärben. Für den zweiten Teil Spinat, Petersilie und Kräuter mit etwas Öl mörsern, dann werden die Laibchen leicht grün.

Tipp

Wenn Sie einen Mixstab haben, können Sie die Kräuter auch direkt mit der Milch vermixen.

Wildkräutersalat

Brennnessellaibchen

Pikante Palatschinken

1 Ei oder Eipulver, veganer Ei-Ersatz • 1/4 l Haltbarmilch • etwas Salz • 150 g Mehl • Öl zum Backen • zur Verfeinerung evtl. Kräuter (Bärlauch, Petersilie, Giersch usw.) Hartkäse, gerieben • evtl. Tomatenmark

Zubereitung

Aus allen Zutaten einen Palatschinkenteig bereiten und in etwas Öl in einer Pfanne heiß, beidseitig goldbraun herausbacken.

Eva's Tipp

Zusatzinformation

Für Frittaten werden sie als Suppeneinlage feinnudelig geschnitten und in einer klaren heißen Suppe angerichtet.

Ohne Milch, dafür mit etwas Haltbarsahne, Champignons, Speck, Zwiebeln und (eingelegten) Paprika oder Gemüse, evtl. mit etwas Parmesan und gehackten Kräutern (Pesto) als Omelett servieren.

Tipp

Für eine besonders, schöne grüne Farbe werden die Kräuter in etwas Öl oder Milch gemixt oder mörsert.

Tipp

Brennnessel-, Himmelschlüssel- oder Beinwellblätter können durch einen dickeren Palatschinkenteig gezogen werden und in Öl herausgebacken werden. Als pikanter Snack oder als Süßspeise mit Zimt und Zucker sind sie ein Hit.

Süße Palatschinken

1 Ei oder Eipulver, veganer Ei-Ersatz • 1/4 l Haltbarmilch • etwas Salz • 150 g Mehl Öl zum Backen • Marmelade, Schokoladenaufstrich, Zimt oder Apfelmus zum Füllen

Zubereitung

Aus allen Zutaten einen Palatschinkenteig bereiten und in etwas Öl in einer Pfanne heiß, beidseitig goldbraun herausbacken. Mit Marmelade, Schokoladenaufstrich, Zimt oder Apfelmus füllen.

GERICHTE AUS OMAS EINFACHER KÜCHE

Viele Zutaten dieser Speisen wurden früher in Selbstversorgung am Hof produziert und es wurde so gut wie nichts, außer zweimal jährlich Zucker, Salz und evtl. Gewürze zugekauft.

Schnelle Nockerln

300 g Mehl (griffig) • 1/8 l Wasser oder Haltbarmilch • 2 Eier oder Eipulver, veganer Ei-Ersatz
Salz • 50 g Butter oder Öl • evtl. Kräuter, Schnittlauch oder Speckreste

Zubereitung
Haltbarmilch oder Wasser mit dem Ei oder Eipulver und dem Salz verrühren, das Mehl dazugeben und mit einem Kochlöffel rasch zu einem Teig verrühren.

Wasser in einen großen Topf geben, salzen und aufkochen lassen. Nun den Teig mit einem Löffel ins Wasser geben, dabei den Löffel miteintunken, damit sich der Teig gut löst.

Nach ca. 5 Minuten, wenn die Nockerln an der Wasseroberfläche schwimmen, sind diese fertig. Mit einem Schöpflöffel aus dem Wasser herausfischen und in eine Pfanne mit etwas zerlassener Butter oder etwas Öl, gehackten Kräutern oder Schnittlauch servieren.

Eva's Tipp

Zusatzinformation
Das Kochwasser für den nächsten Tag z. B. für eine Cremesuppe oder zum Reiskochen verwenden.

Diese Nockerln schmecken am Abend, mit Essig und Öl sauer abgemacht, echt super.

Auch als Süßspeise sind sie sehr delikat. Dafür die Nockerln mit gedünsteten Äpfeln oder Apfelmus, bestreut mit geriebenen Nüssen und Zimt und Zucker servieren.

Teigtaschen und Strudel

200 g Mehl, glatt • ca. 1/8 l Wasser, lauwarm • 1/2 EL Öl
evtl. 1 Ei, Eipulver, veganer Ei-Ersatz

Zubereitung
Alle Zutaten zu einem festen Teig verarbeiten, gut verkneten (Eipulver vorher mit Wasser anrühren) und etwas rasten lassen. Dann je nach Verwendung als Strudel oder Teigtaschen dünn ausrollen, in kleine Vierecke schneiden, ca. 1 EL der Fülle in die Mitte des Teiges platzieren, die Enden zusammenklappen und mit dem Gabelrücken festdrücken.

In Salzwasser kochen und mit etwas zerlassener Butter oder Olivenöl und gehackten Kräutern servieren.

Oder mit etwas Öl, Milch oder evtl. einem Ei bestreichen, im Ofen oder einer Pfanne mit etwas Fett herausbacken und mit einer Sauerrahmsauce servieren. Diese gefüllten Tascherln sind ein echtes Geschmackserlebnis.

Eva's Tipp

Zusatzinformation
Fülle
Diese Zubereitungen schmecken mit süßer und pikanter Fülle ausgezeichnet, wie z. B. Krautfülle, Speck und Wurstreste mit Semmelwürfeln, Pilzen, Spinat und Käse oder Pesto, Kräutertopfen usw.

Auch als Süßspeise sehr schmackhaft, gefüllt mit Dörrobst, Nüssen und Honig, Marmelade oder Apfel und Zimt, aber auch mit Schokolade und geriebenen Haselnüssen.

Tirolerknödel

2 Semmeln, Semmelwürfel (Knödelbrot) oder altbackenes Weißbrot • 2 Eier
2 EL Mehl • ca. ¼ l Milch • Salz, Petersilie oder Kräuter • geröstete Speckwürfel
Zwiebel • evtl. Käsewürfel

Zubereitung
Die Semmeln würfelig schneiden. Die restlichen Zutaten miteinander verrühren und über die Semmelwürfel leeren. Alles gut verrühren und ca. 30 Minuten rasten lassen.

Mit angefeuchteten Händen Knödel formen und in das kochende Salzwasser einlegen, aufkochen und ca. 15 Minuten sieden lassen. Die Kräuter fein hacken und mit gedünstetem Sauerkraut servieren.

Eva's Tipp

Zusatzinformation
Knödelbrot selbst machen
½ kg Weizenmehl, 1 Packung Trockenhefe, Salz und ca. ¼ l lauwarmes Wasser gut zu einem Teig verkneten. Längliche Laibchen formen und an einem warmen Ort zugedeckt ca. 1 Stunde gehen lassen. Mit Wasser bestreichen, mit der Gabel einstechen, in den vorgeheizten Ofen geben und goldbraun backen.

Haferflockenkrapferln

¾ l Wasser • ¼ kg Haferflocken • 50 g Butter, Fett oder Schmalz • Salz und Kräuter
Semmelbrösel (Paniermehl) zum Wenden

Zubereitung
In das kochende Salzwasser die Haferflocken und die Butter einrühren, aufkochen und bei geschlossenem Deckel ca. 15 Minuten ziehen lassen. Die Kräuter fein hacken, einrühren und abgekühlt zu Laibchen formen, in den Bröseln wenden und in Fett golden ausbacken.

Eva's Tipp

Zusatzinformation
Servieren Sie die Krapferln mit einem Kräuterdip zu einem Salat oder als Beilage.

Schnelle Nockerln

Teigtaschen

Tirolerknödel

Grießknödel

500 g Grieß • 100 g Fett oder Schmalz • 500 ml Wasser • Salz • Speck oder Zwiebeln

Zubereitung
Fett, Speck oder Zwiebeln kurz rösten, mit Wasser aufgießen, den Grieß unterrühren und so lange einarbeiten, bis sich die Masse vom Topf löst. Noch leicht warm, werden daraus ca. 12 Knödel geformt. Sie können in die etwas überkühlte Masse noch ein Ei dazurühren. In siedendes Salzwasser legen und zudecken. Für ca. 25 Minuten leicht sieden lassen oder in eine Kochkiste stellen.

Eva's Tipp

Zusatzinformation
Serviert werden die Knödel in einer guten Suppe mit Schnittlauch oder als Hauptspeise in zerlassener Butter mit etwas gerösteten Zwiebeln.

Omas Brennsterz

¼ l Mehl (Weizen- und Roggenmehl gemischt) • ¼ l Wasser
2 EL Fett oder Öl • Salz

Zubereitung 1
Mehl mit dem heißen und gesalzenen Wasser abrühren. In einer Pfanne Fett erhitzen, den Teig mit einem Löffel in das heiße Fett geben. Zudecken, kurz dünsten (ausdampfen) lassen und anschließend die Masse zerstechen, bis sie feinbröselig wie ein Schmarren wird.

Zubereitung 2
Mehl linden (d. h. im Topf erwärmen und dabei gut rühren), bis es duftet, dann mit kochend heißem Salzwasser abbrennen (übergießen), mit der Gabel zerstampfen und rühren – es sollten so kleine Bröserl wie bei einem Schmarren entstehen.

In einer zweiten Pfanne Schmalz, Speck oder Grammeln anrösten, den fertigen Sterz hinzufügen und etwas weiterrösten.

Eva's Tipp

Zusatzinformation
Der Heidensterz wird aus Heiden- bzw. Buchweizenmehl (glutenfrei) hergestellt.

Hinweis

Früher wurde es auch als Arme-Leute-Essen oder als Holzknechtsterz bezeichnet.

Tipp

Heute gibt man den Sterz oder Schmarren zum Nachziehen, Ausdampfen oder Ausbacken in den Backofen. Früher wurde dafür energiesparend eine Kochkiste verwendet (S. 52).

Türkensterz oder Grießsterz

½ l Wasser • ¼ l Polenta oder Grieß • 2 EL Fett oder Öl • Salz

Zubereitung
Die Polenta in der Pfanne etwas trocken anrösten, mit Wasser übergießen, salzen und 30 Minuten nachziehen lassen. In einer Pfanne Butter erhitzen und den Sterz darin rösten, d. h., mit einer Gabel rühren, sodass eine körnige Konsistenz entsteht.

Zubereitung mit Milch
Die Milch und einige Rosinen zum Kochen bringen, salzen, den Grieß einrühren, weiterrühren und eine halbe Stunde mit geschlossenem Deckel ziehen lassen (siehe oben). Die Butter in die Mitte der Pfanne geben, zerlassen, den Sterz mehrmals mit der Gabel verrühren und rösten, bis eine schöne goldene Farbe und körnige Konsistenz entsteht (gabeln). Mit einem Apfelkompott servieren.

Eva's Tipp

Zusatzinformation
Mit gerösteten Speckwürfeln als pikante Speise oder mit Rosinen, Zimt, Zucker und mit einem Kompott als Süßspeise reichen.

Bohnensterz

300 g weiße Bohnen • Wasser zum Kochen • 200 g Mehl
Salz • Schmalz • Speck oder Zwiebeln

Zubereitung
Die Bohnen am Vorabend einweichen. Am nächsten Tag die Bohnen sehr weich kochen, falls nötig, mit heißem Wasser nachgießen (die Bohnen sollten immer mit Wasser bedeckt sein) und erst dann salzen.

Das Mehl trocken in einer Pfanne rösten, dabei gut rühren. Dann mit ca. ¼ l des Bohnenkochwassers übergießen, ganz wenig salzen, mit der Gabel bröselig verrühren und ca. 30 Minuten bei geschlossenem Deckel nachziehen lassen. In einer Pfanne Schmalz, Speck oder Zwiebeln anrösten. Den Schmarren und die Bohnen dazugeben und gut vermischen.

Eva's Tipp

Zusatzinformation
Bohnen wirken gut sättigend. Sie enthalten viel pflanzliches Eiweiß und liefern wertvolle Ballaststoffe und Vitamin B sowie Kalium, Kalzium und Magnesium.

Türken-Tommerl

1 l Milch • 400 g Maisgrieß • 60 g Zucker • Salz • 100 g Fett • ½ kg Äpfel

Zubereitung
Grieß und Zucker in die heiße gesalzene Milch unterrühren und einkochen lassen.

In einer Pfanne das Fett erhitzen, die halbe Masse in die Pfanne geben und die geschälten und gehobelten Äpfel darauf verteilen. Mit Zucker bestreuen, die restliche Masse darübergeben und mit einigen Apfelstückchen belegen.

Im Ofen bei 180 °C für ca. 30–40 Minuten backen.

Eva's Tipp

Zusatzinformation
Mit etwas Staubzucker (Puderzucker) und Zwetschkenröster (Pflaumenkompott) oder Preiselbeeren servieren.

Ofen- oder Weizen-Tommerl

¼ kg Mehl • ¾ l Milch • 2 Eier • Salz • evtl. 1 Prise Natron oder Backpulver

Zubereitung
Milch, Salz und Eier versprudeln, das Mehl einrühren, evtl. 1 Prise Natron oder Backpulver hinzugeben, damit es lockerer aufgeht, in eine Pfanne mit heißem Fett einfüllen und im Ofen backen.

Sie können evtl. Heidelbeeren darüberstreuen und mitbacken.

In Stücke schneiden, mit Zimt und Zucker bestreuen und heiß servieren.

Eva's Tipp

Zusatzinformation

Festtagsnachtisch: Topfen-Tommerl

300 g Topfen (Quark)
150 g Mehl
50 g Zucker
50 g Fett
2 Eier
ca. ½ l Milch (oder Sauerrahm/Saure Sahne)

Zubereitung
Zucker und Dotter schaumig rühren, salzen, den Topfen, die Milch unterrühren und den Schnee (aus geschlagenen Eiklar) sowie das Mehl abwechselnd darunterheben. In einer befetteten Form im heißen Ofen ca. 45 Minuten backen.

Nudeln selbstgemacht

200 g Weizenmehl, griffig (oder die Hälfte Hartweizengrieß) • 1 EL Olivenöl (evtl. Wasser)
2 Eier • 1 Prise Salz • Basis ca. pro 100 g Mehl 1 Ei • in Zeiten der Sparsamkeit bestand der Nudelteig aus 300 g Mehl, 2 EL Öl und ⅛ l Wasser

Zubereitung
Mehl zu einem Häufchen auf die Arbeitsfläche geben, in die Mitte ein Grübchen machen und hier die Eier, das Salz und 1 EL Öl hinzufügen. Ca. 10 Minuten zu einem geschmeidigen Teig verkneten.

Sollte der Teig zu trocken sein, könnten Sie ganz wenig Wasser dazugeben. Mit einer Frischhaltefolie bedecken und ca. 30 Minuten oder über Nacht rasten lassen. Den Teig auf einer bemehlten Arbeitsfläche nun hauchdünn ausrollen und mit einem Lineal oder einem Holzstab in Streifen schneiden. Falls Sie eine handbetriebene Nudelmaschine besitzen, können Sie natürlich diese gerne verwenden.

Bandnudeln, Suppennudeln oder Lasagneblätter werden vor dem Kochen auf einer Stange Kochlöffeln zum Antrocknen aufgehängt. In reichlich Salzwasser kochen lassen.

Eva's Tipp

Zusatzinformation
Bunte Nudeln einfärben. Hier wird ein Ei (ca. 60 g) durch z. B. Tomatenmark ersetzt oder das Ei mit dem Pulver verrührt oder mit Kräutern gemixt.

- Grüne Nudeln mit Basilikum
- Gelbe Nudeln mit Kurkuma
- Orange Nudeln mit Tomatenmark und Chili
- Rote Nudeln mit frischem Rote-Beete-Saft
- Braune Nudeln mit Weizenvollkornmehl
- Dunkelbraune Nudeln mit Nutella und Kakao (für süße Milchnudeln)

Tipp

Eine bunte Regenbogenmischung, die heiß, mit etwas Olivenöl beträufelt und mit Knoblauch serviert wird, ist ein echter Hit.

Wasserspätzle

300 g Mehl • ¼ l Wasser • Salz • 1–2 EL Fett oder Öl zum Schwenken
Zwiebel oder Röstzwiebel (wenn vorhanden)

Zubereitung

Alle Zutaten zu einem Teig verrühren und durch ein Spätzlesieb in kochendes Salzwasser einkochen, bis sie nach ca. 5 Minuten aufschwimmen. Abseihen, in heißem Fett oder Öl schwenken, mit Röstzwiebeln bestreuen und zu einem Salat servieren.

Bei Wasserknappheit können Sie das Kochwasser auffangen und z. B. mit Haferflocken und Gemüse zu Laibchen für den nächsten Tag ansetzen.

Eva's Tipp

Zusatzinformation

Varianten:

- mit gehackten Kräutern und Blüten
- mit geriebenem Hartkäse als Käsespätzle
- mit gerösteten Pilzen und Speck als pikante Jägerspätzle
- mit gedünsteten Äpfeln oder Apfelmus und Zimt als Süßspeise

Nudeln selbstgemacht

Wasserspätzle

Gedämpfte Kartoffeln mit Butter

Kartoffeln (pro Person je nach Größe 3 Stück) •
Wasser (so viel, dass die Kartoffeln bedeckt sind) • etwas Kräutersalz
2 EL Butter oder Olivenöl • gehackte Kräuter, falls vorhanden

Zubereitung
Die Kartoffeln mit Wasser bedecken und zugedeckt in einem Topf mit Wasser weich dünsten. Heiß auf den Tisch stellen, jeder nimmt sich eine Kartoffel, schält diese direkt auf seinem Teller und gibt etwas Butter, Olivenöl oder Kräutersalz dazu.

Dazu servieren Sie vielleicht einen deftigen Linsensalat.

Tipp

Kartoffeln mit Butter und dazu etwas Kräutersalz könnte ich jede Woche essen. Dieses Gericht ist leicht bekömmlich und äußerst schmackhaft.

Eva's Tipp

Zusatzinformation
Omas Notfallprogramm beim Kartoffeln kochen, wenn man Energie sparen muss: Die Kartoffeln mit Wasser in einem Topf kochen lassen, auf ein Holzbrett oder Backblech stellen, mit einer Bettdecke gut zudecken und so eine halbe Stunde bei Eigenwärme fertig garen lassen. Wer eine hat, kann sie in die Kochkiste stellen. Oder aber vor dem Kochen schälen, kleinwürfeln und in etwas Salzwasser weichkochen.

Tipp

Das Kartoffelwasser als Dünger im Garten verwenden.

Tipp

Den Rest der Kartoffeln zu einem leckeren Kartoffelsalat, als Beilage zu Gulasch oder zu einem Gröstl, verarbeiten.

Erdäpfelkrapferl

¼ kg Erdäpfel (Kartoffeln) • ¼ kg Topfen (Quark)
100 g Grieß • 1–2 EL Öl (zerlassene Butter)
¼ kg Mehl oder Brösel (Paniermehl) • 1 Ei
1 TL Salz • (½ Pck. Hefe/Germ)

Zubereitung
Die Kartoffeln kochen und fein reiben (oder durch eine Kartoffelpresse drücken). Alle Zutaten bei Raumtemperatur zu einem Teig verrühren, etwas nachziehen lassen, zu Knödel formen und flach drücken. An einem warmen Ort mit einem Geschirrtuch zugedeckt ca. ½ Stunde gehen lassen. In etwas Butterschmalz oder Fett knusprig ausbacken und mit einer Schnittlauchsauce (Sauerrahm mit Kräutersalz, Knoblauch und Schnittlauch verrühren) servieren.

Eva's Tipp

Zusatzinformation
Man kann diese Knödel natürlich auch ohne Hefe zubereiten, dann erhalten sie eine andere Konsistenz.

Als Süßspeise könnten Sie sie mit Zucker und Zimt und einem Fruchtmus servieren.

Hirsebrei

200 g Hirse • ¼ l Wasser • ¼ l Haltbarmilch • 1 Prise Salz • 1 EL Butter • 1½ EL Rosinen

Zubereitung
Die Hirse waschen und in Salzwasser aufkochen lassen. Zugedeckt und bei geringer Hitze ca. 8–10 Minuten weiterkochen lassen.

Milch, Rosinen und Butter dazugeben, umrühren und mit geschlossenem Deckel (oder in der Kochkiste) ausdünsten lassen. Mit Zimt und Staubzucker (Puderzucker) bestreuen, warm anrichten und ein Apfelkompott dazu servieren.

Eva's Tipp

Zusatzinformation
Eignet sich auch als pikante Hautspeise ohne Rosinen. Das Hirsotto mit kleingeschnittenem Gemüse, Pilzen, Suppenwürze, Kräutern, Lauchzwiebeln, geriebenem Hartkäse und Sahne servieren.

Topfenknödel

500 g Topfen (Quark) • 100 g Grieß • 100 g Öl (Butter)
100 g Mehl oder Brösel (Paniermehl) • 2 Eier • Salz

Zubereitung
Topfen, Grieß, Öl (zerlassene Butter), Mehl oder Brösel und 2 Eier zu einem Teig verrühren, etwas nachziehen lassen und zu Knödel formen. In kochendes Salzwasser geben und ca. 20 Minuten sanft köcheln lassen.

Eva's Tipp

Zusatzinformation
Mit Fruchtmus oder Zuckerbröseln servieren.

Schmarren

300 g Mehl • ½ l Haltbarmilch • 1 Prise Salz • 50 g Fett
1½ EL Zucker • 2 Eier

Zubereitung
Milch und Mehl verrühren, Eidotter dazurühren und den steifen Eischnee unterheben. Den Teig in eine Pfanne mit heißem Fett gießen. Wenn er oben etwas fest zu werden beginnt, geben Sie die Rosinen hinein. Dann den Schmarren mit zwei Gabeln zerreißen, währenddessen kurz weiterbacken und anschließend anrichten.

Für den deftigen Kaiserschmarren verwenden Sie sechs Eier, ganz wenig Milch und ca. 60 g Mehl und Fett.

Eva's Tipp

Zusatzinformation
Mit Zimt und Staubzucker (Puderzucker) bestreuen, warm anrichten und ein Apfelkompott dazu servieren.

Hasenohren oder Polsterzipfl

300 g Mehl • 6 EL Öl • 1 Ei • Salz • 1 EL Rum oder Schnaps
ca. 2 EL Milch oder Sauerrahm (Saure Sahne)

Zubereitung
Alle Zutaten vermengen, sodass ein weicher Teig entsteht. Dann auswalken, Rauten (Vierecke) schneiden und in heißem Fett ausbacken. Diese Polsterzipfl gehen beim Backen auf und sind innen hohl. Sie werden mit Staubzucker (Puderzucker) bestreut und dazu wird Apfelmus serviert.

Eva's Tipp

Zusatzinformation
Mehlkrapfen
Dieser reduzierte Krapfen wird nur aus Mehl, Wasser und Salz zu einem weichen Teig verarbeitet, ganz dünn ausgewalkt und in heißem Fett schwimmend beidseitig ausgebacken.

Tipp
Den Alkohol hat man früher deshalb hinzugegeben, damit das Gebackene nicht so viel Fett aufsaugt.

Bratapfel

4 Äpfel • 2 EL Rosinen • 3 EL Haselnüsse, gerieben • 1 EL Honig
ca. 1 ½ EL Butter oder Margarine • ½ TL Zimt

Zubereitung
Die Äpfel vom Kerngehäuse vorsichtig befreien, der Apfel sollte ganz bleiben. Die restlichen Zutaten zu einer Paste verrühren, in den Apfel füllen und im Backofen, auf einem Teelichtofen oder in einem Topf mit Deckel langsam dünsten lassen.

Tipp
Ebenso können grüne Blätter, wie Brennnesseln, Himmelschlüsseln oder Beinwellblätter gebacken werden.

Eva's Tipp

Zusatzinformation
Auch gebackene Apfelscheiben im Backteig (etwas dickerer Palatschinkenteig mit Ei, Mehl, Mineralwasser, Salz) in etwas Butterschmalz oder Öl herausgebacken und mit etwas Zimt und Zucker servieren. Sie sind bei Groß und Klein sehr beliebt.

Süßes Topfenmäuschen

250 g Topfen (Quark) • 250 g Mehl • 3 Eier • 3 EL Zucker, Vanillezucker
½ Pck. Backpulver • 1 Prise Salz

Zubereitung
Alle Zutaten gemeinsam gut verrühren, löffelweise ins heiße Fett geben und schwimmend beidseitig ausbacken.

Eva's Tipp

Zusatzinformation
Sie können dem Teig auch Rosinen beigeben und ihn mit Staubzucker (Puderzucker) bestreut servieren. Ganz frisch schmecken die Mäuschen am besten.

Strauben

8 EL Mehl • 8 EL Sauerrahm (Saure Sahne) • 1 EL weiche Butter
1 Prise Salz • 5 Eier • 1 EL Rum • Butterschmalz, Fett oder Kokosöl zum Backen

Zubereitung
Alle Zutaten zu einem sämigen, dickflüssigen Teig verrühren. Den Teig mit einem Löffel in eine Pfanne mit reichlich heißem Fett gießen. Golden backen, abtropfen lassen, mit Zimt und Staubzucker bestreuen, warm anrichten und ein Apfelmus dazu servieren.

Eva's Tipp

Zusatzinformation
Als besonderes Highlight können Sie den Teig in einen Trichter mit feiner Öffnung füllen, schneckenförmig in die Pfanne mit dem heißen Butterschmalz einlaufen lassen und ausbacken. In der Mitte des Tisches zu Kaffee, Milch oder Tee servieren, damit sich jeder ein Stück davon abbrechen kann.

Apfeltaler

Äpfel • Mehl • 1 Ei

Zubereitung
Die Äpfel reiben, mit dem Ei und so viel Mehl vermischen, dass ein sämiger Nockerlteig entsteht. Mit dem Löffel kleine Fladen in eine Pfanne mit heißem Fett geben und beidseitig braun backen. Evtl. mit etwas Staubzucker (Puderzucker) servieren.

Eva's Tipp

Zusatzinformation
Dies könnten Sie notfalls auch auf einem Teelichtofen zubereiten.

Hasenohren oder Polsterzipfl

Bratapfel

Topfenmäuschen

Grießkoch

4 EL Grieß • ½ l Haltbarmilch • 1 Prise Salz
Kakaopulver oder Zimt und Zucker

Zubereitung
Die Milch erwärmen, den Grieß einkochen und ca. 1–2 Minuten köcheln lassen. Dabei rühren, ca. 10 Minuten nachziehen lassen, dabei wird die Masse fester. Falls Sie zu dick ist, einfach wieder etwas Milch zugeben, mit Zimt und Zucker, Honig oder etwas Kakao bestreuen und warm servieren.

Eva's Tipp

Zusatzinformation
Anstatt Grieß könnten Sie auch Minutenpolenta verwenden.

Kalt ohne Kochen könnten Sie Reisflocken, Haferflocken oder Haferpulver nehmen.

Eiermilch

½ l Milch • 1 Ei • 1 EL Stärke oder Mehl
1 EL Zucker

Zubereitung
Ei, Stärke, Zucker und 1 EL Milch verquirlen, Milch und Salz gemeinsam aufkochen und die Eiermischung einrühren. Während des nochmaligen Aufkochens mit dem Schneebesen gut weiterrühren, damit nichts anbrennt. Heiß in kleine Kompottschüsserln abfüllen.

Eva's Tipp

Zusatzinformation
Sie können Rosinen und, wenn vorhanden, etwas Vanille zur Milch dazugeben.
Varianten: Alte Semmeln oder Weißbrot mit Eiermilch übergießen und im Ofen backen, anschließend mit Zucker und Zimt betreuen.

Tipp
Für Erwachsene können Sie die Milch mit einem Schuss Cognac oder Weinbrand verfeinern.

Triet

Zwieback oder altbackenes Weißbrot
Wein (oder Most) • Zucker • Zimt

Zubereitung
Den Zwieback in kleine Kompottschüsserln aufteilen, alle Zutaten vermischen (evtl. zu einem Glühwein erwärmen), über den Zwieback gießen und etwas ziehen lassen.

Eva's Tipp

Zusatzinformation
Weinchadeau
Ebenso beliebt war das Weinchadeau. Dafür 2 Eier, ⅛ l Weißwein und 40 g Zucker über etwas Wasserdampf gut dickschaumig aufschlagen, in Dessertschälchen füllen und kaltstellen.

Kekse

300 g Mehl • 100 g Zucker • 50 g weiche Butter • ½ Ei • ca. ⅛ l Milch
½ TL Backpulver • Vanillezucker

Zubereitung

Die Butter in einer vorgewärmten Schüssel schaumig rühren. Nun aus Zucker, Butter, Ei einen Abtrieb machen (mixen), dieser wird auf der Arbeitsfläche mit den anderen Zutaten zu einem Teig verarbeitet, ausgewalkt und mit einer Keksform werden Kekse ausgestochen. Die restliche Eihälfte und etwas Milch versprudeln und die Kekse damit bestreichen. Im Backofen goldbraun ausbacken. Auf Wunsch können Sie sie mit Marmelade bestreichen und zusammenkleben. Sie lassen sich gut in Dosen lagern.

Eva's Tipp

Zusatzinformation

Für Schokokekse mischen Sie unter einen Teil der Masse dunklen Kakao.

GERICHTE, DIE KALT ZUBEREITET WERDEN KÖNNEN

Hier finden Sie Gerichte, die Sie im Notfall auch ohne Erwärmen bzw. Kochen zubereiten können.

Falsche kalte Cevapcici

400 g Bulgur • 6–8 EL rote Kidneybohnen im Glas/Dose (alternativ Käferbohnen)
4 EL Tomatenmark • 6 EL Tomatensauce • 1 EL Knoblauch, -pulver
2 EL Ajvar (Paprikapaste) • 4 EL Olivenöl • 1 TL Salz • 1 TL Suppenwürze
1 Spritzer Essig • Pfeffer, Kräuter, Chili nach Geschmack
evtl. etwas Wasser, falls die Masse zu fest ist

Zubereitung
Die Bohnen mit einer Gabel ganz fein stampfen. Den Bulgur und alle restlichen Zutaten in eine Schüssel geben, gut verrühren, mit den Händen ganz fein durchkneten und ca. 20 Minuten rasten lassen. Mit den Händen zu kleinen Bällchen oder kleinen Rollen formen

Als Art Beef-Tartare-Ersatz zu Knäckebrot oder Kräckern reichen.

Oder als Wraps, wenn vorhanden, in grüne Blätter (Salat, Linde, Kohldistel, Mangold) gewickelt servieren.

Eva's Tipp

Zusatzinformation
Bei Kochmöglichkeit
Zu Laibchen geformt, könnten Sie sie auch kurz in Öl braten und mit Kartoffelpürree (Pulver mit Wasser oder Haltbarmilch wärmen) servieren.

Falscher Wildbraten, kalt

1 Rotkraut, fertig im Glas • 1–2 Dosen Leberpastete oder Jagdwurstaufstrich
3 EL Haferflocken • 1 Glas Birnenkompott • 1 EL Preiselbeeren

Zubereitung
Das Rotkraut abtropfen lassen, mit einem Löffel am Teller anrichten. Die Birne am Teller platzieren und mit einem Löffel Preiselbeeren dekorieren.

Die Pastete mit etwas Haferflocken abrühren, zu Bällchen formen und auf dem Teller anrichten.

Zusatzinformation
Eine vegane Alternative wären gekochte Käferbohnen, diese mit einer Gabel fein zerdrücken, mit etwas Öl, Majoran, Salz, Pfeffer würzen, mit den Haferflocken verrühren und zu Bällchen formen.

Bei einer Kochmöglichkeit
Können Sie hierfür auch ein Einmachglas Wildragout warm machen. Oder Sie sind selbst Jäger und haben den Zugang zu Wildfleisch oder aber Sie könnten mit einem Jäger etwas tauschen.

Thunfischsalat „Nizza“

je 1 Dose Thunfisch in Öl, Maissalat, Bohnen
1 kleine Zwiebel, falls vorhanden • 2 EL Essig • 1 Prise Salz • etwas Pfeffer

Zubereitung
Bohnen und Mais abtropfen lassen, Thunfisch, gehackte Zwiebel mit Essig sowie Salz und Pfeffer würzen.

Zusatzinformation
Geben Sie etwas Tomatensauce dazu und weichen Sie die Masse mit Couscous für 2 Stunden ein.

Oder Sie machen einen Heringssalat mit Apfelwürfeln, Gemüsekonserve von Erbsen und Karotten, Mayonnaise (hierfür selbstgemachte Mayonnaise, S. 92, verwenden).

Dazu reichen sie Cracker, Grissini oder Knäckebrot.

Falscher Wildbraten, kalt

Thunfischsalat „Nizza“

Selbstgemachte Mayonnaise oder Salatcreme ohne Ei

Ca. 125 ml Flüssigkeit von Kichererbsen oder Bohnen (vorgekocht aus Glas oder Dose), gut gekühlt • Salz, Pfeffer • 1 EL Senf • 1 EL Apfelessig • 1 TL Zucker, Honig, Ahornsirup, Birken- oder Kokoszucker • 125 ml Öl

Zubereitung

Alle Zutaten gut miteinander aufschlagen und ganz langsam das Öl einrühren, weiterrühren, fertig. Diese wunderbare Mayonnaisecreme hält sich im Kühlen 1–2 Wochen.

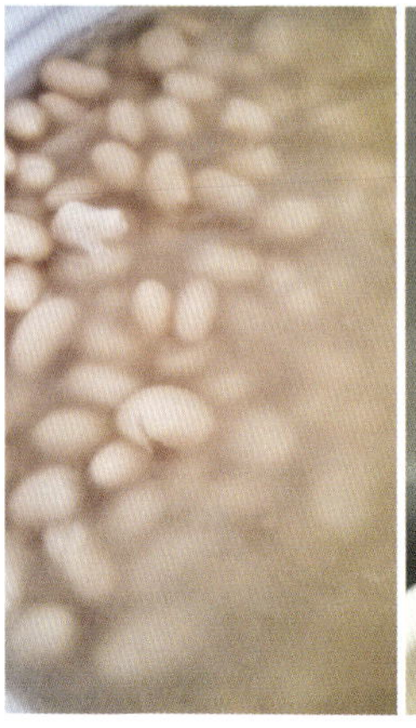

Eva's Tipp

Zusatzinformation

Für eine kompaktere Konsistenz können sie 1 TL pulverisierte Flohsamen dazumixen.

Besonders lecker ist diese Mayonnaise als Marinade zu einem Nudelsalat. Dafür Nudeln vom Vortag mit kleingeschnittener Essiggurke, Gemüse (Konserve/Glas), Mais und selbstgemachter Mayonnaise verrühren.

Couscous-Mix-Salat

2 Tassen Couscous oder Bulgur • 2 Tassen Wasser • 1 TL Suppenwürze
je ½ TL Salz, Pfeffer • 1 Glas Gemüse (Konserve) • 1 Glas Erbsen (Konserve)
2 EL Olivenöl • 1 Spritzer Essig • evtl. eingelegte gegrillte Paprika
Kräuter nach Verfügbarkeit

Zubereitung

Den Couscous in eine Schüssel geben, mit der Flüssigkeit, dem Gemüse, den Gewürzen vermischen und ca. 2 Stunden quellen lassen. Evtl. nachwürzen und mit frischem Grün und Sesamsamen bestreuen.

Mit heißem Wasser übergossen, reicht eine Quellzeit von ca. 15 Minuten.

Eva's Tipp

Zusatzinformation

Bei Wasserknappheit die Flüssigkeit vom Gemüse auffangen und für eine Suppe weiterverwenden.

Der restliche Couscousmix kann abends als Salat gegessen werden, evtl. mit gehackten Tomaten, Thunfisch und Mais aufpeppen.

Veganer Grammelschmalz-Aufstrich

5 EL Kokosöl (ohne Kokosduft) • 2–3 EL Haferflocken • 1 EL Sojasauce
½ TL Kümmel • ½ TL Knoblauchgranulat • Salz • Pfeffer

Zubereitung
Haferflocken, Kümmel, Gewürze und Sojasauce verrühren, etwas ziehen lassen und mit dem zimmerwarmen Kokosöl verrühren. Vor dem Servieren kühl stellen.

Eva's Tipp

Zusatzinformation
Dieser Aufstrich schmeckt als Brotaufstrich (evtl. mit gehackten Zwiebeln oder Knoblauch serviert) und kann auch als Würze für Nudeln verwendet werden.

Variante
Haferflocken und Kümmel in einer Pfanne anrösten, bis sie leicht bräunen, mit Sojasauce ablöschen und von der Wärmequelle nehmen. Das Kokosöl und die Gewürze dazurühren.

Hält gekühlt ca. 6 Monate

Alternativer SOS-Aufstrich

1 Glas/Dose Kichererbsen und (oder) weiße Bohnen • ⅛ l Öl
1-2 EL Essiggurkensaft oder milden Balsamicoessig • ½ TL Salz • ½ TL Pfeffer
½ TL Knoblauchpulver • evtl. Tomatenmark, Paprikapulver oder Ajvar (Paprikapaste) für mehr Farbe und Geschmack • Rote Rüben und etwas Kren • Gartenkresse oder Kräuter
Kurkuma oder Curry

Zubereitung
Kichererbsen oder Bohnen abtropfen (Flüssigkeit aufheben) lassen, mit dem Öl und den Gewürzen gut zerdrücken und zerstampfen oder in einem Zerkleinerer mixen, bis eine schöne sämige Creme entstanden ist.

Die Basiscreme kann in vier kleine Schüsseln aufgeteilt werden und mit den Zutaten so verfeinert werden.

Zuerst wird die Kresse mit etwas Öl gemörsert bzw. gemixt und mit dem Basisaufstrich vermengt. Die rote Beete mit dem Bohnenaufstrich verrühren und in die nächste etwas Kurkuma mit einer Gabel fein einrühren und zuletzt zur Basis etwas Paprikapulver o. a. hinzufügen.

Eva's Tipp

Zusatzinformation
Mit Knäckebrot, Grissini oder Cracker servieren.

Tipp

Die Abtropfflüssigkeit der Bohnen wird aufgefangen. Gekühlt kann sie wie Eischnee aufgeschlagen und zum Backen, für Saucen oder zu Mayonnaise verarbeitet werden.

Tipp

Zum Mixen können Sie auch alternativ einen Mixstab eine Flotte Lotte (Passiersieb) oder einen Hand-Zerkleinerer mit einer Seilzug-Schnur verwenden.

GERICHTE AUS DER KRISEN-VORRATSKAMMER

Hier finden Sie einfache Gerichte und Vorschläge, die Sie mit Vorräten aus Konserven und dem Krisenschrank zaubern könnten. Hier haben Sie eine Not-Wärmemöglichkeit, wie z. B. einen Teelichtofen, versuchen aber, Trinkwasser zu sparen.

Einfache SOS-Laibchen

1 Pck. Sauerkraut • etwas Dinkelmehl (oder ½ Teil Kartoffelteigpulver oder -püree)
Öl zum Ausbacken

Zubereitung
Das Sauerkraut gut ausdrücken, mit Mehl (oder Kartoffelpulver) verrühren, kurz stehen und anziehen lassen. Zu Laibchen formen und in heißem Öl ausbacken. Mit Salat oder einer Sauce servieren.

Eva's Tipp

Zusatzinformation
Sauerkraut war früher auf der Seefahrt ein wertvoller Vitamin-C-Spender gegen Skorbut.

Nudeln: One-Pott-Variante

180 g Spiralnudeln oder Spaghetti • 400 ml Wasser • ½ TL Salz
1 TL Suppenwürze • 100 ml Haltbarsahne • 1 EL Öl • 2 EL Speckwürferl
2 EL Trockenkäse, gerieben, oder 1 Schmelzkäse
1 TL Knoblauchgranulat

Zubereitung
Die Speckwürferl und das Öl in einer Pfanne anbraten, Wasser zugießen und aufkochen lassen und würzen. Spiralnudeln oder Spaghetti locker in die Pfanne dazugeben. Zugedeckt ca. 10 Minuten garen, evtl. dazwischen öfters umrühren, bis die Nudeln das Wasser fast vollständig aufgenommen haben. Sahne und Käse unterrühren, etwas durchziehen lassen und mit gehackten Kräutern bestreuen.

Eva's Tipp

Zusatzinformation
Auf diese Weise sparen Sie Geschirr und Energie, weil Sie dieses Nudelgericht in viele weitere Varianten abwandeln können.

Mexikanische Bohnen-Reispfanne

1 Tasse Reis, Quinoa, Hirse oder Couscous (200 g) • 2 Tassen Wasser (500 ml)
1 Dose Kidneybohnen oder Bohnenmischung, fertig gegart • 1 Dose Tomaten
5 EL Ajvar (Paprikapaste) • 1 Pck. Kokosmilch (Hafersahne, Haltbarsahne, Milchpulver)
2 EL Olivenöl • 1 TL Salz • 1 TL Suppenwürze • Gewürze, Chili, Curry oder Kräuter nach Geschmack

Zubereitung
Wasser, Reis und Salz ca. 10 Minuten köcheln lassen, die Bohnen, Tomaten, Ajvar, Öl und Gewürze hinzufügen. Nochmals 10 Minuten leicht mitköcheln, zum Schluss etwas Sahne oder Kokosmilch unterrühren und zugedeckt einige Minuten nachziehen lassen.

Eva's Tipp

Zusatzinformation
Für die schnellere Variante ohne lange Kochzeit setzen Sie den Couscous mit der Flüssigkeit, den Bohnen und der Tomatensauce an, bis die Flüssigkeit aufgenommen ist, rühren Sie die restlichen Zutaten ein, lassen es ziehen und würzen es.

Gemüselaibchen

5 EL Haferflocken
3 EL Kartoffelpüreepulver oder Reisflocken (oder Reis vom Vortag)
1 Glas/Dose Gemüse • 3 EL Maismehl • Salz • Pfeffer
Öl zum Backen

Zubereitung
Haferflocken, Kartoffelpüreepulver, Gemüse, Maismehl, Salz und Pfeffer abrühren, quellen lassen und Gemüselaibchen daraus formen. In einer Pfanne mit etwas Öl anbraten.

Eva's Tipp

Zusatzinformation
Laibchen-Allerlei
Wasser oder eine Tasse Suppe oder Nudelwasser vom Vortag mit Zutaten, wie Haferflocken, Polenta, Reisflocken oder Kartoffelpüreepulver, anrühren, quellen lassen und mit etwas Parmesan und einen Teil mit Ajvar (Paprikapaste) oder Tomatenmark verrühren. Laibchen formen und in einer Pfanne mit etwas Öl herausbacken.

Kartoffelpuffer

3 rohe Kartoffeln, gerieben • Gewürze, wie Salz, Pfeffer, Majoran
1 EL Vollkornmehl • 1 Ei (Eipulver), falls vorhanden
evtl. Speck, Zwiebel oder Hartkäse
Öl zum Braten

Zubereitung
Die geriebenen Kartoffeln gut auspressen und mit den restlichen Zutaten gut verrühren. In der Pfanne das Öl erhitzen, großzügig einen Löffel der Masse hineingeben und beidseitig herausbacken.

Eva's Tipp

Zusatzinformation
Kartoffelbrei
Die bereits geschälten Salzkartoffeln (oder die gekochten Kartoffeln schälen), noch warm stampfen oder reiben, mit etwas warmer Haltbarmilch und etwas Butter gut verrühren und heiß servieren.

Pizza

Germteig • 300 g Mehl • ⅛ l Wasser • 1 Pck. Trockenhefe • 40 g Olivenöl • Salz

Belag
3 EL Tomatenmark • 1 Glas Champignons • 2 EL Oliven im Glas • 1 Thunfisch, Spinatblätter oder Trockenwurst • etwas Hartkäse oder Notzarella (S. 200) und Tomaten

Zubereitung
Alle Zutaten vermengen und rasch zu einem Teig verarbeiten und gut durchkneten. Zudecken und an einem warmen Ort gehen lassen. Den Teig auswalken, auf ein befettetes Backblech legen, mit etwas Öl beträufeln, belegen und bei 200 °C backen.

Eva's Tipp

Zusatzinformation
Sofern Sie einen Ofen verwenden, gilt dies als so genannte Restlverwertung.

Auch in einer Gusseisernen Pfanne mit Deckel können Sie eine kleinere Pizza bei Restwärme auf offenem Feuer backen. Eine Alternative im Wohnzimmer wäre der Teelichtofen oder der Gasgrill.

Als Pizzabelag können Sie auch Wildkräuter, wie Giersch und Brennnesselblätter, verwenden. Etwas Tomatenmark auf dem Pizzateig verteilen, die Kräuter mit etwas Sahne oder Öl vermengen, würzen und mit etwas geriebenem Käse bestreut backen.

Kartoffelgulasch

2–3 Zwiebeln • ¾ kg Kartoffeln • ¾ l Wasser
2 EL Öl oder Fett • 2 EL Tomatenmark • 1 El Essig
2–3 EL Paprikapulver • Lorbeerblatt, Kümmel, Salz und Pfeffer

Zubereitung
Die gut zerkleinerten Zwiebeln in Öl oder Fett anrösten, mit Paprikapulver und dem Tomatenmark verrühren und ganz kurz mitrösten, den Essig einrühren. Nun die geschälten und in Würfel geschnittenen Kartoffeln mit den Gewürzen dazugeben und mit dem Wasser aufgießen und weichdünsten.

Eva's Tipp

Zusatzinformation
Sie können auch gerne kleingeschnittene Essiggurken oder gekochte Bohnen dazugeben, auch ein kleingeschnittenes Frankfurter Würstchen passt hier sehr gut.

Dieses Gericht eignet sich wunderbar für das Garen in der Kochkiste. Morgens zustellen und mittags eine warme leckere Mahlzeit genießen.

Tortillas

320 g Mehl (evtl. 1 Teil Maismehl) • 50 ml Olivenöl • 1 TL Salz • 150 ml Wasser, lauwarm

Zubereitung
Alle Zutaten ca. 5 Minuten lang zu einem glatten Teig verkneten. In einem Sackerl für ca. 30 Minuten kühl stellen, damit der Teig nicht austrocknet und hart wird. Den Teig nochmals durchkneten, in gleich große Stücke teilen und auf einer bemehlten Unterlage ausrollen (so dünn Sie können). In einer beschichteten Pfanne ohne Fett beidseitig ganz kurz ausbacken, sonst können Sie sie nicht mehr rollen.

Eva's Tipp

Zusatzinformation
Gefüllt werden können die Tortillas mit Chili con carne, geröstetem Faschierten, Frischkäse und Tomaten, Spinat und Käse, Kräutertopfen, Salat, Gemüsesticks und Mayonnaise oder gegrilltem Fleisch usw., dann einrollen und servieren.

Vegane Leberpastete

250 g Kidneybohnen gekocht • ½ rote Zwiebel oder Zwiebelpulver
1 Knoblauchzehe oder Knoblauchgranulat • 1 EL Öl • 1 EL geräuchertes Paprikapulver
je ½ TL Salz, Pfeffer, Chilipulver, Tomatenmark • 1 EL Majoran,
2 EL Bio Hefeflocken (Aroma)

Zubereitung
Zwiebel, Knoblauchzehe, Öl glasig dünsten und abkühlen lassen. Mit den abgetropften Bohnen mit einem Stabmixer pürieren, würzen und evtl. mit 1 Löffel Suppe vermengen. Dieser Aufstrich schmeckt ausgezeichnet als Brotaufstrich.

Eva's Tipp

Zusatzinformation
Wenn sie noch etwas Pastete übrig haben können sie diese zu einem Burger (Frikadellen) verwandeln. Dafür mit Haferflocken, Flohsamen oder Chiasamen vermengen und etwas anziehen lassen, zu einem Burger formen und in einer Pfanne mit etwas Öl auf dem Teelichtofen beidseitig knusprig braten.

Lasagne

10 Stk. Lasagneblätter • 1 Glas Sugo, Pesto oder Tomatensauce
Gewürze, wie z. B. Oregano, Salz, Pfeffer, Knoblauchpulver oder etwas Suppenwürze
1 EL Parmesan • 1 EL Olivenöl

Zubereitung

In eine befettete Kasserolle abwechselnd Tomatensauce, Lasagneblätter, Pesto, Tomatensauce und etwas geriebenen Hartkäse schichten, mit einigen Tropfen Olivenöl beträufeln und im Backofen bei 180 °C für mind. 30 Minuten überbacken.

Eva's Tipp

Zusatzinformation

Natürlich können Sie für eine Lasagne auch Sauce Bolognese, Béchamel oder Ajvar (Paprikasauce), Letscho oder Tomate Arrabbiata gut einlagern (die in Gläsern oder Konserven mehrere Jahre haltbar sind).

Oder mal als Grüne Lasagne mit Giersch- und Brennnesselblättern und etwas Haltbarsahne oder Sauce Béchamel (Milch, Mehl, Butter) probieren.

Tipp

Evtl. den Nudelteig aus Ei, Wasser und Mehl selbst machen, siehe S. 82.

Pilzrisotto

1 Glas eingelegte Pilze oder Champignons • 1 Tasse Reis • 2 Tassen Wasser
1 TL Suppenwürze • 2 TL Öl • ¼ l Haltbarsahne oder Milchpulver
Kräuter und evtl. Parmesan oder Hartkäse zum Bestreuen

Zubereitung

Wasser erhitzen, Reis, Salz, Pilze und Würze hinzufügen, umrühren und ca. 10 Minuten zugedeckt sanft köcheln lassen. Danach Sahne (oder Milchpulver mit etwas Öl und Wasser angerührt) hinzufügen, ca. 10 Minuten fertiggaren lassen und, wenn vorhanden, mit etwas Parmesan und Kräutern bestreuen.

Eva's Tipp

Zusatzinformation

Wenn Sie keine Kochmöglichkeit haben, verwenden Sie Couscous oder Reisflocken anstatt des Reises. Geben Sie alle Zutaten in eine große Schüssel und lassen Sie dann alles gemeinsam mind. 2 Stunden quellen. Oder aber Sie wärmen es auf einem Teelichtofen und stellen es in die Kochkiste.

Linsenbraten für den Festtagstisch

200 g Berglinsen, roh (etwas Wasser zum Kochen) • 200 g Haferflocken
100 g Sonnenblumenkerne • 1 Dose Kidneybohnen, abgetropft • 100 g Karotten
bei Bedarf Semmelwürfel • 1½ EL ÖL • 1 Zwiebel • 1 Knoblauch
Gewürze nach Geschmack, wie Kümmel, Paprikapulver, geräuchert, Majoran, Salz, Pfeffer, Senf, Sojasauce • evtl. Semmelwürfel oder Haferflocken, falls die Masse noch zu dünn ist

Für die Bratensauce

Zwiebel • Öl • 1 Prise Zucker • Milch oder Stärkemehl (oder z. B. Hafersahne), Sojasauce oder notfalls einen Würfel dunkle Bratensauce

Zubereitung

Die Linsen mit Wasser kochen. Die Haferflocken und Sonnenblumenkerne zu feinem Mehl mahlen oder mörsern. Zwiebel schneiden, Knoblauch hacken und glasig dünsten, Karotten fein reiben.

Mehl, Öl und Karotten in einer großen Schüssel gut verrühren.

Linsen und Kidneybohnen grob pürieren, und alle Zutaten gemeinsam in die Schüssel geben, würzen und alles gut durchrühren und evtl. mit den Händen verkneten. Sie können hier ein paar Semmelwürfel oder ganze Haferflocken dazugeben, falls die Masse noch etwas zu weich ist.

In eine befettete Kastenform geben und für 40 Minuten im Ofen oder auf dem Teelichtbackofen braten. Nun nehmen Sie den Braten aus dem Ofen, stürzen ihn auf ein Backblech und reiben ihn mit einer BBQ-Sauce ein. Anschließend backen Sie ihn nochmals 15 Minuten weiter und tragen nochmals etwas Sauce ganz dünn auf.

Für die Bratensauce die Zwiebel mit Öl anrösten, mit einer Prise Zucker kurz karamellisieren lassen, mit Milch aufgießen, würzen, etwas Stärkemehl einrühren, aufkochen lassen und pürieren.

Servieren Sie den Braten mit Ihrer leckeren Sauce und reichen Sie dazu Kartoffelpüree (evtl. streuen Sie Röstzwiebel und gehackte Kräuter darüber) und einen kleinen Salat. Dies ist eine wahre Proteinbombe ganz ohne Fleisch, die richtig, richtig satt macht.

Eva's Tipp

Zusatzinformation

Für die BBQ-Sauce verrühren Sie Tomatenmark, Ketchup, Senf, Sojasauce dunkel, Honig, Knoblauch und ganz wenig Chili. Alternativ können Sie auch eine fertige BBQ-Sauce nehmen.

Lachsnudeln

400 g Nudeln • ½ l Wasser • ½ TL Salz • 1 Dose Lachs, in Öl eingelegt • Salz
Suppenwürze • Dill oder Kräuter, falls vorhanden • etwas Haltbarsahne

Zubereitung
Wasser kochen, Salz und Nudeln hinzufügen und ca. 6 Minuten kochen lassen. Abseihen, das Wasser auffangen, Lachs, Gewürze und etwas Sahne kurz erwärmen, eine Minute ziehen lassen und heiß servieren.

Evas Tipp

Zusatzinformation
Alternativ zu Lachs können Sie Thunfisch in Öl, Natur oder Makrele in Tomatensauce verwenden.

Nudeln vom Vortag mit gerösteten Speckwürferln, Kräuterpesto oder etwas Ajvar (Paprikapaste) vermengen, das schmeckt auch immer sehr gut.

Tipp
Um Wasser zu sparen, das Nudelwasser sogleich mit etwas Reis o. Ä. für den nächsten Tag ansetzen.

Ungarischer Gulaschtopf „Allerlei“

1 Glas/Konserve Gulaschsuppe • 1 Glas/Konserve weiße Bohnen
1 Glas/Konserve rote Indianerbohnen • 1 Glas/Konserve Mais
Gewürze wie Chili, Ajvar (Paprikapaste), Pfeffer, Salz
Hörnchen oder 1 Glas Würstchen im Glas

Zubereitung
Alle Zutaten in einen großen Topf geben, etwas Bohnenwasser zur Wiederverwendung abseihen. Alles zusammen aufkochen, Nudeln und Würstchen dazugeben, 10 Minuten köcheln lassen und heiß servieren.

Evas Tipp

Zusatzinformation
Die Hälfte der Bohnen aufheben und abends als Salat mit Thunfisch servieren.

Ananas-Curry-Reis

250 g Basmatireis • 500 ml Flüssigkeit • 1 Dose Kichererbsen oder rote Linsen, gekocht
½ Dose Ananasstücke • 250 ml Kokosmilch, Haltbarsahne, Hafersahne oder andere vegane Alternativen • ½ TL Knoblauchpulver • Curry- oder Kurkumapulver nach Geschmack
1 Prise Chili • ½ TL Paprikapulver • ½ TL Salz • ½ TL schwarzer Sesamsamen
½ TL Suppenwürze oder Sojasauce

Zubereitung

Reis mit Wasser (z. B. Nudelwasser, 1 Tasse Reis auf 2½ Tassen Wasser) am Vortag einweichen.

Am nächsten Tag den Reis und die Bohnen ca. 10 Minuten köcheln lassen, alle weiteren Zutaten, wie Gewürze, kleingeschnittene Ananasstücke, hinzufügen und ca. 8 Minuten fertiggaren lassen. Zum Schluss mit Sahne verrühren, etwas nachziehen lassen und beim Servieren mit etwas schwarzen Sesamsamen bestreuen.

Tipp

Den Ananassaft mit etwas Wasser verdünnen und als Erfrischungsgetränk zwischendurch genießen.

Eva's Tipp

Zusatzinformation

Falls Sie getrocknetes Hühnerfleisch haben, könnten Sie dies hier am Vorabend miteinweichen.

Wenn etwas Reis übrigbleibt, mit Kartoffelpüreeflocken, Eipulver und Flüssigkeit, Leinmehl, Öl und geriebenem Hartkäse zu Laibchen formen und mit etwas Öl in einer Pfanne ausbacken.

Tipp

Die Flüssigkeit der Kichererbsen oder der Bohnen aufheben und Mayonnaise für einen Nudelsalat machen.

KÜCHENTIPP: RESTE IMMER GLEICH VERWERTEN UND WEITERVERARBEITEN!

Fleischreste

Zu Gröstl mit Kartoffeln, als gefüllte Fleischtascherln, Wurst- oder Fleischnudeln, Pizza, Tortillafülle, kleingeschnitten in Einmachsuppen.

Gemüsereste

Zu Gemüselaibchen oder Gemüseschnitzerl, zu Omelette, in gefülltem Strudel oder Teigtaschen, als Gemüsenudeln, Nudelsalat, Gemüsesuppe, Gemüsereis oder gebackene Gemüsereisbällchen. Sie können diese aber auch für die Vorratskammer einkochen.

Kartoffelreste

Zu Kartoffelgulasch, Tiroler Gröstl, Röstkartoffeln, Kartoffelsalat, Kartoffellaibchen, in Cremesuppen reiben, zum Binden oder als Einlage in Gemüsesuppen.

Brotreste

Zu Suppen, Brotwürfeln, zu Bröseln (Paniermehl), Semmelbrotrolle, Scheiterhaufen, Brotsuppe, Knödel.

Reste vom Vortag

Immer am nächsten Tag die kleinen Reste vom Vortag in neue Gerichte mit einarbeiten und aus Resten eine neue leckere Speise zaubern. So können z. B. Nudeln zu Nudelsalat oder Gröstl, Reis zu Reissuppe oder Reislaibchen, Gemüsereste püriert zur Cremesuppe oder mit Haferflocken zu Gemüselaibchen verarbeitet werden.

Die Reste von Panier zu Knöderln formen oder aus Ei und Milchresten leckere Backerbsen machen, eine Eintropfsuppe oder Frittaten bereiten.

Tipp

Das erfreut das Herz einer jeden Küchenfee, wenn sie aus wenigen Resten eine schmackhafte, neue Speise zaubern kann.

WEITERE KÜCHENIDEEN

- Zum Haltbarmachen von Gemüse, Butter, Käse können Sie sie mit großen Blättern des Ampfers oder der Pestwurz einschlagen. Alternativ verwenden Sie Bienenwachstücher.
- Eier in Löschkalkwasser einlegen, um die Haltbarkeit zu erhöhen (S. 203).
- Fleisch können Sie gegen lästige Fliegen mit einem feuchten Essigwasser-Tuch abreiben, einschlagen oder aber einsalzen (pökeln), räuchern oder in Gläser einkochen.
- Gemüseüberschuss laufend aufbrauchen und zu Suppen, Saucen, Saure Snacks einkochen, fermentieren oder trocknen.
- Obst können Sie zu Kompott, Mus, Marmelade, Saft oder Gelee einkochen oder auch für Trockenobst oder zu Fruchtgummi trocknen.
- Bei Wasserknappheit Nudel- und Gemüsekochwasser auffangen und weiterverwenden.
- Knoblauch in Öl einlegen und Kräuter mit Öl und Salz zu einer Paste mixen, das ist äußerst praktisch in der Anwendung und auch haltbar.

Tipp

Nudelwasser auffangen und für Suppen und Saucen weiterverwenden, Kichererbsen oder Bohnenwasser gekühlt (aufschlagen) für Mayonnaise, als Eiklar-Ersatz, für ein Mousse usw. verwenden.

- Hafermilch: 2 EL Haferflocken mit 1 l Wasser ansetzen und mixen, anschließend filtrieren.
- Hafersahne: Haferflocken, Wasser und Öl ansetzen, mixen, stehen lassen, nochmals mixen und filtrieren.

DESSERTS UND SÜSSES

Zaubern Sie einen leckeren Nachtisch oder eine süße Nervennahrung aus Ihren Vorräten.

KALT (AUCH OHNE STROM) ZUBEREITETE DESSERTS

Obstsalat

1 Glas/Dose Früchte • 2 Äpfel • 1 Handvoll frische Beeren, falls vorhanden (Walderdbeeren, Waldhimbeeren, Heidelbeeren, Brombeeren) • 1 EL Leinsamen • 1 Tasse Apfelsaft • evtl. einige Nüsse

Zubereitung

Alle Zutaten zerkleinert in eine Schüssel geben, kurz stehen lassen und als Dessert genießen.

Zusatzinformation

Falls Sie wilde Holunderbeeren finden, bedenken Sie, dass diese unbedingt gekocht werden müssen, weil sie roh nicht verträglich sind. Evtl. mit Maisstärke oder Vanillepuddingpulver für eine wunderbare Beerensauce einkochen.

Energiekugeln

1 Handvoll getrocknete Früchte, wie Datteln, Marillen, Rosinen
1 Handvoll geriebene Mandeln und Nüsse, wie Haselnüsse • Flohsamen, Chiasamen ...
(je nach Verfügbarkeit) • 1–2 EL dunkler Kakao • 1–2 EL Honig • 1–2 EL Fruchtsaft

Zubereitung
Alle Zutaten, gut zerkleinert evtl. fein gemixt, mit dem Fruchtsaft vermengen, etwas ziehen lassen und daraus Kügelchen formen.

Eva's Tipp

Zusatzinformation
Oder Kuchenreste verwerten, hierfür diese mit gemahlenen Nüssen, feinst geriebener Schokolade, etwas Orangensaft, Rum oder Eierlikör vermischen und über Nacht anziehen lassen. Kleine Kugeln formen und in Kokosraspeln, gemahlenen Nüssen, Blüten oder in Brennnesselsamen wälzen – ein besonderes Highlight in düsteren Zeiten.

Tiramisu

1 Packung Biskotten • 2 EL Kaffee, -pulver • 1 EL Kakao • 2 EL Rum oder Wasser
1 Pck. Haltbarsahne oder Sahnepulver • Zucker, Agavensirup oder Honig

Zubereitung
Kaffeepulver oder Kakao mit etwas Rum oder Wasser vermengen, Biskotten darin drehen und in eine Form legen.

Die aufgeschlagene Sahne und evtl. etwas Süßes auf die Biskotten streichen, wieder eine Lage Biskotten legen und zum Abschluss eine Sahneschicht aufstreichen. Diese dann durch ein Sieb mit dunklem Kakao bestreuen. Einige Stunden oder über Nacht kühl stellen.

Eva's Tipp

Zusatzinformation
Pina Colada
Wer es etwas karibisch möchte, der kann für das Tiramisu Biskotten oder Butterkekse, eine Dose Ananas, Haltbarsahne oder Vanillecreme (zum Kaltanrühren), Kokosraspeln und Rum ausprobieren.

Biskotten selbstgemacht
80 g Zucker, 1 Prise Salz und 4 Eiklar steif schlagen, 4 Eidotter mit 80 g Zucker schaumig rühren und 100 g glattes Mehl abwechselnd mit dem Eischnee unterheben. Ein Backblech mit Öl befetten und mit Mehl bestreuen, die Masse mit einem Spritzsack in längliche Streifen spritzen und im Ofen bei mittlerer Hitze hellbraun backen.

Obstschnitte

1 Pck. Butterkekse (16 Stk.) oder Biskotten • 500 ml Haltbarsahne oder Sahnepulver mit Haltbarmilch zum Aufschlagen • gemischte Dosenfrüchte • Sprühsahne
Erdbeermarmelade

Zubereitung
Sahne aufschlagen, Früchte abseihen und abtropfen lassen. Die Biskotten im Fruchtsaft kurz wenden, evtl. mit etwas Marmelade bestreichen, die aufgeschlagene Sahne daraufstreichen und mit kleingeschnittenen Früchten belegen. Zur Dekoration können Sie ein Häubchen Sprühsahne und einen kleinen Tupfer Erdbeermarmelade oder eine kleine Frucht daraufsetzen. Falls Sie selbstgemachten Zitronenzucker (S. 178) haben, verfeinern Sie sie mit diesem.

Eva's Tipp

Zusatzinformation
Schmeckt auch sehr gut mit frischen Beeren, wie Himbeeren, Heidelbeeren oder Erdbeeren aus dem Garten.

Hinweis
Haben Sie schon einmal nach wilden Beeren in der Natur oder im Wald gesucht? Achten Sie bei der nächsten Wanderung einmal ganz bewusst darauf.

Apfel-Vanille-Creme

1 Glas Apfelmus oder 4 gedünstete Äpfel • 1 Pck. Vanillecreme zum Kaltaufschlagen
Wasser, Mandel oder Haltbarmilch • Honig oder Rohzucker

Zubereitung
Das Vanillecremepulver mit Haltbarmilch aufschlagen, bis sie ganz cremig wird. Das Apfelmus auf Kompottschüsserln gleichmäßig aufteilen, ein Häubchen Vanillecreme daraufsetzen und mit einer Messerspitze Marmelade oder Preiselbeeren garnieren.

Eva's Tipp

Zusatzinformation
Auch ein Apfeltiramisu kann man daraus herstellen. Die Biskotten in etwas Orangensaft drehen, mit Apfelmus bestreichen, wieder eine Lage Biskotten auflegen, dann wieder Apfelmus aufstreichen und zum Schluss eine Sahneschicht oder Vanillecreme mit etwas Zimt verzieren. Vor dem Essen einige Stunden rasten lassen.

Chia-Pudding mit Beerenmus

ca. ¼ kg Früchte (z. B. Himbeeren, Erdbeeren, Heidelbeeren, Ribiseln) • ca. 2 EL Zucker (oder Ahornsirup) je nach Geschmack • 60 g Chiasamen • 400 ml Milch oder Mandel- bzw. Haferdrink

Zubereitung
Die Chiasamen mit der Milch gut verrühren und über Nacht (mind. 3 Stunden) kühl quellen lassen. Die Früchte werden mit dem Zucker gut zerdrückt und umgerührt. Den Chia-Pudding in Schalen anrichten und mit dem Beerenmus servieren.

Eva's Tipp

Zusatzinformation, Apfelschnee
¼ Glas Apfelmus oder ¼ kg gedünstete Äpfel mit Eiklar und Zucker aufschlagen und mit Sahne, Zimt und einem Löfferl Marillenmarmelade servieren.

Schokoladenmousse

1 Pck. Haltbarsahne oder 1 Puddingcreme zum Kaltanrühren mit Haltbarmilch
1–2 EL Kakaopulver oder Trinkschokolade • evtl. etwas Rum

Zubereitung
Die Sahne aufschlagen, mit Kakao verrühren, kühl stellen und in Gläschen anrichten.

Eva's Tipp

Zusatzinformation
Eine tolle Alternative:
Mousse au Chocolat „Beans"

Zutaten
¼ l Abtropfflüssigkeit der Kichererbsen, gekühlt (wird als Aquafaba bezeichnet)
evtl. 1–2 EL Puderzucker
2–3 EL geschmolzene Schokolade (oder Kakaopulver, mit 1 Löffel Haltbarmilch kalt angerührt)

Zubereitung
Die Flüssigkeit der gekühlten Kichererbsen gut mixen und ca. 15 Minuten lang sehr cremig aufschlagen (z. B. mit einem Handquirl). Mit etwas Puderzucker verrühren, das ergibt eine Masse, die Eischnee ähnelt. Die geschmolzene

Schokolade oder das Kakaopulver vorsichtig unterrühren und über Nacht kühlstellen.

Tipp

Die Flüssigkeit beim Abtropfen der Kichererbsen oder Bohnen aus der Dose unbedingt auffangen, gut kühl stellen und dann verarbeiten. Diese Schokocreme ist einfach himmlisch cremig und unwiderstehlich gut, sodass Sie dieses Wasser niemals mehr in den Abfluss gießen werden!

Bohnenreis

250 g Bohnen • 150 g Zucker • Vanille • Rum
Haltbarschlagobers zum Verzieren

Zubereitung

Die gekochten Bohnen werden ganz fein passiert, mit Zucker, Vanille und Rum vermischt, evtl. durch eine Kartoffelpresse gedrückt (wie Kastanienreis) und mit aufgeschlagenem Schlagobers serviert.

Zusatzinformation

Als Verfeinerung können Sie der Rohmasse noch 1–2 EL Bohnenkaffee zugeben.

Schoko-Crispies

250 g Schokolade • 3–4 Handvoll Cornflakes

Zubereitung

Die Schokolade in einer Schüssel schmelzen lassen. Wenn sie schön flüssig ist, die Cornflakes dazugeben, alles gut umrühren und mit einem Löffel kleine Portionshäppchen auf einem Teller platzieren. Abkühlen lassen, bis sie trocken sind.

Zusatzinformation

Schoko-Crossis: mit Mandelsplittern
Vita-Crossis: mit Müsli und gehackten Nüssen
Hafer-Cookies: mit Haferflocken und Rosinen
Black & White: mit heller und dunkler Schokolade

Tipp

Schokolade können Sie gut über einem Teelicht schmelzen lassen.

Marzipanfiguren

100 g Mandeln, geschält • 100 g Staubzucker • ½ Eiklar
evtl. Zitronenschale

Zubereitung

Die feingeriebenen Mandeln werden mit Zucker und Eiklar zu einer feinen geschmeidigen Masse verarbeitet.

Eva's Tipp

Zusatzinformation

Jedes Kind bekommt etwas Marzipanteig und kann sich eine hübsche Figur daraus formen. Ihre Kinder werden die Figuren lieben. Sie können die nun entstandenen Figuren, Blumen, Tiere oder Skulpturen trocknen lassen oder gleich aufessen. Falls der Teig zu weich ist, einfach etwas gemahlene Mandeln auf die Arbeitsfläche streuen.

Tipp

Sie können einen Teil auch mit Himbeersirup, 1 TL Rote-Beete-Saft, Kernöl oder Kurkuma einfärben.

DESSERTS, WARM ZUBEREITET

Milchreis

1 Tasse Rundkornreis • 1 Prise Salz • 1 EL Rosinen
2 Tassen Haltbarmilch oder alternativ Hafermilch • 1 Prise Zimt • 1 EL Zucker, Honig oder Sirup

als Beigabe
Apfelmus • Obstsalat (im Glas oder Dose) • etwas Marmelade

Zubereitung
Die Milch wärmen, das Salz, Rosinen und den Reis dazugeben und ca. 10 Minuten zugedeckt leicht köcheln lassen, dabei öfters umrühren und ca. 10 Minuten nachquellen lassen. Warm anrichten und mit Kakao, Zimt und Zucker oder Honig servieren.

Eva's Tipp

Zusatzinformation
Sie können auch eine Dose Cocktailfrüchte unterrühren. Anstatt Reis können Sie gerne Hirse (ca. 20 Minuten kochen) verwenden.

Oder für die kalte Küche 1 Tasse Couscous und Hafer mit 1 Tasse Mandelmilch und 1 kleinen Dose Cocktailfrüchte ansetzen und quellen lassen.

Bohnenkuchen-Brownies

1 Glas/Dose (ca. 250 g) Bohnen • 50 ml Mineralwasser (Mandelmilch)
50 g gemahlene Walnüsse • 50 g Zucker, Ahornsirup oder Honig nach Geschmack
1 Ei oder Eipulver mit 1 EL Wasser als Ei-Ersatz (z. B. vegan)
1 TL Vanillezucker, Zimt • 1 TL Backpulver • 2–3 EL Kakao
1 EL geraspelte Schokostücke • 1 Prise Salz • 2 EL gehackte Walnüsse zum Bestreuen
2 EL Chia- oder Leinsamen fein mahlen, mit ca. 80ml Wasser quellen lassen

Zubereitung
Die Bohnen gut abspülen, mit einem Stabmixer gut mixen (oder gut stampfen), mit dem Wasser vermischen. Nun die restlichen Zutaten dazugeben und gut verrühren. Ein Backblech mit Backpapier auslegen, eine Auflaufform befetten und den Teig einfüllen oder den Teig in Muffinformen geben und mit gehackten Walnüssen bestreuen. Im Backofen bei 180 °C für ca. 30 Minuten backen, den Backofen öffnen und so darin auskühlen lassen.

Tipp
Bohnenwasser kühl stellen, dann kann es mit einem Mixer gut aufgeschlagen und mit Schokolade zu einer Schokomousse verarbeitet werden (S. 106).

Eva's Tipp

Marmorkuchen im Glas einkochen
220 g Butter
220 g Zucker
1 Pck. Vanillezucker
4 Eier
400 g Mehl
1 Pck. Backpulver
⅛ l Milch
1 EL Kakao
1 EL Milch
1 EL Rum
Kakao

Zubereitung
Die zimmerwarme Butter schaumig rühren, Zucker und Vanillezucker dazugeben, den Dotter einzeln dazugeben. Die Masse gut schaumig

rühren. Das gesiebte Mehl mit dem Backpulver mischen und mit der Rum-Milch langsam und abwechselnd unterrühren, zuletzt den Eischnee unterheben. Die Gläser gut einfetten und mit Brösel bestreuen. Nun ⅔ der Masse gleich in die Gläser aufteilen (diese max. zur Hälfte voll füllen), in das restliche Drittel den Kakao einrühren und auf die Gläser aufteilen. Mit einer Nadel im Teig vorsichtig Kreise ziehen, um eine zarte schwarz-weiße Marmorierung zu erhalten. Die Gläser mit offenem Deckel bei ca. 180 °C für ca. 45–60 Minuten backen, Nadelprobe machen und etwas abkühlen lassen. Nun den Gläserrand sorgfältig abwischen und die Gläser mit dem Deckel verschließen. Den Backofen vorheizen und für ca. 30 Minuten bei 120 °C einkochen. Etwas abkühlen lassen und am nächsten Tag in die Vorratskammer stellen.

Pancakes „Kleine Pfannkuchen“

250 g Mehl • 2 Eier oder 2 EL Eipulver • 1 TL Salz • 1 TL Zucker oder Sirup
½ TL Backpulver • 4–6 EL Öl • 250 ml Wasser

Zubereitung

Eipulver, Salz, Zucker, Backpulver und Mehl verrühren, dann das Öl einrühren und anschließend das Wasser hinzufügen. Nun den Teig ca. 30 Minuten ruhen lassen.

In einer Pfanne etwas Öl erhitzen, den Teig (2–3 EL pro Pancake) mit einem Löffel zu Kreisen verstreichen, bei mittlerer Hitze golden backen, wenden und fertig backen.

Eva's Tipp

Zusatzinformation

Dazu servieren Sie Apfelmus, Kompott, eine fruchtige Marmelade (z. B. Heidelbeeren) oder aber auch frische verfügbare Früchte.

Evtl. mit einem Häubchen Sahne bzw. Sprühsahne aus dem Lager der Vorratskammer garnieren, wenn vorhanden.

Tipp

Eine „glutenfreie“ Alternative wären Pancakes aus Buchweizenmehl mit Hafermilch!

BROT UND GEBÄCK

Für gutes Gelingen verwenden Sie alle Zutaten für Ihr Gebäck nie kalt aus dem Keller, sondern immer gut temperiert bei Zimmertemperatur.

Baguette und Sandwich

550 g Mehl (zimmerwarm) • 1 Pck. Hefe • 300 ml lauwarmes Wasser (Milch)
6 EL Olivenöl (oder 50 g zerlassene Butter) • 1–1½ TL Salz • 2 TL Zucker

Zubereitung

Das Mehl mit der Hefe, dem warmen Wasser, Salz, Zucker und Öl anrühren und abschlagen, bis der Teig nicht mehr am Schüsselrand klebt. Alles zu einem glatten Teig verkneten und zugedeckt an einem warmen Ort ca. ½ Stunde gehen lassen.

Der Teig wird in 5–6 Stücke geteilt und jedes mit den Händen zu einem länglichen Strang geformt.

Mit Abstand auf das Backblech setzen und evtl. mit Öl einpinseln, zugedeckt nochmals 1 Stunde gehen lassen. In dem vorgeheizten Ofen bei ca. 180 °C Ober- und Unterhitze für ca. 20 Minuten backen. Wenn unsere Baguettes eine schöne Farbe haben, können Sie sie aus dem Ofen nehmen, evtl. nochmals mit Butter, Öl oder Wasser einpinseln und sie zugedeckt abkühlen lassen.

Evas Tipp

Zusatzinformation

Wenn vorhanden, den Teig mit Mohn, Käse oder Sesam, für Salzstangerl mit Salz und Kümmel bestreuen oder zu Speckweckerln formen.

Tipp

Für ein Kräuterbaguette einige Löffel Kräuter-Ölpaste (S. 150) dazugeben.

Süßes Weißbrot

500 g Weizenmehl (zimmerwarm) • ¼ l (Haltbar-)Milch • 1 Pck. Trockenhefe
1 Prise Backpulver • 1 TL Salz • 50 g Zucker • 100 g Rosinen • 50 g Butter
falls vorhanden, 1 Ei (Eipulver) zur Milch hinzugeben

Zubereitung

Zucker, Milch, Butter, Salz und Rosinen leicht wärmen und verrühren, Mehl und Hefe miteinander vermischen, in die Mitte des Mehls eine kleine Grube machen, dort die Milchmischung hineinleeren, alles vermengen und zu einem feinen Germteig verkneten. Mit Mehl bestäubt, zugedeckt gehen lassen (ca. 45 Minuten), bis der Teig das doppelte Volumen erreicht hat. Nun den Teig auf eine bemehlte Fläche geben und zu einem Striezel, zu Kipferln, einem Reindling oder Weckerln formen. Nochmals zugedeckt ca. 30 Minuten gehen lassen, mit Milch einpinseln und bei ca. 180 °C in den heißen Ofen schieben und ca. 30 Minuten golden backen.

Tipp

Kinder können sich selbst tolle Figuren daraus formen, wie z. B. Blume, Sonne, Hase, Katze usw. und nach dem Backen gleich verspeisen. Mhh … das schmeckt dann besonders gut.

Eva's Tipp

Zusatzinformation

Sie können auch eine süße Schnecke backen. Den Teig ausrollen und mit Nüssen, Zimt, Zucker, Kakao, Mohn, Honig oder einfach Marmelade füllen. Den Teig wieder zusammenrollen und mit einem Messer kleine Rollen abschneiden. Diese auf ein Blech legen, zugedeckt nochmals gehen lassen und im heißen Ofen ca. 15 Minuten backen.

Tipp

Notfalls können Sie diesen Teig auch schwimmend in einer Pfanne in heißem Fett zugedeckt langsam ausbacken (Bauernkrapfen) oder in kochendes Salzwasser legen (Germknödel) und ca. 3 Minuten zugedeckt und ca. 3 Minuten offen kochen lassen. Diese Germknödel werden mit zerlassener Butter, Staubzucker und Mohn bzw. Nüssen serviert.

Tipp

Einen Germteig, der zu viel aufgegangen ist, in einen sehr heißen Backofen geben und ihn bei nachlassender Hitze fertigbacken, da er ansonsten nicht die Form behält. Ein Germteig, der zu wenig aufgegangen ist, kommt bei mäßiger Wärme in den fast kalten Backofen und wird dann bei ansteigender Hitze fertig gebacken, damit er sich dort noch langsam entfalten kann.

Brot

500 g Mischmehl (Weizen- oder Dinkel- und etwas Roggenmehl), zimmerwarm
1 Pck. Trockenhefe • ca. 350 ml Wasser • 1½ TL Salz • etwas Kümmel

Zubereitung

Alle Zutaten verrühren und zu einem Teig verkneten. In einer Schüssel zugedeckt an einem warmen Ort ca. 1 Stunde gehen lassen.

Den Teig in ein bemehltes Körbchen oder in eine bemehlte Kastenform geben und nochmals ca. 30–45 Minuten gehen lassen.

Das Brot nun aus der Form auf ein bemehltes Blech stürzen, die Oberseite des Brotes mit etwas Wasser befeuchten und den Teig etwas einschneiden. Den Ofen auf ca. 250 °C vorheizen, das Brot in den heißen Backofen geben, nach 15 Minuten auf ca. 210 °C zurückschalten und ca. 35 Minuten fertig backen. Danach herausnehmen, auf ein Gitter setzen und zum Abkühlen evtl. umdrehen.

Eva's Tipp

Zusatzinformation

Wenn Sie die doppelte Masse für einen 1-kg-Laib nehmen, dann backen Sie ihn ca. 50 Minuten.

Für eine knusprige Rinde können Sie einen kleinen Topf mit Wasser während des Aufheizens in den Ofen stellen.

Tipp! Brot im Glas einkochen

Brotteig zubereiten, zugedeckt 1 Stunde gehen lassen und in gleich große Stücke aufteilen, Laibchen formen und nochmals zugedeckt rasten lassen. Die Sturzgläser mit Öl bis 3 cm unter den Rand einpinseln und mit Mehl bestäuben. Den Teig in die Gläser setzen (max. halbvoll), bemehlen und mit einem Tuch zudecken. Nun den Backofen einschalten, die offenen Gläser in den leicht vorgeheizten Ofen schieben und zuerst ca. 20 Minuten bei 230 °C und anschließend weitere 30 Minuten auf 180 °C fertigbacken. Abkühlen lassen, den Rand sorgfältig säubern, den Gummi auf die Einkochgläser geben, verschließen und nochmals für ca. 40 Minuten bei 130 °C im Backofen einkochen. Abkühlen lassen und am nächsten Tag in die Vorratskammer stellen.

Saftiges Vollkornbrot

500 g Vollmehl, zimmerwarm • 500 ml Wasser • 1 Pck. Hefe • 2 TL Salz • 1 EL Honig • 2 EL Apfelessig
1 Handvoll gemischte Sonnenblumenkerne, Leinsamen, Haferflocken, Kürbiskerne

Zubereitung
Das ist ein schnelles Rezept ohne Kneten, weil hier ein etwas flüssigerer Teig gemacht wird.

Alle Zutaten mit einem Kochlöffel verrühren, in eine mit Backpapier ausgelegte oder befettete und bemehlte Form füllen. In den kalten Backofen stellen, bei Ober- und Unterhitze bei 200 °C für mindestens 1 Stunde backen.

Eva's Tipp

Zusatzinformation
Hier sparen Sie Energie, da man den Backofen nicht vorheizt und das Brot direkt in den kalten Ofen schiebt. Dadurch hat es dort Zeit, um langsam aufzugehen und dort fertigzubacken.

Haferflockenweckerl

300 g Haferflocken, fein gemahlen • 300 g Topfen (Quark) und Joghurt (50 : 50) oder griechisches Naturjoghurt • 1 Pck. Backpulver • 1½ TL Salz

optional:
2 EL Leinsamen oder Chiasamen

Zubereitung
Alle Zutaten verrühren und zugedeckt kurz quellen lassen. Den Backofen auf 180 °C vorheizen. Auf das mit Backpapier ausgelegte Backblech die mit den Händen vorgeformten kleinen Brötchen legen oder in eine Form geben. In Haferflocken wälzen oder mit Sesam bestreuen und für 25–30 Minuten golden backen lassen.

Eva's Tipp

Zusatzinformation
Wenn Ihnen der Teig zu weich ist, können Sie natürlich auch Dinkel- oder Hafermehl sowie Leinsamen, Flohsamen oder Chiasamen ergänzend dazugeben.

Süßes Apfelbrot

Getrocknete Früchte, wie z. B. 250 g Feigen, 750 g Dörrpflaumen, 750 g Äpfel, geschabt
10 g Zucker • je 1 EL Kakao, Zimt, Lebkuchengewürz • etwas Rum • 250 g Nüsse • Salz
500 g Mehl • 1 Pck. Backpulver

Zubereitung

Die getrockneten Früchte klein nudelig schneiden und mit den restlichen Zutaten (außer Mehl und Backpulver) vermengen und über Nacht stehen lassen.

Am nächsten Tag Mehl und Backpulver vermischen und dazugeben, verkneten, zu einem Laib formen und je nach Größe ca. 1 Stunde bei 180 °C im Ofen backen.

Eva's Tipp

Zusatzinformation

Dieses Apfelbrot hält sich über Monate bis ein Jahr und kann unterwegs anstatt eines Müsliriegels als Energielieferant gegessen werden.

Knäckebrot

250 ml Wasser • 70 g Dinkelmehl • 100 g Leinsamen oder Sesam • 80 g Haferflocken
80 g Sonnenblumenkerne oder Kürbiskerne • 1 TL Salz • 1 TL Honig • 1 EL Olivenöl oder Pesto

Zubereitung

Alle Zutaten in einer Schüssel verrühren und ca. 20 Minuten stehen lassen.

Auf ein mit Backpapier ausgelegtes Blech aufstreichen. Im Backofen bei ca. 180 °C ca. 50 Minuten backen und abkühlen lassen.

Wie eine große Flade in die Mitte des Tisches stellen, wo sich jeder ein Stück abbrechen kann. Oder nach halber Backzeit in Rechtecke schneiden und dann weiterbacken.

Das ist ein knuspriger, gesunder Snack, der einfach so oder zu einem Aufstrich usw. genossen werden kann. Die Fladen können super auf Vorrat gebacken werden. Trocken in einer Dose aufbewahrt, hält es sich Monate.

Eva's Tipp

Zusatzinformation

Es können natürlich auch kleingehackte bzw. mit Öl gemörserte Kräuter zum Teig hinzugefügt werden.

Sie können auch ein hauchdünnes Knusperknäcke aus Dinkelmehl, Samen, Salz, Öl und Kräuter (Paste) herstellen. Dafür einen eher flüssigen Teig bereiten. Ganz hauchdünn auf eine Backfolie streichen, im Backofen mindestens 1 Stunde bei ca. 170 °C backen und dazwischen den Ofen öffnen, um den Dampf entweichen zu lassen. Abgekühlt können Sie es dann in Stücke brechen.

Tipp

Notfalls kleine Minifladen in einer beschichteten Pfanne mit etwas Öl ganz langsam beidseitig herausbacken.

Steckerlbrot fürs Lagerfeuer

500 g Mehl, zimmerwarm • 250 ml lauwarmes Wasser • 1 Pck. Trockenhefe
5 EL Öl • 1 TL Salz • 2 TL Zucker

Zubereitung
Alle trockenen Zutaten zuerst vermengen und alles zu einem glatten Teig verarbeiten.

Zugedeckt an einem warmen Ort ca. 1 Stunde gehen lassen.

Der Teig wird in kleine Stücke geteilt und mit den Händen zu einer Schlange geformt. Einen Holzspieß evtl. mit Öl einlassen, den Teig spiralförmig auf einen Holzstock aufrollen und bei offenem Feuer im Freien grillen. Dabei öfters drehen, bis er eine schöne gleichmäßige braune Farbe bekommt.

Für den Innenraum können mit den Händen kleine, runde Fladen daraus geformt werden und im Backofen oder in einer beschichteten Pfanne mit Deckel (ca. 3–4 Minuten) gebacken werden.

Eva's Tipp

Zusatzinformation

Hierzu servieren wir die Würstchen im Glas aus der Vorratskammer (die Flüssigkeit können wir für Gulaschsuppe am nächsten Tag verwenden).

Zubereitung der Würstchen

Im Freien auf offenem Feuer grillen, in einem Fonduetopf für den Innenraum, Grillen in einer Pfanne auf offener Flamme oder ein kleiner Holzspieß und über eine Bienenwachskerze halten. Natürlich können diese Würstchen auch kalt einfach so gegessen werden.

Tipp

Falls Sie noch welche in Ihrer Vorratskammer haben: Kartoffeln können roh, mit der Schale in Alufolie gewickelt, direkt in die heiße Glut gegeben werden.

Grillsteckerl können Sie einfach z. B. aus Haselnussholz oder auch aus Weidenästen machen. Lange dünne Holzäste sammeln und an einem Ende mit einem Messer zuspitzen. Und am Ende dienen diese auch noch als Brennmaterial.

Hinweis

Als eines meiner Lieblingskochbücher ist hier das *St. Martiner Kochbuch* (Leopold Stocker Verlag, ISBN 978-3-7020-1706-4) zu empfehlen. Hier findet man alles, was die einfache Küche zu bieten hat. Ganz so wie wir es auch von früher kennen, egal ob Krautfleckerl oder Grießschmarren und vieles mehr – hier werden Sie bestimmt fündig.

Rohkostknäckebrot

200 ml Wasser • 1 Dattel • ½ TL Salz • 100 g Leinsamen, geschrotet
2 EL Haferflocken, fein gemahlen • 2 EL Chiasamen • 50 g Buchweizen, evtl. vorgekeimt
50 g Sonnenblumenkerne, evtl. vorgekeimt • 3 EL schwarzer und weißer Sesam
100 g Karotten, fein geraspelt • 3 EL Olivenöl • Kräuter oder Gewürze nach Geschmack

Zubereitung

Wasser, Dattel, Salz einweichen, mixen und die Leinsamen und Haferflocken darin quellen lassen.

Die gekeimten Buchweizen und die Sonnenblumenkerne sowie Kräuter oder Gewürze mit dem Öl grob mixen.

Alle Zutaten zusammenmischen, gut durchrühren und auf eine Backfolie vom Dörrgerät streichen und mit Sesam bestreuen. Im Dörrgerat bei ca. 45 °C für 10–12 Stunden gut oder im Backofen bei kleinster Stufe trocknen lassen und dabei einen Kochlöffel in die Ofentür einklemmen. Trocken in einer Dose aufbewahren.

Eva's Tipp

Zusatzinformation

Hier können Sie auch die Restwärme im Holzofen, Kachelofen usw. gut nutzen.

Fladenbrot ohne Hefe

300 g Weizen- oder Dinkelmehl • 1½ TL Backpulver oder Natron • 1 Spritzer Essig
⅛ l Wasser • 2 EL Öl • 1 TL Salz • 1 TL Zucker

Zubereitung

Alle trockenen Zutaten vermengen, Wasser und Öl einrühren und alles zu einem glatten, festen Teig verarbeiten. Einige Minuten verkneten und zugedeckt 10 Minuten ruhen lassen. Den Teig in Portionen teilen und mit etwas Mehl dünn ausrollen.

Eine beschichtete Pfanne erhitzen, eine Flade hineinlegen und bei mittlerer Hitze beidseitig ca. 4 Minuten je Seite backen.

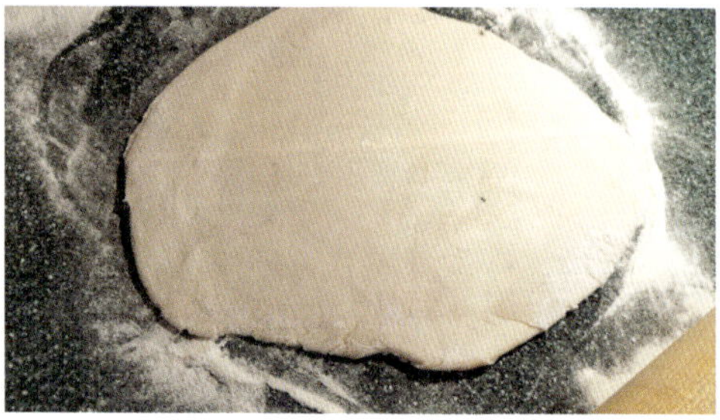

Eva's Tipp

Zusatzinformation

Sie können die Fladen zum Schluss auch einfach mit Olivenöl oder einer Knoblauch-Kräuterbutter bestreichen, oder vor dem Backen eine Seite mit Sesam und Leinsamen bestreuen. Man kann diese Fladen im Backofen bei 180 °C als Pizza mit etwas Tomatenmark, Tomaten und Mozzarella überbacken.

Tipp

Dieser Brotteig würde sich zum Backen auf dem Teelichtofen eignen.

HEFE-ERSATZ UND SAUERTEIG SELBSTMACHEN

Hefe im Supermarkt ausverkauft? Mit wilder Hefe ist das kein Problem.

Hefe-Ersatz Wilde Hefe

½ l Wasser • 2 ungeschwefelte Dörrpflaumen oder 2 EL Rosinen, Aprikosen oder Datteln, aber auch getrocknete Tomaten • 1–2 EL Zucker oder Honig

Zubereitung
Die getrockneten Pflaumen & Co. mit dem Zucker oder dem Honig in ein hohes Schraubglas geben, mit dem lauwarmen Wasser aufgießen und gut schütteln.

10 Tage bei Raumtemperatur stehen lassen, dabei täglich schütteln und kurz öffnen (Druck ablassen) und so fermentieren lassen. Dabei steigen im Glas viele kleine Bläschen auf und es entsteht ein typischer Hefegeruch.

Vor der Anwendung gut aufrühren, denn die Hefe setzt sich ab. Anstatt der Flüssigkeit die wilde Hefe zum Rezept geben und den Teig gut gehen lassen.

Geben Sie zu einem kleinen Teil des Hefewassers wieder frisches Wasser und Trockenfrüchte hinzu, so haben Sie bereits nach ca. 5 Tagen wieder einsatzbereites Hefewasser.

Eva's Tipp

Zusatzinformation
Haben Sie Trockenhefe in der Vorratskammer eingelagert, sollten Sie sie – je nach Bedarf – laufend verbrauchen und wieder nachkaufen.

Tipp
Wenn Sie ein Bier zur Verfügung oder zu verbrauchen haben, können Sie ohne Weiteres einen Teil der Flüssigkeit durch ein zimmerwarmes Bier (natürliche Hefe) ersetzen.

Wildes Brot mit wilder Hefe
500 g Mehl (Weizen oder Dinkelmehl und 1 EL Roggenmehl)
1–1½ TL Salz
350 ml Hefewasser
1–2 EL Öl
½ EL Honig

Zubereitung
Alle Zutaten zimmerwarm zu einem glatten Teig verkneten, in eine bemehlte Schüssel geben, mit etwas Mehl bestäuben, mit einem feuchten Tuch abdecken und gehen lassen.

Diesen Vorgang nochmals wiederholen, sollte das Brot deutlich an Volumen zugenommen haben.

Den Backofen auf mindestens 220 °C vorheizen.

Eine befettete, bemehlte Backform oder einen Topf mit Deckel vorbereiten, den Teig hineingeben, nochmals kurz gehen lassen und ca. eine ¾ Stunde mit geschlossenem Deckel backen. Die restlichen 15 Minuten können Sie das Brot ohne Deckel bei 180 °C knusprig fertigbacken lassen.

Tipp

Gebäck mit wilder Hefe müssen Sie etwas mehr Zeit zum Reifen geben, immer etwas länger gehen lassen.

Sauerteig

Sauerteig (Dampfl) neu ansetzen
Tag 1: 2 EL Roggenmehl mit 4 EL Wasser verrühren und in ein sauberes großes Einweckglas geben, abdecken und für 24 Stunden an einem warmen Ort stehen lassen.
Tag 2: Nun wieder 2 EL Roggenmehl und 4 EL Wasser in den Teig dazu einrühren, abdecken und für 24 Stunden an einem warmen Ort stehen lassen.
Tag 3: Nun wieder 2 EL Roggenmehl und 4 EL Wasser in den Teig dazu einrühren, abdecken und für 24 Stunden an einem warmen Ort stehen lassen.
Tag 4: Nun wieder 2 EL Roggenmehl und 4 EL Wasser in den Teig dazu einrühren, abdecken und für 24 Stunden an einem warmen Ort stehen lassen.

Tag 5: Der Sauerteig kann nun zum Brotbacken verwendet werden. Den fertigen Sauerteig können Sie im Kühlschrank aufbewahren. Um die Haltbarkeit des Sauerteigs zu erhöhen, können Sie eine Prise Salz darüberstreuen.

Tipp

Etwas Sauerteig vom Dampfl oder anschließend vom fertigen Brotteig weggeben und im Kühlschrank verschlossen bis zum nächsten Brotbacken aufbewahren. Sollten Sie innerhalb einer Woche bis spätestens 10 Tage nicht zum Brotbacken kommen, so füttern Sie Ihren Sauerteig mit 2 EL Roggenmehl und 4 EL Wasser (einfach in den Teig dazu einrühren), stellen ihn abgedeckt für ca. 8 Stunden an einen warmen Ort, bis sich Bläschen bilden, und anschließend stellen Sie ihn wieder verschlossen in den Kühlschrank. Am Tag vor dem nächsten Backen nehmen Sie diesen Ansatz aus dem Kühlschrank, verrühren ihn mit Roggenmehl und Wasser und lassen ihn bei Zimmertemperatur wieder über Nacht reifen (sobald er Bläschen bildet, ist er wieder aktiv). So können Sie dann damit am nächsten Tag wieder neues Brot backen.

Zusatzinformation
Trockenes Sauerteigpulver zum Anrühren können Sie im Reformhaus auf Vorrat fertig kaufen (Anleitung siehe Verpackung). Oder aber Sie stellen es selbst her: Dafür den Sauerteig mit Roggenmehl zu einem festen Teig verarbeiten, ganz dünn flachdrücken und im Backofen bei niedriger Temperatur gut trocknen lassen. Zum Aktivieren rühren Sie 50 g Sauerteigpulver mit 50 g Wasser an, später geben Sie 50 g Roggenmehl hinzu und lassen ihn bei Zimmerwärme reifen. Nach 12 Stunden den Sauerteig erneut mit Mehl und Wasser füttern. Nun können Sie erneut Ihr Brot damit backen.

Roggenbrot mit Sauerteig

ca. 50–100 g Sauerteig (10–20 %) • 400 g Roggenmehl 960 • 150 g Weizen- oder Dinkelmehl
ca. 400 g Wasser, lauwarm • 1½ TL Salz • evtl. 2 EL Öl • 2 EL Brotgewürz oder Kümmel

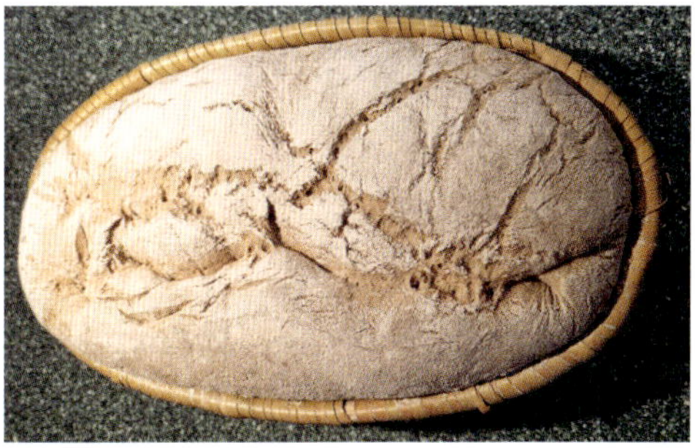

Vorbereitung am Vorabend
Alle Zutaten bei Zimmertemperatur vorbereiten. Das Mehl in eine große Schüssel geben, in der Mitte ein Grübchen machen, den Sauerteigansatz (mit etwas Mehl und reichlich Wasser glattrühren), ins Grübchen eingießen und über Nacht in der warmen Stube ruhen lassen.

Fertigstellung
Am nächsten Morgen das Mehl, den Sauerteigansatz, das Wasser, die Gewürze vermischen, zu einem Teig verkneten, mit Roggenmehl bestreuen und, mit einem Tuch abgedeckt, ca. 1–3 Stunden bei Raumtemperatur gehen lassen.

Nun den Teig auf einer bemehlten Arbeitsfläche nochmals kurz kneten, einen Laib formen, mit der glatten Seite nach oben in ein bemehltes Gärkörbchen oder in eine andere Form legen, mit Mehl die Oberfläche bestreuen und, mit einem feuchten Tuch zugedeckt, nochmals ca. 45 Minuten gehen lassen.

Den Backofen ca. 30 Minuten auf 250 °C vorheizen, einen kleinen Topf mit Wasser auf den Ofenboden stellen und nun das Brot auf das bemehlte Backblech stürzen. Die Oberfläche mit einem scharfen Messer einschneiden, eventuell mit der feuchten Hand über die Teigoberfläche wischen und dann sofort in den heißen Ofen schieben und nach ca. 15 Minuten auf 220 °C zurückschalten. Dabei den Wassertopf entfernen und ca. 45 Minuten fertigbacken.

Brotweckerln können für 20 Minuten bei ca. 230 °C gebacken werden.

Dies ist zwar eine andere Art der Zubereitung, aber meine Mutter und meine Tante backen dieses einfache Rezept seit Jahrzehnten mit sehr großem Erfolg.

Tipp

Backmalz (1–2 %) macht ihr Gebäck besonders knusprig und sorgt für eine krosse Kruste.

SOS-ERSATZLISTE FÜR DIE KÜCHE

- Ersatz für Ei durch Eipulver, 2 EL gemahlene Chiasamen oder Leinsamen mit 8 EL Wasser ansetzen
- Ersatz für Hefe durch getrocknete Datteln, Pflaumen, Rosinen (ungeschwefelt), Wasser und Zucker (S. 121)
- Ersatz für Eischnee durch Bohnenabtropfwasser, gekühlt aufgeschlagen
- Ersatz für Sahne durch Hafersahne (Haferflocken, Öl und Wasser mixen)
- Ersatz für Schlagsahne durch Zucker, Apfelsaft und ein Eiweiß, aufgeschlagen
- Ersatz für Kaffee durch getrocknete, geröstete und gemahlene Löwenzahnwurzeln, Zichorie, Eichel, Bucheckern, Gerste, Roggen, Dinkel
- Ersatz für Zitrone durch einen Spritzer Essig, Sanddornbeeren, Frucht des Essigbaumes (Hirschkolbensumach), unreife grüne Trauben
- Ersatz für Pilze Aroma durch Wegerichsamen
- Ersatz für Knoblauch durch Bärlauch und Knoblauchsrauke
- Ersatz für Suppenpulver durch getrocknetes pulverisiertes Wurzelgemüse bzw. deren Reste und Kräuter oder alles gut zerkleinert, mit Salz vermischt in ein Glas abfüllen
- Ersatz für Mehl durch gemahlene Haferflocken, Reis oder junge getrocknete und gemahlene Baumblätter bzw. getrocknete Samen der Melde (Gänsefuß)
- Ersatz für Käse durch Cashewkerne, Flohsamenschalen, Wasser, Zitrone, Hefeflocken (S. 200)
- Ersatz für Zucker durch Zuckerrübe, Tüpfelfarnwurzel, Honig, Stevia, Datteln oder getrocknete Pflaumen
- Ersatz für Pfeffer durch Bohnenkraut, Thymian, Berufskraut
- Ersatz für Senf durch Ackersenf
- Ersatz für Fenchel oder Kümmel durch Wiesenkümmelsamen
- Ersatz für Oliven durch Schlehdornfrüchte in Salzlake
- Ersatz für Kapern durch in Essigwasser eingelegte Löwenzahnknospen und Kapuzinerkressesamen
- Ersatz für Sauerkraut durch in etwas Essig angesetzte feingeschnittene Kohldistelblätter
- Ersatz für Kompott durch in Zuckerwasser mit etwas Zimt oder Nelke gekochte feingeschnittene junger Staudenknöterich, Gierschstiele oder Löwenzahnstängel
- Ersatz für Mayonnaise oder Salatcreme durch gekühltes Bohnenwasser, Essig, Senf, Zucker, Öl (mixen)
- Ersatz für Wurzelgemüse durch Wurzeln der wilden Möhre, wilden Pastinake, Wiesenbärenklauwurzel, Nachtkerzenwurzel, Klettenwurzel usw. (Ernte immer vor der Blüte, sonst sind sie holzig und zäh)
- Ersatz für Schwarztee duch fermentierte Brombeer- und Himbeerblätter (halb antrocknen lassen, drücken, in einer Stofftasche an einem warmen Ort lagern)
- Ersatz zum Reinigen durch Rosskastanie, Seifenkraut, Efeu
- Ersatz für Zahnpaste durch gesiebte Asche, Natron
- Ersatz für Waschmittel durch Aschenlauge, Rosskastanie, Natronpulver
- Ersatz für Mixstab durch Flotte Lotte, Zerkleinerer mit Seilzug, Mörser
- Ersatz für Mixer durch Schneebesen, Handquirl
- Ersatz für Essig durch Mixen von unreifen Trauben mit Wasser (Verjus)
- Ersatz für Ofen durch Teelichter, Brennpaste, Campingkocher oder Feuerholz

ESSBARE WILDKRÄUTER – NAHRUNG AUS DER NATUR

„Die Natur nährt uns mit allem, was wir zum Leben brauchen."

Mit der Versorgung aus dem Garten und der Natur können Sie vieles aufwerten. Erkunden Sie Ihre Heimat und den Umkreis Ihres Wohnortes, den Wald und die Wiese in Ihrer Nähe bereits jetzt in guten Zeiten.

Welche Kräuter wachsen in Ihrer nahen Umgebung? Wie können Sie diese zubereiten oder verwenden und wie können Sie lernen, diese in der Natur sicher zu erkennen? Wenn Sie auch nur drei Kräuter sicher erkennen und Sie sich diese auch zu sammeln getrauen, dann gratuliere ich Ihnen, dann sind Sie vielen schon einen ganz großen Schritt voraus!

Hier einige Beispiele:

Brennnessel *(Urtica dioica)*

Die Brennnessel (Blätter, Wurzel, Samen) gilt als wichtige Pflanze für den arteriellen Blutkreislauf und regt die Blutbildung an. Sie gilt als vitalisierend, kräftigend, mineralisierend und aufbauend. Besonders wertvoll ist ihr bioverfügbares Eisen. Ihr Chlorophyll (der grüne Pflanzenstoff) bringt Sauerstoff in die Zellen und das enthaltene Vitamin C und die Mineralstoffe werten jede Nahrung wesentlich auf.

Verwendung: roh, Smoothie, Aufstrich, Pesto und zu Suppen, als Risotto und als Nährstoffbeigabe zu allen Mahlzeiten.

Löwenzahn *(Taraxacum officinale)*

Der Löwenzahn gilt als eines der besten heimischen Leber- und Gallenkräuter. Er kurbelt den Stoffwechsel an und unterstützt so den Körper beim Abtransport von Stoffwechselendprodukten. Er ist relativ leicht anzubauen und in jeder Wiese zu finden. Der Löwenzahn erleichtert die Arbeit der Bauspeicheldrüse enorm und kann für Diabetiker das Mittel im Notfall sein.

Verwendung: Die Wurzel wird im Frühjahr und im Herbst verwendet, die Blätter das ganze Jahr über als Salat, die Knospen im geschlossenen Zustand wie Kapern, die Blüten bei Sonnenschein als Sirup oder im Salat und der Stängel ergibt, wenn die Blüte bereits abgeblüht ist, den so genannten Röhrlsalat.

Die Wurzel wird zu einem Kaffee-Ersatz zerkleinert, getrocknet geröstet und fein zu einem Pulver vermahlen.

Giersch *(Aegopodium podagraria)*

Als Basen- und Mineralstofflieferant mit enormem Vitamin-C-Anteil wirkt er nährend und entsäuernd für sämtliche Körperzellen. Geschmacklich an Petersilie erinnernd, passt er als Doping in viele Gerichte. Auch mit Wasser gemixt oder über Nacht angesetzt, ergibt er eine herrliche Limonade.

Verwendung: Sie können ihn roh, gekocht oder getrocknet und pulverisiert verwenden. Besonders als Salat, Suppe, Pesto zu Nudeln, in Aufläufen, Pfannkuchen oder Reis oder als Lasagne zu empfehlen.

Brennnessel

Löwenzahn

Löwenzahn

Giersch

Gänseblümchen *(Bellis perennis)*

Das Gänseblümchen unterstützt die Wirkung anderer Pflanzen. Es sorgt für eine bessere Nährstoffaufnahme im Körper, wirkt sanft unterstützend bei Lungen- und Hautproblemen.

Verwendung: Die Blüten und die Blattrosetten können roh, als Salat gegessen und in Speisen mitgekocht werden.

Melde *(Atriplex patula)*

Die Melde, oder der wilde Spinat genannt, zählt zu den Gänsefußarten und wird schon seit Langem als Gemüse des Ackers bezeichnet und verwendet. Während der russischen Hungersnot (1921) wurde sie von vielen Menschen als Getreide- und Nahrungsersatz verwendet. Sie kann von April bis September geerntet werden oder im Winter können ihre Samen gekeimt oder roh den Speisen hinzugefügt werden. Neben wertvollen Aminosäuren, Mineralstoffen, wie Zink, Magnesium, Eisen usw., enthält sie auch wertvolles Vitamin B.

Verwendung: Sie wird roh zu Smoothie, Salat, Aufstrich, Pestos und gekocht zu Suppen, Spinat, Saucen usw. verwendet. Die getrockneten Samen wurden als Mehlersatz, zum Strecken von Mehl oder zum Fladenbrotbacken verwendet.

Schafgarbe *(Achillea millefolium)*

Die mineralstoffreiche Schafgarbe wächst in allen Wiesen und gilt als pflanzliches Schüsslersalz. Sie wirkt entzündungshemmend, krampflösend und unterstützt das venöse Gefäßsystem. Durch ihre milden Bitterstoffe ist sie mild verdauungsfördernd.

Verwendung: Ihre Blätter können roh gekaut und gegessen werden oder zu Nährstoffpulver getrocknet und vermahlen werden. Oder einfach ein paar Blätter allen Speisen in kleinen Mengen hinzufügen. Ihre Blüten werden gerne als Tee verwendet.

Sauerampfer *(Rumex acetosa)*

Der Sauerampfer wird nur in ungedüngten Wiesen gepflückt (Oxalsäure). In kleinen Mengen verzehrt, gilt er als Vitamin-C-Lieferant.

Verwendung: Die Blätter und Samen können im Salat roh oder in Suppen, zu Spinat, fein geschnitten zum Aufpeppen von Reis oder auch in Saucen verkocht werden.

Gänseblümchen

Melde

Schafgarbe

Sauerampfer

Sauerklee *(Oxalis acetosella)*

Vom im Wald wachsenden Sauerklee sind alle Teile genießbar. Die Blätter schmecken leicht säuerlich, fruchtig, würzig und erfrischend. Sie gelten als reich an Vitamin C und werden als Durstlöscher bei Wanderungen in der Natur verwendet und in kleinen Mengen empfohlen.

Verwendung: Sie können ihn frisch, in Limos, auf Salaten, Aufstrichen, aber auch in Suppen, Eintöpfen usw. verwenden.

Wilde Möhre *(Daucus carota subsp. carota)*

Die wilde Möhre wächst in Wiesen, die Wurzel der wilden Möhre wird im ersten Jahr vor der Blüte verwendet, da ist sie noch besonders angenehm würzig und bissfest (zur Zeit der Blüte im zweiten Jahr wird sie dann holzig).

Verwendung: Die Wurzel wird roh oder gekocht verwendet, die Blätter zum Würzen und in Suppen.

Wilde Pastinake *(Pastinaca sativa)*

Die Wurzel der wilden Pastinake wird etwa 6 cm lang und kann roh oder gedünstet zubereitet werden. Die Blätter werden als Würzkraut ähnlich wie Petersilie verwendet. Sie kann ganzjährig geerntet werden, hat eine gelbe Doldenblüte und wächst gerne am Weg oder Ackerrand.

Verwendung: Der Geschmack erinnert an Karotten und Sellerie, ist leicht süß-würzig und schmeckt wunderbar in Eintöpfen, Suppen, Kräutersaucen oder auch roh.

Gundelrebe *(Glechoma hederacea)*

Sie wirkt gut bei Husten, zur Schwermetallausleitung und bei eitrigen Geschwüren („Gund“ ist eine alte germanische Bezeichnung für Eiter).

Verwendung: Ein Blatt in der Suppe mitkochen, kauen oder einige Blätter zu Pulver verreiben und zum Würzen verwenden.

Sauerklee

Wilde Möhre

Wilde Pastinake

Gundelrebe

Kohldistel *(Cirsium oleraceum)*

Früher wurde sie sogar oft als Gemüsedistel oder Wiesenkohl bezeichnet, das wiederum verrät schon ihren leckeren Geschmack und ihre Verwendung.

Vor den Stacheln brauchen Sie sich nicht zu fürchten, diese sind ganz weich. Sie wächst gerne auf feuchtem Untergrund.

Verwendung: Sie kann roh, als Salat, Smoothie, gedünstet als Gemüsebeilage, als Suppe oder als Nährstofflieferant mit Nudeln oder im Reis mitgekocht, zu Distellaibchen oder als Distelschnitzel gebraten werden.

Auch als Wiesensauerkraut[14] eingelegt, habe ich sie probiert und bin begeistert und kann es sehr empfehlen.

Bärenklau *(Heracleum sphondylium)*

Als wahrer Mineralstoffspender voller Magnesium, Eisen, Kalium und Calcium wird er auch als europäischer Ginseng bezeichnet.

Der Bärenklau, auch Bärentatze genannt, wächst auf vielen ungedüngten Wiesen, er gilt als besonders nahrhaft, energiereich, aufbauend und stärkend.

Verwendung: Die jungen Blätter werden roh Aufstrichen beigefügt oder zerkleinert und angeröstet in den Speisen mitgekocht. Auch als nährendes Omelette mit Zwiebel und Ei (Eipulver) z. B. auf dem Teelichtofen schmeckt er wunderbar. Die Wurzel als Energiespender wird getrocknet und pulverisiert.

Wiesenlabkraut *(Galium mollugo)*

Das Labkraut schmeckt roh und gekocht sehr mild. Es ist ein ganz tolles Pflänzchen zur Lymphanregung, bei Wasseransammlungen, geschwollenen Beinen und Lymphknoten z. B. als Tee.

Verwendung: Verwenden Sie es roh als Salat, Smoothie, Aufstrich oder auch gekocht in einer Suppe und ganz klein gehackt in Saucen usw.

Kohldistel

Bärenklau

Wiesenlabkraut

14 Dafür werden Essig, Wasser und Gewürze aufgekocht und über die nudelig geschnittenen Distelblätter gegossen und heiß verschlossen.

Brunnenkresse *(Nasturtium officinale)*

Die Brunnenkresse wächst ganzjährig in sauberen Gewässern am Bachbett. Sie versorgt unseren Körper mit Vitamin C, enthält natürliches Jod und gilt als natürliches Antibiotikum. Sie aktiviert das gesamte Drüsensystem. Alternativ wächst hier auch der etwas größere Bachehrenpreis, auch Bachbunge (*Veronica beccabunga*) genannt, die auch ganzjährig im Bachbett vorgefunden wird und als wertvoller Eiweißspender roh oder gekocht verwendet werden kann.

Verwendung: Sie wird frisch verwendet und schmeckt durch die enthaltenen Senföle sehr würzig-scharf.

Spitzwegerich *(Plantago lanceolata)*

Der Spitzwegerich gilt als wichtiges Husten- und Lungenheilmittel, die enthaltene Kieselsäure festigt das Lungengewebe und das Aucubin in der frischen Pflanze wirkt natürlich antibiotisch. Auch bei Insektenstichen gilt er als juckreizstillend und wundheilend.

Verwendung: Er kann roh, als Salat, frisch oder gekocht den Speisen zugefügt werden. Kleingeschnitten und etwas in Öl geröstet, ergeben die Blätter und Samen ein wunderbares Pilzaroma, dies kann dann zu einer schmackhaften Suppe oder als Beilage mit Reis und Nudeln serviert werden.

Tipp

Ebenso können Sie den Breitwegerich verwenden, den Samenstand finden Sie sogar im Winter und er gilt als heimischer Flohsamenersatz.

Vogelmiere *(Stellaria media)*

Die Vogelmiere gilt als kühlend und lindernd bei Hautauschlägen, ihr enthaltenes Blattgrün Chlorophyll wirkt zellerneuernd. Als Vitamin-C-Spender finden Sie die Vogelmiere ganzjährig gerne als Unkraut in Gartenbeeten und im Acker.

Verwendung: Frisch schmeckt sie nach Erbsen und jungem Mais und passt zu Aufstrichen,

Brunnenkresse

Spitzwegerich

Salaten und Suppen. Ein wahrer Krafttrunk ist Vogelmiere mit Wasser, Honig, Giersch und einem Spritzer Essig sowie 1 Tropfen Öl. Alles mixen oder mörsern und gefiltert trinken. Dieser Trunk enthält außerordentlich viele Mineralstoffe und Vitamine.

Junge Hopfensprossen *(Humulus lupulus)*

Der wilde Hopfen wächst gerne in Auen und umschlingt hier viele Bäume.

Verwendung: Seine jungen Frühlingstriebe können Sie als grünen Spargelersatz gedünstet zubereiten. Die Blüten im Spätsommer wirken als Tee oder Tinktur beruhigend und schlaffördernd.

Nachtkerze *(Oenothera biennis)*

Vor der Blüte kann die Wurzel der Nachtkerze mit etwas Suppe als Gemüsepfanne z. B. mit einer Pastinake gedünstet werden. Sie bekommt eine leicht rosa Farbe, deshalb lautet der Name auch Schinkenwurz.

Ihre Blattrosette im Frühjahr erinnert geschmacklich an Mangold und kann auch so verwendet werden.

Verwendung: Im Sommer gelten die Blüten roh oder gefüllt und die Blütenknospen frisch, in Salaten oder Öl eingelegt als delikate Antipasti.

Mehr Informationen zur Verwendung von Kräutern siehe auch Buchtipp:

Eva Tragner: Leben mit Kräutern, Heimische *Kräuter von Kopf bis Fuß, ISBN 978-3-200-063846*

Eva Tragner: Meine Grüne Hausapotheke, Kräuterrezepte einfach selbstgemacht, ISBN 978-3-7020-1787-3

Vogelmiere

Junge Hopfensprossen

Nachtkerze

Nachtkerze

WEITERE ESSBARE KRÄUTER AUS DER WIESE

Junge und frische Austriebe aller essbaren Kräuter können zur Aufwertung der Nahrung verwendet werden. Grüne Blätter werden roh oder gedünstet zu leckeren Speisen verwandelt. Unsere Geschmacksknospen müssen sich oft erst wieder an natürliche Aromen gewöhnen. Verwenden Sie am Anfang nur ein wenig von den Wildpflanzen, tasten Sie sich ganz langsam an diese kraftvollen Lebensmittel heran und bauen Sie diese in Ihren Speiseplan ein.

Bärlauch: roh als Pesto, Aufstrich, Salat und gekocht zu Suppen, in Pfannkuchen, Auflauf

Beinwellblätter: mäßig genossen zu Suppen, in Backteig herausgebacken

Brombeerblätter: auch im Winter als Tee oder Mineralstoffspender in Speisen

Fetthenne: knackige Blätter roh als Salatbeigabe, Frühlingsrolle, zu Obstsalaten

Franzosenkraut: gedünstet als Beilage oder als Auflauf

Indisches Springkraut: die Samen werden wie Nüsse roh und angeröstet gegessen

Japanischer Knöterich: junge Frühlingsaustriebe wie Rhabarber zu Kompott gekocht

Knoblauchrauke: roh und gekocht zu Salat, Aufstrich, Pesto, Suppen, Saucen

Rotklee: junge Blätter roh und gedünstet, sind sehr eiweißreich in Suppen, Saucen und die Blüten zur Dekoration

Schlangenknöterich: im Frühling die zarten, jungen Blätter roh zu Salaten oder als Gemüse gedünstet

Weidenröschen: jung als Salat und Wiesengemüse, kurz gedünstet ähnlich wie grüner Spargel, schmeckt auch roh

Weiße Taubnessel: Blüten roh und die Blätter zu Suppen, Spinat, Auflauf

Wiesenbocksbart: geschlossene Blütenknospen roh, als Antipasti, knackige Salate und als Pfannengemüse

Wiesenmargerite: Blattrosette vor der Blüte und Knospen, gebraten als Gemüse

Wilder Thymian: zum aromatischen Würzen aller Speisen, antibakteriell und antiviral, gilt als Salz- und Pfefferersatz

Tipp

Tüpfelfarnwurzel ist in Mauer- und Felsspalten zu finden, schmeckt herrlich süß und ist als Zuckerersatz zu verwenden. Sie können ein nur ganz kleines Wurzelstück (schmeckt extrem süß) einfach roh oder gekocht konsumieren.

Tipp

Zinnkraut (Winterschachtelhalm) wurde früher zum Reinigen von Zinngeschirr verwendet. Hierfür wurde der Winterschachtelhalm verwendet. Er wurde in der Hand zu einem Büschel zusammengefasst, auf die gleiche Länge gekürzt, gebunden und fertig war unsere Naturbürste zum Reinigen von Geschirr.

WILDE KRÄUTER, BEEREN UND PILZE

Stellen Sie sich einmal folgende Frage:
- Welche Kräuter gibt es in Ihrer Nähe?
- Welche würden Sie sicher erkennen?
- Wie oder was würden Sie daraus zubereiten?
- Oder können Sie diese zur Vitamin- und Nährstoffversorgung in Ihre Speisen mit einbauen, z. B. als Pulver?

- Gibt es in ihrer Umgebung auch wilde Beeren? Beispiele sind Preiselbeeren, Himbeeren, Brombeeren, Heidelbeeren, Erdbeeren, Sanddorn, Hagebutte.
- Oder sogar Pilze?
- Wenn ja, welche?
- Wissen Sie, wann und wo Sie diese finden können?

KNOSPEN UND JUNGE BLATTAUSTRIEBE VON ESSBAREN BÄUMEN UND STRÄUCHERN

Knospen als heimisches Superfood werden im Frühling verwendet, sie sind wahre Kraftpakete vom Baum.

Sie können die Knospen kauen und ihre Wirkstoffe so über die Mundschleimhaut aufnehmen oder sie konservieren.

KNOSPENOXYMEL

Dafür die Knospen zerkleinert in einer Mischung aus Essig und Honig (1 : 2) ansetzen, damit die wirkkräftigen Enzyme und Meristeme (pflanzliche Stammzellen) erhalten bleiben.

Dieser Knospen-Sauerhonig (Oxymel) kann, mit Wasser verdünnt, eingenommen und zur allgemeinen Stärkung getrunken werden.

Basisrezept Knospenoxymel

2 Teile Honig • 1 Teil Essig • 1 Teil Knospen

Zubereitung
Alle Zutaten in ein verschließbares Glas geben, gut verrühren und 1 Monat ausziehen lassen, dabei öfters schütteln, zuletzt abseihen. Wenn es mal schneller gehen muss (Turboextrahieren), einfach die Knospen mit dem Sauerhonig mixen und sofort verwenden.

Man sagt: Knospen sammelt man im Fingerhut, d. h., es reicht eine kleine Menge davon aus.

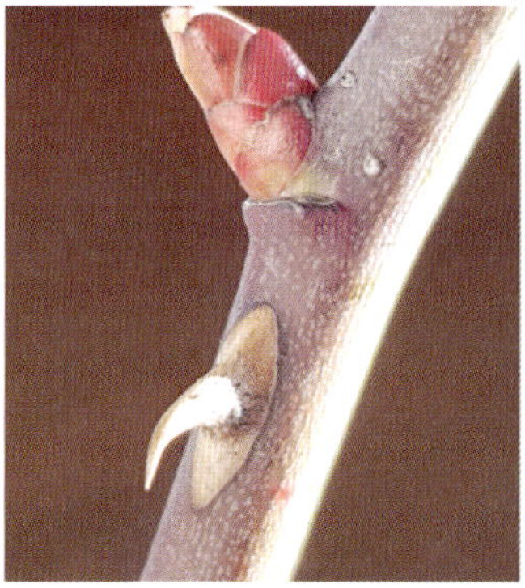

GEMMOMAZERAT

In der Hausapotheke bzw. in der Knospenmedizin werden die Knospen auch in einer Alkohol-Glycerin-Wasser-Mischung konserviert.

Dafür nehmen Sie etwas weniger als 1 Teil Knospen zu 3 Teilen Auszugsmaterial und lassen es 1 Monat ausziehen. Nehmen Sie nur ganz wenig von diesem Gemmomazerat ein bzw. geben Sie es direkt mit einer Pipettenflasche in den Mund (es reichen 1–3 Tropfen).

Basisrezept Gemmomazerat

1 Teil Alkohol • 1 Teil Wasser • 1 Teil Glyzerin • 1 Teil Knospen

Zubereitung

Alle Zutaten in ein verschließbares Glas geben, gut verrühren und 1 Monat ausziehen lassen, dabei öfters schütteln, zuletzt abseihen. Wenn es mal schneller gehen muss (Turboextrahieren), einfach die Knospen mit dem Auszugsmaterial mixen oder mörsern und sofort verwenden.

Tipp

Mehr zu Knospen finden Sie in meinem Buch *Meine Grüne Hausapotheke*, Kapitel Knospen.

Ahorn
kühlend

Apfel
vitalisierend

Birke
ausleitend

Brombeere
mineralisierend

Eiche
vitalisierend

Esche
ausleitend

Erle
entgiftend

Fichte
durchblutungsfördernd

Hasel
lungenstärkend

Holunder
stoffwechselanregend

Heidelbeere
blutzuckerunterstützend

Hundsrose, Hagebutte
immunstärkend

Himbeere
hormonausgleichend

Hainbuche
Akutmittel bei Schnupfen

Johannisbeere
bei Allergien,
natürlicher Kortisonersatz

Kiefer
regenerierend

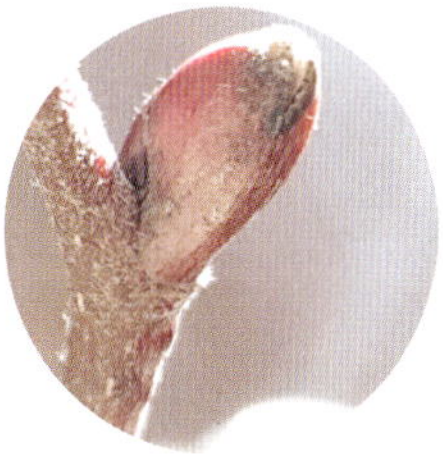

Linde
schleimhautberuhigend

Pappel
schmerzstillend

Preiselbeere
regenerierend

Rosskastanie
venenwirksam (äußerlich)

Sanddorn
vitalisierend

Tanne
knochenstärkend

Walnuss
ausleitend

Weide
antirheumatisch

Weinrebe
entzündungshemmend

Wacholder
entgiftend, ausleitend

Zirbe
stärkend, kräftigend

Lärche
lungenstärkend

VERWENDEN SIE LEICHT ERKENNBARE BÄUME UND DEREN JUNGE AUSTRIEBE!

Linde

Junge Lindenbaumblätter verwenden Sie als Salatersatz, Baum-Sushi, Rouladen, als nahrhafter Snack direkt vom Baum für unterwegs.

Die Blüten werden getrocknet und als Tee bei Fieber und Erkältungen verwendet.

Die Blätter, getrocknet und fein pulverisiert, gelten als wertvoller Nährstoffspender und als Mehlersatz.

Die Lindenholzasche verdünnt bei Magen-Darm-Problemen. Mit etwas Wasser trinken.

Fichten- und Tannennadeln

Junge saftige Triebspitzen gelten als natürliche Vitamin-C-Quelle im Frühling, bereiten Sie daraus einen Tee oder einen Sirup gegen Erkältungen und Husten zu.

In Alkohol oder Öl angesetzt, ergeben sie eine wertvolle Einreibung für die Lunge bei Husten oder auch bei Verspannungen für den Bewegungsapparat.

Pappel

Bei Zahnschmerzen (als Notfallsmittel) können Sie Schwarz- oder Balsampappelknospen kauen oder aber mit einer verdünnten Tinktur oder einem starken Tee davon den Mund gut ausspülen.

Einen Ölauszug aus den Pappelknospen können Sie bei Verbrennungen, Schmerzen, Durchblutungsstörungen und zur besseren Wundheilung verwenden. Eine in Alkohol angesetzte Tinktur hilft bei der Schmerzlinderung und als natürliches Propolis bei Infekten und bei Entzündungen.

Birke

Die jungen zarten Blätter von der Birke einfach in Salate und Gemüsegerichte hinzufügen.

Die Kätzchen und zarten Blätter (von April bis Mai) können getrocknet und pulverisiert werden, sie wurden zum Strecken von Mehl verwendet oder als Nährstoffspender ins Essen eingestreut.

Die Birke als natürliche Wasserquelle: Im Frühjahr können Sie auch wertvolles Birkenwasser gewinnen. Hierfür wird der Birkenstamm mit einem Nagel oder einer Schraube angebohrt und mit Hilfe eines Strohhalmes wird so das Birkenwasser in einer Flasche aufgefangen. Mit einem Ästchen wird das kleine Loch dann dankbar wieder verschlossen. Birkenwasser wirkt reinigend und unterstützt bei Nieren- und Blasenleiden.

Weitere Baumsalate

Junge zarte Blätter von Spitzahorn, Buche, Weißdorn, Linde, Birke, Esche, Apfelbaum und junge Weidenblätter (Palmkätzchenbaum) können Sie im Frühling bzw. Frühsommer als Salat oder Wildgemüse verwenden.

MEHLERSATZ

Als Mehlersatz wurden früher junge zarte Baumblätter verwendet.

Sollten Sie einmal in einer Notlage sein, können Sie folgende Blätter aus der Natur oder von Bäumen zum Strecken von Mehl verwenden:

- Lindenblätter: getrocknet und zu einem Pulver vermahlen
- junge Eschenblätter: getrocknet und zu einem Pulver vermahlen
- Birke: getrocknet und zu einem Pulver vermahlen
- Buche: getrocknet und zu einem Pulver vermahlen
- Ahorn: getrocknet und zu einem Pulver vermahlen

  Weiters können verwendet werden:
- Getrocknete Weißdornbeeren (auch Mehlbeere genannt)
- Melde oder Gänsefuß: Blätter und vor allem die Samen getrocknet und gemahlen
- Kohldistelblätter: getrocknet und gemahlen

Tipp

Wenn man die Blätter der Melde anfasst, fühlen sich die Finger richtig mehlig an.

Gesammelt werden diese Blätter im Frühjahr von Mai bis Anfang Juni. Im Hochsommer bzw. im Herbst enthalten die Blätter mehr Gerbstoffe, schmecken daher ein wenig bitter und werden faserig. Sie werden luftig am Wäscheständer oder in Kartons aufgelegt, im Schatten getrocknet und anschließend ganz fein gemahlen. Trocken und luftdicht aufbewahren.

OMAS HAUSMITTEL

DIE VERWENDUNG DER HAUSMITTEL AUS DER VORRATSKAMMER

Eines dieser hier angeführten Lebensmittel haben wir fast immer zuhause lagernd, sie sind sozusagen kleine „SOS“-Pakete aus der Vorratskammer und haben einige große Vorteile:

- Wir haben Sie meistens zu Hause lagernd.
- Sie belasten das Geldbörserl und die Umwelt nicht.
- Sie sind heimisch und jederzeit gut erhältlich.
- Diese Hausmittel bewähren sich seit Jahrhunderten.
- Das Wissen über deren Zusatzverwendung stärkt unsere Unabhängigkeit.

Apfelessig

- wirkt kühlend und entzündungshemmend und regt die Stoffwechselfunktion an.
- ist fiebersenkend, wirkt blutreinigend, aufbauend, cholesterinsenkend, desinfizierend, antibakteriell und entgiftend.
- Essigwickel (Essig 1 : 10 mit Wasser verdünnen) bei Fieber, Gelenksentzündungen, Verkalkungen, bei Verstauchungen, Entzündungen, Halsweh, Kopfschmerzen sowie als Wadenwickel bei Venenproblemen.
- Verdünnte Essigwaschungen bei momentaner Hitze, Wechseljahrbeschwerden, Herzklopfen, bei akutem Panikgefühl sowie auch bei Kreislaufproblemen.
- Ein Essigdrink, verdünnt mit Wasser, sollte nicht zu sauer schmecken (1 EL auf 1 Liter Wasser) und wird als Entschlackungsdrink bei hohem Blutdruck und Cholesterin eingesetzt.
- Essig, mit Kräutern ausgezogen, als so genanntes Medizinalpferd, sprich als Auszugs- und Transportmittel, um Pflanzenwirkstoffe besser in den Organismus aufzunehmen, wie z. B. Löwenzahnessig bei Diabetes.

- Essig und Honig als Medizingetränk Oxymel (2–3 Teile Honig, 1 Teil Essig) ist ein uraltes Stärkungsmittel, Heilmittel sowie Kräuterauszugsmittel, wirkt kreislaufstärkend und ist bei Fieber sehr wirksam.
- Stark verdünnt als Hautpflege, z. B. als Tonic, sowie als Auflage bei Furunkeln und Abszessen.
- Essigkompressen sind auch bei Warzen und Hühneraugen das Mittel der Wahl (bei abnehmenden Mond auflegen).
- Essigsocken und Essigwickel (Essig mit Wasser verdünnen) werden bei hohem Fieber und Entzündungen verwendet.

Zwiebel

- Zwiebelwickel bei Ohrenschmerzen, als Brust- und Lungenwickel oder bei einer Halsentzündung (Zwiebel zerkleinert in ein Tuch wickeln und auflegen).
- ½ Zwiebel bei Erkältung im Wohnraum oder auf den Nachttisch legen.
- Eine Zwiebelhälfte, auf die Haut aufgelegt, lindert den Juckreiz und den Schmerz bei Insekten- und Bienenstichen.
- Zwiebelsirup (2 EL Honig und ½ Zwiebel, ca. 2 Stunden ansetzen), er wirkt schleimlösend, antibakteriell und hustenlindernd.
- Bei Warzen und Hühneraugen kann man ein Stück Zwiebel mit Salz bestreuen und bei abnehmenden Mond aufbinden.

Topfen (Quark)

- Topfen hat eine schmerzstillende, abschwellende, entzündungshemmende, kühlende und beruhigende Wirkung.
- Beim Topfenwickel wird der Topfen mit einem Schuss Olivenöl gemischt, auf ein Leinentuch oder ein Küchenpapier gestrichen und kühl auf das Gelenk oder die betroffene Stelle aufgelegt und mit einem Schal befestigt. Der Topfen entzieht dem Gewebe die entzündlichen Stoffe, nach ca. 30 Minuten wird der Wickel wieder entfernt und entsorgt.
- Topfenwickel verwendet man bei Halsweh, bei Gelenksentzündungen und Schwellungen, bei Kopfweh, aber auch bei Insektenstichen, Hautrötungen und Brustentzündungen.
- Bei empfindlicher Haut zur Gesichtspflege, als sanfte Reinigung, als Hautpflegemaske. Bei juckender, roter und trockener Haut werden 1 EL Topfen, 1 EL Honig und 1 EL Olivenöl verwendet. Alles vermischen und auftragen, einwirken lassen und mit Wasser abwaschen. Die Haut wird dadurch erfrischt, das Austrocknen wird verhindert, die Maske lindert Rötungen sowie den Juckreiz und führt wertvolle Nährstoffe zu.
- Als Kompresse bei müden geröteten Augen.
- Nach einem Sonnenbrand kann ein Umschlag mit Topfen, der mit Milch verrührt wird, auf ein Tuch gestrichen und vorsichtig auf die Haut gelegt werden. Nach ca. ½ Stunde abnehmen und wiederholen.

Kartoffel

- Die Kartoffel enthält wertvolle Schleimstoffe und Mineralstoffe.
- Rohe Kartoffelscheiben als Augenkompresse (bei zu viel Sonne, Computerarbeit, beim Verblitzen nach Schweißarbeiten, bei Augenproblemen) auflegen.
- Bei Reiseübelkeit und Reisekrankheit, sagt der Volksmund, hilft es, eine rohe Kartoffel einzustecken. Sie soll eine Art Erdung bewirken.
- Roher Kartoffelsaft und Leinöl teelöffelweise am Vormittag bei Magenproblemen, Sodbrennen, Übersäuerung, Bakterien und Pilzen einnehmen, dies wirkt basisch und entzündungshemmend. Der abgeseihte Kartoffelrest wird in der Küche weiterverwendet.
- Bei Hals- und Kopfschmerz sollten Wickel mit rohen Kartoffeln gemacht werden.
- Als Erdäpfelsalbe, mit Fett gekocht, ist sie ein wunderbares und wirkungsvolles Mittel bei Hornhaut und Schrunden.
- Bei Kreuzweh, kalten Nieren, Nierenbeckenentzündungen, Schulter- oder Rückenverspannungen und Bauchschmerzen werden Wickel mit heißen, ungeschälten Kartoffeln (mit der Schale in einem Tuch zerstampfen, einrollen und auflegen) verwendet. Sie helfen aber auch als Brust- und Lungenwickel bei Husten.
- Kümmel-Leinsamen-Kartoffelsuppe als Heilnahrung bei Magenproblemen.
- Das Kochwasser nicht wegleeren, das kann als wertvoller Blumendünger verwendet werden.
- Beim Anpflanzen von Kartoffeln im Garten sollen Farnwedel als Schutz vor dem Kartoffelkäfer zwischen die Reihen gelegt werden, Beinwellblätter wiederum ergeben einen guten Kaliumdünger.

Kren

- als natürliches Antibiotikum oder „Bauern-Penicillin" ist die heimische Krenwurzel bekannt.
- als Antibiotikum-Ersatz Kren mit Honig (1 : 1) vermischt bei Erkältungen, Husten, Verschleimung, Blasenentzündung und zur Immunstärkung.

- Als Ableitungstherapie bei Migräne und Nebenhöhlenentzündungen Krenwickel max. für 2 Minuten (!) auf den Nacken legen, anschließend mit einer Fettsalbe pflegen.
- Bei Schnupfen kräftig am geriebenen Kren riechen (frisch in eine kleine Glasdose geben und verschließen).
- Früher hängte man sich eine Kren-Kette bei Erkältungen um, damit die reinigenden, schleimlösenden, antibakteriellen, ätherischen Öle eingeatmet werden.
- Krenwickel bei Ischias und Kreuzschmerzen: Kren in ein Tuch reiben, einschlagen und ca. 2 Minuten auflegen. Anschließend die Haut mit einer Fettsalbe pflegen.
- Krenauflage bei Blasenentzündung: Krenwickel max. 2 Minuten auf den Unterbauch

legen und mit einer Wärmflasche warmhalten, die Haut anschließend mit einer Salbe pflegen.

- Kren mit Apfelessig, verdünnt mit Wasser (1 : 10), zur Immunstärkung trinken oder als Tonic und bei Sommersprossen äußerlich verwenden.
- Kren und Salz verreiben und als immunstärkende Würze anwenden.
- Junge frische Krenblätter aus der Wiese verwenden, diese wirken mineralisierend und schmecken super aufs Butterbrot, in einen Aufstrich, zu Kartoffeln und in den Salat.

Kohl

- Kohlauflage und Kohlwickel bei Geschwüren, Furunkeln, Entzündungen, Gelenksproblemen, Knie- und Leibschmerzen, Schleimbeutelentzündungen, Schwellungen, Schmerzen in den Armen, Händen und Beinen sowie bei Venenproblemen, Krampfadern und Gicht. Anwendung vom Kohlwickel: Den Strunk beim Kohlblatt entfernen, mit einer leeren Glasflasche darüber walzen (damit sich die Poren des Kohls öffnen), auf die betroffene Körperstelle auflegen, mit einem atmungsaktiven Baumwolltuch einwickeln und mittels Wollschal befestigen.
- Wegen der antibiotisch und krebshemmend wirkenden sekundären Pflanzenstoffe sollten Sie Kohl öfters in den Speiseplan einbauen (Smoothie, Salat, Gemüse usw.). Er ist zellschützend, vitalisierend und mineralisierend.
- Kohlpaste hilft bei Nagelbetteiterung. Dafür Kohl und etwas Öl mörsern, mit Holzasche mischen und auflegen.

Tipp

Alternative Auflagen und Kompressen bei Entzündungen und Schmerzen kann man mit den Blättern der Pestwurz machen.

Honig

- Honig wird auch als flüssiges Gold bezeichnet, er wirkt antibiotisch, antibakteriell, wundheilend, immunstärkend und vitalisierend.

- Honig gilt als natürliches Antibiotikum und kann als steriler Wundverband verwendet werden.
- Als Sauerhonig (2 Teile Honig : 1 Teil Essig) verwendet, wird die Funktion sämtlicher Organe sowie die Verdauung, der Stoffwechsel, der Kreislauf und der Organismus gestärkt.
- Honig mit Apfelessig (je 1 EL), verdünnt mit 1 Liter Wasser, dient als stärkende Körperwaschung und erhöht die Widerstandsfähigkeit der Haut.
- Als Latwerge-Honig wird Honig mit ganz wenig Wasser, Kräutern oder Früchten stark eingekocht und so haltbar gemacht bzw. zu Fruchtgummi getrocknet.
- Honig lindert bei Schlafproblemen, wirkt unterstützend bei Nervosität und bei Erregungszuständen.
- Hilft als rascher Energiespender bei Kreislaufschwäche und verbessert die Konzentration.
- Honig lindert auch Hals-, Rachen- und Atembeschwerden, einfach öfters ½ TL einnehmen.

Knoblauch

- Schon seit mehr als 5.000 Jahren wird Knoblauch als Arzneimittel verwendet.
- Eine Knoblauchkur wird bei Verkalkung, Durchblutungsstörungen und hohem Blutdruck erfolgreich angewendet.
- Knoblauch ist gut für Arterien, Gefäße und bei erhöhtem Cholesterin.
- Er ist als altes Mittel zur Vorbeugung von Gefäßerkrankungen, wie Arteriosklerose, bekannt, hierfür täglich vor dem Schlafengehen ein Likörglas voll Knoblauchtonikum nehmen. Dafür den Knoblauch einfach in etwas Rotwein ansetzen.
- Knoblauch wird als Anti-Parasitenmittel eingesetzt, er wirkt gegen Bakterien und ist pilzhemmend.
- Bei Ohrenschmerzen wird eine kleine, frische, aber ganze Knoblauchzehe für eine Stunde in das Ohr gegeben, bei Bedarf sollten Sie das öfters wiederholen.
- Bei einem Nagelpilz eine Knoblauchzehe aufschneiden und über Nacht mit einem Pflaster befestigen und einwirken lassen. Am Morgen den Nagel mit Essig befeuchten.
- Für die antibiotische Küche frisch essen und zur längeren Haltbarkeit den Knoblauch in Öl einlegen oder eine Knoblauch-Salz-Verreibung ansetzen.
- Als antibiotische Jause wird ein Butterbrot mit etwas Knoblauch, Honig und Thymian gegessen.

Holzkohle, Asche, Heilerde, Zeolith

- Heilerde, Asche oder Kohle, je nach Verfügbarkeit, binden als feinste Pulver Giftstoffe und puffern überschüssige Säuren, hemmen Bakterien und Keime im Wachstum, wirken stark basisch, wundheilend und reinigend.
- Bei Durchfall oder Vergiftung können Sie stündlich einen Löffel Heilerde, Asche oder Kohle in Wasser anrühren und trinken, dies saugt wie ein Schwamm alle Gifte, Bakterien, Schwermetalle auf und Sie scheiden sie dann aus (viel Wasser trinken).

- Eine schmerzlindernde, entzündungshemmende und durchblutungsfördernde Wirkung haben Wickel mit Heilerde, Kohle oder Tonerde. Dafür wird Wasser, Kräutertee, eine verdünnte Tinktur oder Apfelessig mit der Heilerde angerührt. Diese Mischung wird auf ein angefeuchtetes Leinentuch gestrichen, auf das schmerzende Gelenk aufgetragen und mit einem Schal befestigt. Durch das Eintrocknen wird zusätzlich die Durchblutung aktiviert. Wenn die Erde vollkommen trocken ist, die Haut abwaschen und eincremen.
- Es kann auch als klärende Gesichtsmaske bei unreiner Haut verwendet werden.
- Zur Trinkwasseraufbereitung wird das Wasser durch einen Kohlefilter gegossen (Asche oder Kohle).

ALTERNATIVE HILFE AUS DER NATUR – DIE GRÜNE KRÄUTER-HAUSAPOTHEKE

- schmerzstillend: Mädesüß, Weidenrinde, Schwarzpappel, Günsel, Hanf, Fichtenpech
- verdauungsfördernd: Beifuß, Löwenzahn, Kamille, Fenchel, Bohnenkraut, Schafgarbe
- bei Durchfall oder Vergiftung: Kohle, Asche, Heilerde, Zeolith
- blutstillend: Hirtentäschel, Arnika (stark verdünnt), Eichenrinde
- entzündungshemmend: Salbei, Pappelknospen, Eichenrinde, Blutwurz
- wundheilend: Ringelblume, Schafgarbe, Johanniskraut, Wegerich, Kamille
- Energie und Kraft spendend: Brennnesselsamen, Rosenwurz, Bärenklau, Löwenzahnwurzel
- immunstärkend, bei Erkältung: Holunder, Lindenblüte, Sanddorn, Kren, Hagebutte

- Bewegungsapparat: Beinwell, Pestwurzblätter, Arnika, Fichten- und Lärchenpech
- natürlich antibiotisch wirkend: Brunnenkresse, Kren, Thymian, Schafgarbe, Salbei
- hustenwirksam: Thymian, Majoran, Dost, Salbei, Spitzwegerich, Lungenkraut, Huflattich
- desinfizierend, reinigend: verdünnter Arnikaspray, Thymian, Salbei-, Kamillentee
- beruhigend: Baldrianwurzel, Lavendel, Hopfenblüte, Melisse
- herzstärkend: Weißdorn, Melisse, Herzgespann
- blutzuckerunterstützend: Löwenzahnwurzel und -blätter, Heidelbeer- und Brombeerblätter, Bohnenschalen

Die Kräuter werden pur, als Tee oder als Naturheilmittel für die Hausapotheke verwendet.

INHALT EINER GRÜNEN HAUSAPOTHEKE & SOS-BOX

- Johanniskrautöl: bei Verbrennung, haut- und narbenpflegend, innerlich bei Hals- und Magenproblemen
- Arnikaspray: bei Prellungen, stumpfen Verletzungen, Verstauchungen
- Pechsalbe (Heilsalbe): wundheilend, entzündungshemmend, hustenlindernd
- Schwedenbitter: innerlich bei Verdauungsproblemen, äußerlich als Umschlag
- Baldriantropfen: beruhigend, bei Schlaflosigkeit, angespannten Nerven, Überreiztheit (ebenso Melissentee)
- Lungenkraut- oder Spitzwegerichtropfen: lungenstärkend, bei Husten und Erkältung oder als Hustensaft
- Magenelixier aus Beifuß, Löwenzahn und Wermut: bei Blähungen, Magendrücken, Verdauungsproblemen (ebenso Pfefferminztee)
- Kamillen-Fenchel-Tee: beruhigend, krampflindernd und blähungsmindernd
- Echte ätherische Öle
- Thymiantee: antibakteriell, antiviral, desinfizierend, schleimlösend
- Oxymel oder Tee aus Holler und Linde: Erkältung, immunstärkend, fiebersenkend
- Weidenrindentinktur: bei Schmerzen und Entzündungen
- Balsam- bzw. Schwarzpappelknospentinktur: Propolis-Ersatz, bei Hals- und Zahnschmerzen sowie Entzündungen
- Eibischwurzel: getrocknet zum Lutschen bei Reizhusten, entzündeter Schleimhaut und einem trockenen Hals, zum Ansetzen im kalten Wasser
- Ätherisches Pfefferminzöl: bei Verspannung, Übelkeit, Kopfschmerzen
- Ätherisches Teebaumöl: antibakteriell, als Insektenschutz, pilzhemmend
- Ätherisches Lavendelöl: beruhigend, schlaffördernd, bei Angst und Unruhe
- Ätherisches Wacholderöl: bei Verspannungen, Rückenschmerzen und Kältegefühl

EINFACHE BASISREZEPTE FÜR DIE HAUSAPOTHEKE

Bedarf zur Herstellung:

- Schraubgläser
- Mörser (Mixer)
- Schneidbrett
- Messer
- Sieb
- Essig
- Honig
- Zucker
- Salz
- Alkohol
- Öl oder Fett
- evtl. Bienenwachs

Ölauszug aus Kräutern

Ein Kräuteröl wird oft als Ölauszug, Ölansatz oder als Mazerat bezeichnet. Durch die Extraktion gehen die fettlöslichen Wirk- und Heilstoffe der verwendeten Pflanze in das Öl über. Sie werden für die Küche, kulinarisch als Würze, als Heilöl, als Pflege und in der Kosmetik verwendet.

Tipp

Mehr Rezepte dazu siehe: Eva Tragner: *Meine Grüne Hausapotheke, Kräuterrezepte einfach selbstgemacht*, ISBN 978-3-7020-1787-3

Methode 1: Kräuteröl-Ansatz

1 Teil Kräuter und/oder Gewürze, leicht angetrocknet
10 Teile gutes Öl, wie z. B. Chiliöl, Bohnenkrautöl, Rosmarinöl, Majoranöl, Knoblauchöl usw.

Zubereitung

Die Kräuter leicht antrocknen lassen, ins Öl geben und ca. 2–4 Wochen ausziehen lassen. Wenn nötig, können die Kräuter aus dem Öl genommen werden.

Methode 2: Kräuteröl-Mix

1 Teil Kräuter und Gewürze, frisch, wie Petersilie, Liebstöckel, Giersch usw.
5 Teile gutes Öl • etwas Salz nach Geschmack

Zubereitung

Kräuter an einem warmen, sonnigen Tag ernten, zerkleinern, mit dem Öl und dem Salz mixen, abfüllen, dunkel und kühl stellen. Den Speisen, Saucen, Nudeln, Reis, Suppe usw. einen Löffel voll Kräuteröl-Mix gegen Ende des Kochens beigeben.

Methode 3: Kräuter-Ölpaste

1 Teil Kräuter und Gewürze, wie Kapuzinerkresse, Bärlauch, Basilikum usw.
2 Teile gutes Öl • etwas Salz nach Geschmack

Zubereitung
Die Kräuter in ein Gefäß geben, mit dem Öl bedecken, salzen, alles gut durchmixen und sauber in sterile Gläser abfüllen. Die Kräuterpaste muss immer gut mit Öl bedeckt werden. Kühl aufbewahren und bei Bedarf 1 TL den Speisen hinzufügen, als Aufstrich pur oder als Zugabe verwenden.

Beispiele:
- Petersilien-Liebstöckel-Paste
- Wildkräuterpaste mit Brennnessel-Giersch-Melde
- Kapuzinerkresse- oder Bärlauchpaste

Als Pesto sind auch Nüsse, Kürbiskerne oder Sonnenblumenkerne köstlich und können hinzugefügt werden. Diese werden dafür direkt mit dem Öl und den Kräutern gemixt.

Tipp
Wenn in der Vorratskammer Knoblauch nicht sofort verbraucht wird, können Sie ihn durch das Einlegen in Öl konservieren.

Kapuzinerkresse-Ölpaste

1 Teil Öl • 2 Teile Kapuzinerkresse (Blatt, Blüte)
1 gute Prise Salz

Zubereitung
Die Kapuzinerkresse grob zerkleinern, in ein Gefäß mit Öl geben, salzen und mit dem Mixstab mixen. Sauber in Gläser abfüllen und immer mit Öl bedecken, bei Bedarf 1 TL den Speisen hinzufügen.

Diese tiefgrüne Kapuzinerkresse-Ölpaste oder, mit Nüssen vermixt, als Pesto wird im Kühlschrank aufbewahrt und bei Bedarf entnommen. Sie schmeckt super zu Spaghetti, Fisch, als Brotaufstrich, als Salatmarinade, in den Palatschinkenteig, auf die Kräuterpizza usw.

Eva's Tipp

Zusatzinformation
In allen Teilen enthält die Kapuzinerkresse Senfölglycoside, die wie ein Antibiotikum die Vermehrung der Bakterien verhindern, ohne dabei die natürliche Darmflora zu zerstören.

Das natürliche Antibiotikum wird durch den Verzehr aus dem natürlichen ätherischen Senföl freigesetzt und zeigt seine Wirkung in Lunge, Niere und Blase, denn gerade hier entfalten sich ihre Wirkstoffe. Als pflanzliches, natürliches Antibiotikum unterstützt das Senföl bei Angina, Bronchitis, Erkältungskrankheiten und bei einer beginnenden Blasenentzündung.

Methode 4: Ringelblumenöl

100 ml Öl • 1 Handvoll frische Ringelblumenblüten, zerkleinert • evtl. 1 Prise Salz

Zubereitung
Alle Zutaten miteinander mörsern oder mixen, wärmen, etwas ziehen lassen.

Nach einer Stunde oder am nächsten Tag abseihen, in eine Flasche abfüllen und kühl und dunkel aufbewahren.

Verwendung als:

- nährendes, zellschützendes Hautserum
- zur Wundheilung, bei Hautirritationen,
- als Pflege- und Körperpflegeöl
- als leichter Sonnenschutz
- unterstützt Venen und Lymphe
- als Wind- und Kälteschutz-Tagespflege im Winter
- 1 TL in den Salat geben
- bei trockenem, entzündetem Hals 1 TL einnehmen
- bei Magenproblemen wirkt es wie eine Salbe von innen
- bei Zahnfleischentzündungen

Balsam, Salben

Salben sind öl- oder fetthaltige Zubereitungen mit Wirkstoffen aus Kräutern, ätherischen Ölen, Früchten und Gewürzen, die mit Hilfe von Bienenwachs gefestigt werden. Über die Haut kann der Körper die Wirkstoffe der Heilpflanzen gut aufnehmen. Wir verwenden nur hochwertige biologische, natürliche Öle, Kräuter und Zutaten.

Früher wurden Salben oft aus Tierfett oder Ghee (= Art Butterschmalz) hergestellt. Schweineschmalz ist bis heute eine der heilsamsten Salbenzubereitungen und eignet sich auch bei Allergien und Hautunverträglichkeiten, da das Schweineschmalz (Bio!) dem menschlichen Hautfett am ähnlichsten ist.

Basisrezept Salbe

100 ml Öl • 1 Handvoll frische Kräuter, zerkleinert
10 g Bienenwachs

Zubereitung

Alle Zutaten miteinander mörsern oder mixen, erwärmen, etwas ziehen lassen und anschließend abseihen. Mit dem Bienenwachs einschmelzen, in kleine Gläschen abfüllen, abkühlen lassen und erst dann mit dem Deckel verschließen.

Pechsalbe aus Wald und Wiese

250 ml Öl • ca. 1 Handvoll heilsame Wald- und Wiesenkräuter, wie z. B. Wegerich, Schafgarbe, Arnika oder auch Fichten- und Tannennadeln, gut zerkleinert • 1 EL Fichtenpech (äußeres Harz der Fichte) • 1 EL Lärchenpech (inneres Harz der Lärche) • 25 g Bienenwachs

Zubereitung

Die zerkleinerten Kräuter, das Öl, das Fichtenpech und das flüssige Lärchenpech in einem beschichteten Topf langsam erhitzen. Immer wieder umrühren und unter der Siedetemperatur ziehen lassen. Die Salbe zweimal erwärmen und durch einen Nylonstrumpf filtrieren, da das Sieb ansonsten verkleben würde. Das Wachs hinzugeben, erwärmen, bis es schmilzt, und die fertige Salbe in Gläschen füllen. Mindestens 1 Jahr haltbar.

Eva's Tipp

Zusatzinformation

Bei uns sind Harze häufig Bestandteil volksmedizinischer Salben, vor allem der Zugsalben, mit denen Eiterungen, Entzündungen oder Späne herausgezogen werden. Aber die Salbe daraus gilt auch als eine der wichtigsten Heilsalben für den Bewegungsapparat, unterstützt und hilft bei Muskelschmerzen, Verstauchungen, Verletzungen, Gicht und Rheuma und hat eine durchblutungsfördernde, schmerzlindernde, entzündungshemmende, wärmende und herausziehende Wirkung, wird aber auch bei Husten, Ohrenschmerzen und Erkältungen verwendet.

Diese Salbe fand früher als Haussalbe in jeder Hausapotheke ihren fixen Platz, man hatte eine für alles. Die verwendeten Kräuter variierten von Haus zu Haus. Jede Familie hatte früher ihr eigenes kleines Geheimrezept!

„Pechpflaster"

1 Tasse Schmalz • evtl. 1 TL Bienenwachs • 1 EL Fichtenpech (Harz)
1 EL Lärchenpech (Harz) • 1 EL Beinwellwurzel, getrocknet und pulverisiert • 1 EL Arnikatinktur
optional Kräuter, fein gemörsert, wie Schafgarbe, Sanikel, Königskerze usw.

Zubereitung

Schmalz, etwas Bienenwachs, Fichtenpech, Lärchenpech, Beinwellwurzel und Arnika werden am Herd gemeinsam geschmolzen, abgekühlt, zu einer Paste verrührt, auf ein Leinentuch gestrichen (oder direkt durch das warme, flüssige Fett gezogen) und großflächig auf Gelenke, Schulter, Rücken, Knie usw. aufgelegt. Das Pflaster wird ein bis zwei Tage auf der schmerzenden Stelle gelassen. Danach wird die Haut mit einer guten Fettsalbe gepflegt, da sie meist gerötet ist.

Eva's Tipp

Zusatzinformation

Ein Pechpflaster kann bei Mensch und Tier aufgelegt werden

Lärchenpech und Butter

2 EL Butter • 1 EL Lärchenpech

Zubereitung

Zu gleichen Teilen Butter mit Lärchenpech in einer Tasse verrühren und auf ein Tuch streichen. Auf Lunge, Brust, am Rücken zwischen den Schulterblättern oder aber auch bei Kreuzschmerzen auflegen und warmhalten.

Tipp! Bettlersalbe oder Arme-Leute-Salbe

Die Kräuter, die man gerade zur Verfügung hatte, wurden verwendet, wie z. B. Balsampappelblätter, Birke, Wacholder, Eichenblätter, Fichtennadeln, harzige Fichtenzapfen, Baumflechten, Johanniskraut, Schafgarbe, Wegerich usw. Die Kräuter wurden bei Sonnenschein gesammelt, zerkleinert, in Schmalz ganz langsam mehrmals erwärmt, abgeseiht und abgefüllt. Diese Salbe verwendete man bei Wunden, zur Körperpflege oder bei Gelenksschmerzen

Schneller Kokosölbalsam

50 ml Kokosöl • 5–10 Tropfen ätherisches ÖL (je nach Bedarf)

Zubereitung

Das Kokosöl auf Zimmertemperatur erwärmen, das ätherische Öl hinzufügen, umrühren und abfüllen.

Beispiele:

- Kokosöl + ätherisches Lavendelöl = beruhigend und bei Verbrennungen
- Kokosöl + ätherisches Wacholderöl = wärmend, bei Verspannungen
- Kokosöl + ätherisches Thymianöl = schleim- und krampflösend
- Kokosöl + ätherisches Rosmarinöl = kreislaufaktivierend, durchblutungsfördernd
- Kokosöl + ätherisches Orangenöl = stimmungsaufhellend und antibakteriell

Eva's Tipp

Zusatzinformation

Oft muss es schnell gehen und man hat nicht die Möglichkeit für einen Kräuteransatz, da bietet der schnelle Kokosölbalsam eine gute Alternative. Falls Sie kein Kokosöl bekommen, können Sie ihn mit Schmalz (Butterschmalz, Ghee, Schweineschmalz oder Ähnliches) zubereiten.

Medizinalessig

In Essig enthalten sind viele Mineralstoffe und Spurenelemente (Calcium, Kalium, Magnesium, Natrium, Phosphor, Eisen, Mangan, Zink), Aminosäuren, Ballaststoffe, Fruchtsäuren, Pektin, Enzyme, sekundäre Pflanzenstoffe und Vitamine usw.

Essig desinfiziert, belebt, vitalisiert, reinigt, entgiftet, entwässert, entschlackt, wirkt antibakteriell, fördert Regenerations- und Stoffwechselprozesse und wirkt fiebersenkend, stimuliert das Abwehrsystem, unterstützt die Darmflora, wirkt verdauungsfördernd, kühlend, abschwellend und entzündungshemmend. Wegen seiner desinfizierenden Wirkung wurde Essig schon immer als Schutz vor ansteckenden Krankheiten verwendet.

Basisrezept Medizinalessig

1 Teil Essig • ½ Teil Kräuter (siehe Beispiele)

Zubereitung
Die Kräuter mit dem Essig ansetzen, 4 Wochen ausziehen lassen, abseihen, abfüllen und bei Bedarf den Salat damit würzen. Oder als Arznei 1 TL mit ½ Liter Wasser aufgießen und trinken.

Beispiele:
- Kapuzinerkresseessig als natürliches Antibiotikum
- Löwenzahnessig zur Stoffwechselanregung und besseren Verdauung
- Löwenzahnwurzelessig bei Diabetes und zur Entgiftung
- Birkenblätteressig für Nieren und Blase
- Brennnesselessig zur Blutbildung
- Labkrautessig zur Unterstützung der Lymphe
- Schafgarbenessig zur Mineralisierung
- Melissenessig bei innerer Unruhe
- Zinnkrautessig ist bindegewebsfestigend und knochenstärkend

Ein Schuss Essig mit Sodawasser wird als Sommerspritzer der Armen bezeichnet, auch ein Holunderblütenessig, evtl. mit etwas Sirup, kühl aufgespritzt, in einem hübschen Glas mit einem Minzeblatt serviert, kann äußerst erfrischend und belebend wirken. Ich habe es einmal versucht und als Hugo serviert, keiner hat etwas bemerkt, bis ich es ihnen verraten habe, was sie da gerade getrunken haben.

Medizinalwein

Medizinalweine sind flüssige Zubereitungen aus Kräutern und Weinen mit einer gesundheitsfördernden Wirkung. Bei ihrer Herstellung werden die zerkleinerten Pflanzenteile in kaltem oder warmem Wein ausgezogen. Es zieht der Wein die wasser- und fettlöslichen Pflanzenwirkstoffe gleichermaßen aus, so gehen die Wirkstoffe der Pflanze direkt in den so entstandenen Heilwein über. Schluck für Schluck werden über die Mundschleimhaut die Wirkstoffe aufgenommen und gelangen so über die Blutbahn in den Körper.

Bereits vor der Geburt Christi gebrauchte man den Wein nicht nur zum Genuss, sondern auch als Heilmittel: innerlich als Naturmedizin, aber auch äußerlich zur Reinigung von Wunden (aufgrund des Alkohols und der Gerbstoffe hat der Wein eine desinfizierende Wirkung).

Basisrezept Medizinalwein

1 l Wein • ⅛ l Wasser • 1 Handvoll Kräuter, frisch, oder 2 EL Kräuter, getrocknet
Gewürze, wie Nelken, Zimt und etwas Honig

Zubereitung
Den Wein mit dem Wasser aufkochen lassen, Kräuter und Gewürze hinzufügen und etwas gekühlt den Honig einrühren. Nach einer Stunde oder am nächsten Morgen abseihen, kühl stellen und täglich ein bis zwei Likörgläschen einnehmen.

Dafür eignen sich z. B.

- Brennnessel und Brennnesselsamen als Aufbautonikum und Stärkungsmittel
- Spitzwegerich und Lungenkraut zur Lungenstärkung
- Goldrute zur Blasen- und Nierenstärkung
- Lavendel, Melisse und Johanniskraut zur Nervenstärkung
- Bärenklauwurzel zur allgemeinen Stärkung (als Ginsengersatz)
- Weidenröschen zur Prostatastärkung
- Rosmarinwein bei Kreislaufschwäche und niedrigen Blutdruck

Tee

Der **Haustee** ist ein gesunder Kräutertee für die ganze Familie und jeder kann ihn nach seinem Wissen und seinen Pflanzenkenntnissen zusammenstellen. Es werden keine hochdosierten Einzelkräuter verwendet, sondern er ist eine individuelle, bunte Mischung aus guten, gesunden Kräutern aus Garten, Wald und Wiese.

- Himbeerblätter, Brombeerblätter, Erdbeerblätter, Johannisbeerblätter
- aus dem Garten z. B. Melisse, Malve, Ringelblume, Kamille, Thymian, Salbei
- von der Wiese Gänseblümchen, Spitzwegerich, Schafgarbe, Löwenzahn, Brennnessel
- von den Bäumen Holler-, Lindenblüten, Birkenblätter usw.

Es werden die Kräuter im Jahreslauf verwendet, die man gut kennt und zur Verfügung hat. Von jedem Spaziergang eine Handvoll Kräuter mitnehmen, diese trocknen und zur Jahresmischung dazugeben.

Dies wird ein herrlicher Tee für die Winterzeit und er hat mit jeder Tasse viel einzigartige Persönlichkeit.

Der **Kräutertee** wird getrunken, um eine bestimmte Wirkung, eine bestimmte Reaktion im Körper zu erzielen oder Funktionen zu beeinflussen.

Diesen Tee trinken wir nicht täglich. Er wird als Kur über ca. 3 Wochen konsumiert.

Ein solcher Heiltee besteht aus maximal fünf verschiedenen Heilkräutern, die miteinander harmonieren, einander unterstützen, ergänzen oder die Wirkung verstärken. Man unterscheidet:

AUFGUSS

1 EL Kräuter und Blüten werden mit 500 ml heißem Wasser aufgegossen, zugedeckt und 5–8 Minuten ziehen gelassen. Anschließend evtl. mit Honig gesüßt trinken.

- Lindenblüten-Holundertee bei Erkältung und Grippe
- Thymian bei Husten und Bronchialem Infekt
- Melisse bei innerer Unruhe und Angespanntheit
- Fencheltee bei Bauchkrämpfen
- Rosmarintee bei niedrigem Blutdruck und Kreislaufschwäche

ABKOCHUNG

Kräuter oder Rinde in kaltem Wasser ansetzen, 10 Minuten köcheln lassen und abseihen.

Dafür eignet sich z. B.:

- Eichenrindentee wirkt bei Durchfall und zum Waschen von Wunden (Gerbstoffe).
- Weidenrindentee (Salicylsäure) wird als Aspirinersatz bei Schmerzen, Entzündungen und Fieber getrunken.

Salzverreibung für die Hausapotheke und als „Mittel zum Leben"

Eine sehr gute Möglichkeit der Kräuterverarbeitung ist es, Kräuter mit hochwertigem Salz zu verreiben. Dadurch haben Sie eine besonders gute Bioverfügbarkeit der Nährstoffe und einen optimalen „Einschleuser" in die Zellen. Gutes Salz sollten wir immer genügend im Haushalt vorrätig haben, damit wir uns jederzeit ganz einfach unsere hochwertige Salzverreibung zubereiten können. Durch das Verreiben von Kräutern mit Salz bekommen wir die höchste Energie und Heilkraft in unsere Heil- und Lebensmittel. Bei größeren Mengen oder festen Pflanzenteilen kann man auch eine elektrische Küchen- oder Kaffeemühle verwenden. Durch die Verreibung mit Salz können wir wertvolle Pflanzenwirkstoffe, die durch separates Trocknen verlorengehen würden, weitgehend erhalten, wie z. B. bei Bärlauch, Kapuzinerkresse oder Brunnenkresse.

Basisrezept Salzverreibung

1 Teil Salz • ½ Teil Kräuter, frisch oder getrocknet

Zubereitung

Die Kräuter zerkleinern, mit dem Salz verreiben (Mörser oder Moulinette) und abfüllen. Bei Bedarf damit würzen, für eine zusätzliche Nährstoffversorgung und einen guten Geschmack.

Die Kräuter müssen nicht getrocknet werden, da Salz konservierend wirkt. Allerdings ist es nicht ganz so rieselfähig. Für Streuer oder feines Kräutersalz empfiehlt es sich, das Salz nach dem Mörsern bzw. Verreiben im Backofen bei 30 °C oder bei Raumtemperatur am Backblech zu trocknen und anschließend nochmals fein zu mörsern. Sie können z. B. Liebstöckel, Kapuzinerkresse, Giersch, Brennnessel und vieles mehr verwenden.

Sie sollten immer genügend Salz vorrätig haben. Zur Haltbarmachung wurde es schon immer gerne verwendet.

Hinweis

„Die Nahrung soll deine Medizin sein und nicht die Medizin deine Nahrung." (Zitat von Hippokrates)

Salz ist als essenzieller Baustein des Lebens an allen wichtigen Naturprozessen beteiligt. Salz und Wasser ergeben Sole. Salz ist die Urinformation des Lebens und findet sich in vielen Flüssigkeiten im menschlichen Organismus:

Blut, Lymphe, Urin oder Tränenflüssigkeit, aber auch das Fruchtwasser besteht aus Wasser und Salz. Salz und Sole sind perfekte Trägerstoffe für Informationen und Energien, optimale Transportmittel der Nähr- und Vitalstoffe und werden vom Körper sehr gut aufgenommen. Sie verbessern die Kommunikation unserer Zellen und aktivieren die Nervenverbindungen. Ein hochwertiges unbehandeltes Vollsalz enthält viele Mineralstoffe und Spurenelementen.

Zuckerverreibung

Die Verreibung ist eine ganz besondere Form der Heilmittelherstellung, bei der Heilkräuter mit Zucker, z. B. Milchzucker, in einem Mörser verrieben werden. Diese Zubereitung wird auch in der Homöopathie eingesetzt. Durch den Verreibungsprozess von geringsten Mengen einer Pflanze mit Milchzucker werden die Wirkstoffe der Heilkräuter in katalytische Schwingung versetzt, man spricht von einer Dynamisierung, d. h., die Pflanzenwirkstoffe werden durch die Verreibung in ihrer heilenden Wirkung aktiviert und so in der Trägersubstanz gespeichert.

Basisrezept Zuckerverreibung

1 Teil Zucker, Milchzucker oder Traubenzucker • ½ Teil Kräuter

Zubereitung
Die Kräuter zerkleinern, mit dem Zucker mörsern und dynamisch verreiben, zur Aufbewahrung trocknen lassen und je nach Bedarf eine Messerspitze einnehmen.

Dafür eignet sich z. B.:

- Mädesüßzucker als natürliches Schmerzmittel z.B. bei Migräne
- Melissenzucker zur Beruhigung bei Stress und zur Entspannung
- Salbeizucker als Hustenzuckerl-Ersatz bei Halsschmerzen

Als Zuckerlersatz in einer Pfanne den Zucker karamellisieren lassen, die getrockneten Kräuter einstreuen und auf ein Backpapier träufeln, abkühlen lassen. Einfach bei Bedarf im Mund zergehen lassen.

Tinktur

Tinkturen sind flüssige Auszüge aus Kräutern und Alkohol mit einer gesundheitsfördernden Wirkung. Bei der Herstellung von Tinkturen werden die zerkleinerten Pflanzenteile, wie Blüten, Blätter, Rinden, Wurzeln, Harze und Knospen, in Alkohol ausgezogen. Die heilsamen Pflanzenwirkstoffe (auch wasserunlösliche oder schwerlösliche Inhaltsstoffe) lösen sich im Alkohol und werden dabei konserviert. Anders als im Tee sind Tinkturen stark konzentriert, sehr gut haltbar und eine täglich leicht verfügbare Naturmedizin. Der Alkohol kann bei der Anwendung in jedem Verhältnis mit Wasser verdünnt werden.

Die Tinkturen können aus einer einzelnen Pflanze, aus mehreren sich ergänzenden Pflanzen

oder aber aus einer Pflanze (bzw. eines Baumes) mit den im Jahreskreis gesammelten Pflanzenteilen bestehen, wie z. B. aus Knospe, Rinde, Blüte, Blatt, Frucht, Wurzel, Asche – um Lebensanfang und Lebensende wieder zu vereinen.

Basisrezept Tinktur

100 ml Alkohol (ca. 40 Vol.-%) • 2 EL Kräuter

Zubereitung 1: Die Kräuter zerkleinern, in ein Glas geben, mit dem Alkohol aufgießen und ca. 4 Wochen ausziehen lassen, anschließend filtrieren, abfüllen und bei Bedarf ½ TL auf ein Glas Wasser verdünnt trinken.

Zubereitung 2: Die Kräuter zerkleinern, mit dem Alkohol mörsern, nach 1 Stunde abseihen, abfüllen und sofort verwenden.

Dafür eignet sich z. B.:

- Lavendel oder Baldrian bei angespannten Nerven
- Kapuzinerkresse als natürliches Antibiotikum und bei Blasenentzündung
- Baldrianwurzel bei Stress und Schlaflosigkeit

- Beifuß zur besseren Verdauung
- Weißdorn zur Herzstärkung und Blutdruckregulation
- Arnika äußerlich bei Verstauchung und Prellung
- Rosskastanie äußerlich bei Venenproblemen

Sauerhonig (Oxymel)

Sauerhonig ist seit über 2.000 Jahren in Verwendung, diese Extrakte aus Honig und Essig wurden bei Fieber, zur Entgiftung, zur besseren Verdauung, Stärkung und zur Vitalisierung des geschwächten Immunsystems angewandt. Es ist stoffwechselanregend, kreislaufstärkend, vitalisierend, verdauungsfördernd, mineralisierend und wird als isotonisches Getränk angewandt. Sauerhonig enthält unter anderem Enzyme, Aminosäuren, Pektine, Vitamine, Mineralstoffe und viele Spurenelemente. Verwenden Sie nur beste unbehandelte Rohstoffe. Ich persönlich mag Sauerhonig sehr gerne, er schmeckt sehr gut erfrischend und ist ein sehr gutes und wichtiges Auszugsmittel. Er ist alkoholfrei und somit für viele eine gute Alternative zur Tinktur. Außerdem ist Oxymel verdünnt auch für Kinder ab 1 Jahr geeignet!

Basisrezept Oxymel

2 Teile Honig • 1 Teil Essig • ½ Teil Kräuter

Zubereitung 1

Den Honig und den Essig verrühren, die Kräuter zerkleinern, in ein Glas geben, mit dem Essig-Honig-Gemisch aufgießen und ca. 4 Wochen ausziehen lassen. Anschließend filtrieren, abfüllen und bei Bedarf ½ TL auf ein Glas Wasser verdünnt trinken.

Zubereitung 2

Die Kräuter zerkleinern, mit dem Essig und Honig mixen oder mörsern, nach 1–3 Tagen abseihen, abfüllen und sofort verwenden.

Dafür eignet sich z. B.:

- Linde, Mädesüß zur Immunstärkung und bei Migräne
- Birkenblätter zur Detox-Ausleitung und bei Blasenentzündung
- Spitzwegerich und Thymian mit etwas Zitrone zur Lungenstärkung und bei Husten
- Knospen des Johannisbeerstrauches können in Sauerhonig ausgezogen werden. Er wird als natürlicher Kortisonersatz bei Allergien und Heuschnupfen unterstützend verwendet.
- Beeren, wie Ribisel, Himbeeren usw., als vitaminreiche Sirupalternative ohne Zucker.

Tipp

Bei Kreislaufproblemen, Fieber und zur allgemeinen Stärkung kann man auch 2 TL Honig und 1 EL Essig mit 1 l Wasser aufgießen und schluckweise trinken.

Asche

Nach der Veraschung von Pflanzen und Bäumen sind im Rückstand zahlreiche Mineralstoffe, wie Calcium, Magnesium, Eisen, Phosphor, Kalium oder Natrium, gebunden, je nach Art der Pflanze. Asche ist hochbasisch mit einem pH-Wert von 10–11 (alkalisch) und hat eine medizinische Wirksamkeit. Der hohe Mineralstoffgehalt macht die Asche zu einem wichtigen knochenstärkenden Mittel, sie kann aber auch als Nahrungsergänzungsmittel zur Mineralisierung oder bei Übersäuerung eingenommen werden. Asche ist blutstillend und wundheilend, pilzhemmend, antibakteriell, desinfizierend und reinigend.

Asche- und Kohle-Zubereitungen wirken basisch, mineralisierend und entgiftend. Sie üben einen positiven Einfluss auf das Knochensystem aus, binden Toxine (Schwermetalle usw.) und helfen, sie auszuscheiden. Je nach verwendeter Pflanze bzw. Baum ist die Wirkung unterschiedlich. Wichtig ist, darauf zu achten, nur Pflanzenmaterial aus unbelasteter Natur zu beziehen.

Basisrezept Asche

Zubereitung

Die trockenen Baumästchen oder auch Kräuter (z. B. Zinnkraut) zerkleinern, in eine feuerfeste Pfanne geben, ohne künstliche Brennhilfe anzünden und verbrennen lassen. Die abgekühlte Asche mörsern oder grob mit einem Stock zerstoßen und, wenn möglich, fein sieben, trocken abfüllen und aufbewahren.

Bei Durchfall, Vergiftungen oder bei Bedarf ½ TL auf ein Glas Wasser verdünnt trinken.

Dafür eignet sich z. B.:

- Lindenasche bei Magen-Darm-Problemen und Durchfall
- Zwetschkenholz- und Weinrebenasche zum Zähneputzen bei Zahnfleischentzündung
- Weidenasche bei Entzündungen
- Birkenasche zur Entgiftung
- Zinnkrautasche zur Mineralisierung der Knochen

Asche kann auch zum Zähneputzen verwendet werden (oder Kohle). Hierfür wird die Asche ganz fein gesiebt, in Döschen gefüllt und mit einer feuchten Zahnbürste oder dem Finger werden die Zähne wie gewohnt geputzt. Durch die reinigende und antibakterielle Wirkung eignet sich Asche hervorragend zum Zähneputzen und als angenehmer Nebeneffekt dabei werden sie auch noch schön strahlend weiß.

Eva's Tipp

Zusatzinformation

Aschenlauge

Asche mit Wasser (1 : 10 verdünnt) verrühren und absetzen lassen, bis das Wasser klar wird, anschließend abseihen. Diese Lauge wurde als Putzmittel und zum allgemeinen Reinigen verwendet. Die zurückgebliebene Asche kann nochmals mit Wasser aufgegossen und ein weiteres Mal verwendet werden.

KRÄUTERBEISPIELE FÜR IHRE GRÜNE HAUSAPOTHEKE

Brennnessel
blutbildend, aufbauend, äußerlich als Reiztherapie bei Kreuzschmerzen

Birke
nierenanregend, entgiftend, ausleitend

Bärlauch
gefäßreinigend, blutdrucksenkend

Brunnenkresse
antibiotisch, jodhaltig

Gänseblümchen
Wiesenarnika, kleinere Verstauchungen

Labkraut
bei Schwellungen, Wasseransammlungen, lymphanregend

Löwenzahn
leberentgiftend, stoffwechselreinigend, bei Diabetes unterstützend

Schafgarbe
blutstillend, entzündungshemmend, krampflösend

Spitzwegerich
lungenstärkend, juckreizlindernd

Kamille
entzündungshemmend, austrocknend, beruhigend bei Bauchschmerzen

Baldrian
bei Schlafstörungen, nervöser Unruhe

Lavendel
Beruhigt, lässt einen besser entspannen

Melisse
bei Unruhe, reizmildernd, wenn die Nerven aus dem Magen schlagen

Minze
kühlend, kreislaufstärkend, bei Übelkeit

Weißdorn
herzstärkend, blutdruckausgleichend

Salbei
zusammenziehend, entzündungshemmend, bei Halsweh (Angina)

Thymian
antibakteriell und antiviral, bei Husten und zur Desinfektion

Fenchel
krampflösend, schleimlösend

Kümmel
bei Blähungen, entkrampfend

Kapuzinerkresse
natürliches Antibiotikum, bei Blasenentzündung, bei Infekten

Goldrute
nierenstärkend

Weidenrinde
schmerzstillend, entzündungshemmend

Mädesüß
bei Migräne, Aspirin-Ersatz

Hirtentäschel
blutstillend

Eichenrinde
bei Hämorrhoiden, nässenden Wunden

Kren
antibakteriell, immunstärkend

Huflattich
schleimlösend, lungenwirksam (keine Daueranwendung)

NATÜRLICHE UND KOSTENLOSE VITAMINE UND MINERALSTOFFE AUS WIESE UND GARTEN

Die natürlichen, bioverfügbaren Mineralstoffe in Kräutern sind für uns Menschen sehr wichtig. Sie nähren uns, sind aufbauend, blutbildend, anregend für die notwendige Spannkraft unserer Muskeln, Nerven und Organfunktionen. Unsere Zellen werden aktiviert, sie schützen vor Krankheiten, stärken und unterstützen alle unsere Lebensvorgänge. Kräuter und ihre nährenden Inhaltsstoffe unterstützen unseren Körper, um alles Nichtbrauchbare, Ungesunde, Krankmachende, Schlechte durch einen aktiven Stoffwechsel über unsere Entgiftungsorgane (Niere, Leber, Lunge, Haut und Darm) auszuscheiden.

- Eisen (Blutbildung, Sauerstoffversorgung im Blut): Brennnessel, Schafgarbe, Melisse, Spitzwegerich, Nussbaumblätter, Frauenmantel, Vogelmiere, Malve, Rote Rübe und ihre Blätter, Schwarze Holunderbeeren, Brunnenkresse.
- Calcium (Aufbau der Knochen und Zähne, wichtig für die Herztätigkeit): Birke, Löwenzahn, Spitzwegerich, Isländisch Moos, Eichenrinde, Wacholder, Eierschalenpulver, Vogelmiere, Weißdorn, Brennnessel, Schafgarbe, Bärenklau, Gänsefuß, Kohl, Petersilie.
- Kalium (Wasser- und Salzhaushalt, Nerven, Muskeln und Beweglichkeit): Brennnessel, Schafgarbe, Melisse, Holunder, Kamille, Zinnkraut, Vogelmiere, Labkraut, Johannisbeerblätter, Löwenzahn, Gänseblümchen, Gänsefuß, Malve.
- Phosphor (bei allen Nervenleiden, für das Gedächtnis, gegen Ängste, wirkt kräftigend): Birkenblätter, Hirtentäschel, Ringelblume, Malve, Gänsefuß, Schafgarbe, Brennnessel, Bärenklau, Löwenzahn, Rote-Rüben-Blätter.

- Kieselsäure (Bindegewebe, Knochen, Haut- und Haar-Festigungsmittel, bei chronischen Leiden): Brennnessel, Vogelknöterich, Zinnkraut, Lungenkraut, Schafgarbe, Spitzwegerich, Frauenmantel.
- Magnesium (Festigung der Zähne, für die Muskelfunktion, gegen Schmerzen und Krämpfe): Gänsefingerkraut, Schafgarbe, Salbei, Bohnenkraut, Majoran, Zinnkraut, Löwenzahn, Kamille, Huflattich, Mädesüß, Weidenrinde, Weidenröschen, Bärenklau, Kürbiskerne, Brennnessel, Gänsefuß.
- Natrium (bei zu viel Harnsäure im Blut, gegen Sodbrennen, für die Fettaufspaltung): Brennnessel, Birke, Zinnkraut, Schafgarbe, Storchenschnabel, Birkenblätter, Löwenzahn, Brombeerblätter, Rote-Rüben-Blätter.
- Schwefel (bei Leber- und Gallenproblemen, gut für die Haut, bei Geschwüren): Rettich, Brunnenkresse, Kapuzinerkresse, Brennnessel, Fichte, Kalmus, Erdrauch, Kamille, Kohl.
- Jod (unverzichtbar für die Entwicklung des Nervensystems und die Funktion der Schilddrüse): Brunnenkresse, Isländisch Moos.
- Provitamin A, Beta-Carotin (wichtig für Augen, Haut und Schleimhäute): Rotklee, Gänsefuß, Malve, Brennnessel, Giersch, Taubnessel, Weidenröschen, Vogelmiere, Bärenklau, Karotte, Preiselbeere, Ringelblume, Kürbis, Sanddorn, Brunnenkresse.
- Vitamin B (Nervensystem): Beinwellblätter, Bio-Hefe, Sanddorn.
- Vitamin C: (immunsystemstärkend): Hagebutte, Sanddorn, Johannisbeere, Holunderbeere, Vogelbeere, Petersilie, Vogelmiere, Giersch, Brunnenkresse, Brennnessel.
- Vitamin K (Blutgefäße, Knochenbildung): Petersilie, Rote-Rüben-Blätter, Brokkoli, Kohl, Kresse, Löwenzahn, Brennnessel, Spinat.
- Vitamin D (Bildung von Serotonin, Knochen, Muskeln): Viel Sonnenlicht und Aufenthalt im Freien sowie Steinpilze.

Mineralstoffpulver oder grünes Nährstoff-Pflanzenpulver

Dieses Pflanzenpulver ist eine einfache Art der Kräuterzubereitung und gilt als **heimisches Superfood** und als natürliches **Basenpulver**.

Als grüne Mehle wurden diese Pulver früher bezeichnet und in Notzeiten zum Strecken von Mehl, zum Aufwerten von Speisen verwendet. Da unsere heimischen Kräuter, Heilkräuter und Pflanzen viele Mineralstoffe enthalten, können wir uns daraus ein hochwertiges Nahrungsergänzungsmittel herstellen. Dieses grüne Pflanzenpulver vitalisiert, stärkt, mineralisiert unseren Körper, spendet uns Kraft und Energie und dient uns als wertvoller Nahrungs- und Heilmittellieferant.

Wildes Nährstoffpulver aus Wald und Wiese

3 EL Brennnesselblätter • 3 EL Löwenzahnblätter • 3 EL Spitzwegerichblätter
3 EL Gierschblätter • 3 EL Schafgarbenblätter

Zubereitung

Im Frühling die ersten zarten Blätter der Kräuter sammeln und trocknen lassen. Nun alle getrockneten Pflanzenteile mit der Kaffeemühle oder im Mörser ganz fein vermahlen und evtl. durchsieben. In saubere Schraubgläser oder Dosen füllen und luftdicht und dunkel aufbewahren. Beschriften nicht vergessen.

Dieses Nährstoffpulver mineralisiert, stärkt unseren ganzen Organismus, wirkt reinigend, aktivierend und ist stoffwechselanregend sowie verdauungsfördernd.

Die Kräuter liefern unseren Körperzellen wichtige Schutz-, Aufbau- und Nährstoffe, um gesund und fit bis ins hohe Alter zu bleiben.

Wildes Nährstoffpulver aus Wald und Wiese

Vitamin-C-Öl selbst gemacht

3 EL frische reife Hagebutten oder Sanddornbeeren
100 ml gutes ÖL (z. B. MCT-Öl, Kokosöl, Weizenkeimöl o. a.)
1 Prise Salz

Zubereitung

Alle Zutaten gemeinsam mixen oder mörsern, eine Hälfte der Mischung erwärmen, beides abseihen und gemeinsam in eine dunkle Flasche abfüllen, möglichst kühl aufbewahren.

Zusatzinformation

Ein Teil der verwendeten Wirkstoffe löst sich besonders gut bei Wärme, wie z. B. Lycopin (gefäß- und zellschützend), und ein anderer Teil, wie z. B. Vitamin C, wird bei zunehmender Hitze gemindert, deshalb wird ein Teil erwärmt und im Anschluss werden beide Zubereitungen zusammengefügt, um so ein optimales Ergebnis zu erzielen.

Täglich 1 TL pur vom hochwertigen Vitamin-C-Öl einnehmen oder auf den Salat geben.

Tipp

Vitamin C ist sehr gut bioverfügbar.

Vitaminzucker

Hagebutten oder Sanddorn (tiefgekühlt) evtl. mit Milchzucker oder Traubenzucker in einer Moulinette zerkleinern, sanft im Dörrgerät oder Backofen trocknen lassen, fein mahlen und trocken in Gläsern aufbewahren. Im Winter ½ Teelöffel pur oder in etwas Joghurt einnehmen.

Tipp

Grüne Wildkräuter sind besonders reich an Vitamin C, deshalb sollten Sie diese besondere Vitaminquelle nicht außer Acht lassen. Dafür sollten die Kräuter möglichst oft frisch verwendet werden. Es eignen sich z. B. Petersilie, Brennnessel, Vogelmiere, Giersch ...

EIGENE KLEINE VORRATSHALTUNG – REZEPTE UND VORSCHLÄGE

Dieses Kapitel widmet sich der nachhaltigen Lagerung ohne Strom, dem Haltbarmachen und einer guten Bevorratung wie zu Omas Zeiten.

Wie meine Oma schon immer sagte: Man sollte immer in guten Zeiten, in den Zeiten der Fülle, für schlechte Zeiten vorsorgen!

FRÜCHTE UND BLÜTEN HALTBARMACHEN

Einkochen

Beim Einkochen von Obst ist Genauigkeit notwendig. Man verwendet einwandfreies, reifes, aber nicht überreifes Obst. Die Gläser müssen heiß ausgespült werden und auf einem Tuch mit der Öffnung nach unten zum Trocknen aufgestellt werden. Beim Heißabfüllen können Sie nach dem Verschließen die Gläser auf ein in heißes Wasser getunktes, feuchtes Tuch stellen, damit die Gläser nicht platzen. Sie werden sofort heiß, mit einem Deckel, der zuvor mit Alkohol benetzt wird, verschlossen. Haben Sie keinen Schraubverschluss zur Verfügung, verwenden Sie Cellophanpapier und einen Gummiring.

FRUCHTAUFSTRICHE, MARMELADEN

Marmelade

500 g reife Früchte • 500 g oder 250 g Gelierzucker (1 : 1 oder 1 : 2)

Zubereitung
Früchte oder Beeren säubern und zerkleinern, mit dem Gelierzucker ca. 5 Minuten unter ständigem Rühren aufkochen lassen und heiß in sterile Gläser abfüllen. Abkühlen lassen, etikettieren und zum Lagern kühl stellen.

Solch ein fruchtiger Brotaufstrich hält sich mindestens 1 Jahr.

Marmelade, kaltgerührt

1 kg Früchte, wie z. B. Erdbeeren • 1/16 l Weinbrand • 1 kg Zucker

Zubereitung
Erdbeeren oder andere Früchte zerkleinern oder zerdrücken und mit Zucker so lange rühren, bis sich der Zucker vollkommen aufgelöst hat. Nun den Weinbrand einrühren und sehr lange (fast 2 Stunden) weiterrühren. Evtl. den Mixer benutzen, bis eine sämige Masse entsteht. Die Marmelade in saubere und sterile Gläser füllen und mit einem Schraubverschluss sofort verschließen. Diese Marmelade schmeckt sehr fein fruchtig, hält sich aber nur ca. 6 Monate.

Saft, kaltgerührt

2 kg Erdbeeren, Himbeeren, Heidelbeeren o. Ä. • 1 l Wasser • 1 kg Zucker
40 g Weinstein oder Zitronensäure

Zubereitung
Erdbeeren oder andere Früchte zerdrücken und mit Wasser und Zitronensäure 24 Stunden stehen lassen. Dann die Flüssigkeit durch ein Sieb oder Tuch streichen.

Die Flüssigkeit mit dem Zucker vermengen und so lange rühren, bis ein sämiger Sirup entsteht. Den Saft in saubere und sterile Flaschen füllen und mit einem Schraubverschluss sofort verschließen. Dieser Sirup schmeckt sehr fein fruchtig, hält sich aber nur ca. 6 Monate. Den Rückstand kann man noch zu Marmelade, Fruchtgummi o. Ä. verarbeiten.

Saft einkochen (ohne Entsafter)

1 kg Zucker • 1 kg Früchte • ½–1 l Wasser

Zubereitung
Die Früchte mit dem Zucker und dem Wasser mischen und einen Tag so stehen lassen, dass der Zellsaft austreten kann. Alles gut verrühren, stampfen und ca. 20 Minuten kochen lassen. Schaum abschöpfen, abseihen, heiß in sterile Flaschen füllen und sofort verschließen.

Grundrezept Obst einkochen

ca. 1 kg Früchte nach Wunsch • 1 l Wasser
300–500 g Zucker bei süßem Obst oder 600–800 g Zucker bei saurem Obst
evtl. Gewürze, wie Nelken oder Zimt

Einkochmöglichkeiten

- Im Backofen bei ca. 175 °C. Man rechnet ab der Zeit, wo im Einkochglas kleine Bläschen aufsteigen, ab da kann man die Temperatur auf 125 °C reduzieren.
- In einem hohen Topf, mit heißem Wasser gefüllt, zugedeckt ca. zu Dreiviertel voll. Man rechnet ab dem Zeitpunkt, wo das Wasser kocht (ca. 100 °C).
- Im Einkochtopf bei ca. 100 °C mit Temperaturregler verwenden. Man rechnet die Zeit ab dem Zeitpunkt, wo am Thermometer die 100 °C erreicht werden.

Richtzeit ca.:
Kern- und Steinobst: 25–35 Minuten
Beeren: 15–30 Minuten

Zubereitung 1: kochend einfüllen

Die Gläser sollten schon vorab im Backofen sterilisiert werden.

Das Zuckerwasser mit Nelken aufkochen, die Früchte dazugeben, kurz mitaufkochen lassen und dann heiß in die Gläser abfüllen und verschließen.

Entweder im Backofen bei 175 °C einkochen. Das Backblech mit einem Geschirrtuch bedecken, mit warmem Wasser bodenbedeckt auffüllen und die Gläser darauf stellen.

Oder in einem Kochtopf mit Wasser bei 100 °C für ca. 15–20 Minuten – je nach Obst.

Herausnehmen, zugedeckt abkühlen lassen und erst dann in den Keller oder die Vorratskammer stellen.

Diese Methode eignet sich z. B. für Pfirsiche, Marillen, Zwetschken, Kirschen und Preiselbeeren. Bei Apfel- und Birnenkompott können Sie für eine schöne Farbe Zitronensaft dazugeben.

Zubereitung 2: kalt einfüllen

Die Gläser sollten schon vorab im Backofen sterilisiert werden.

Den Zucker und das Wasser mit Nelken kurz aufkochen lassen, die Früchte kalt in die Gläser geben, jetzt mit dem heißen Zuckerwasser auffüllen und sofort verschließen.

Entweder im Backofen bei 175 °C einkochen. Das Backblech mit einem Geschirrtuch bedecken, mit warmem Wasser bodenbedeckt auffüllen und die Gläser darauf stellen.

Oder in einem Kochtopf mit Wasser bei 100 °C für ca. 15–20 Minuten – je nach Obst.

Herausnehmen, zugedeckt abkühlen lassen und erst dann in den Keller oder die Vorratskammer stellen.

Diese Methode eignet sich z. B. für Johannisbeeren, Heidelbeeren, Ribisel und Weintrauben.

Zubereitung 3: Obst zu Mus verkochen

Eine weitere Variante ist es, die Früchte oder Beeren als Mus einzukochen. Dafür die Früchte

und etwas Zucker nach Geschmack ca. 15 Minuten köcheln lassen, fein durch ein Sieb streichen oder durch eine Flotte Lotte passieren und heiß in sterile Gläser abfüllen. Entweder im Backofen bei 175 °C einkochen. Das Backblech mit einem Geschirrtuch bedecken, mit warmem Wasser bodenbedeckt auffüllen und die Gläser darauf stellen.

Oder in einem Kochtopf mit Wasser bei 100 °C für ca. 15–20 Minuten einkochen – je nach Obst.

Herausnehmen, zugedeckt abkühlen lassen und erst dann in den Keller oder die Vorratskammer stellen.

Diese Methode eignet sich z. B. für Apfelmus, Hagebuttenmus, Zwetschkenmus.

Säfte aus Blüten und Kräutern

Kräutersirup

1 kg Zucker • 1 l Wasser • 2 Handvoll Kräuter oder Blüten
1 ganze Bio-Zitrone mit Schale • Saft von 2 Zitronen

Zubereitung 1
1 kg Zucker mit 1 l Wasser aufkochen lassen, abkühlen lassen und ca. 2 Handvoll Kräuter oder Blüten und die ganze Zitrone, in Scheiben geschnitten, dazugeben. Mit einem Tuch bedecken und für mindestens 24 Stunden kühl stellen. Dann wird die Masse abgeseiht, der Saft von 2 Zitronen dazugegeben, nochmals erhitzt und in sterile Flaschen abgefüllt.

Beispiele: Holunder, Minze, Melisse, Goldmelisse, Schafgarbe, Brennnessel, Salbei.

Blütensirup

1 l abgekochtes Wasser • 1 kg Zucker • 2 Zitronen • 2 Handvoll Blüten oder Kräuter
2 g Zitronensäure

Zubereitung
Alle Zutaten gemeinsam mixen, 24 Stunden kühl stehen lassen. Aufkochen lassen, filtrieren und heiß in sterile Flaschen abfüllen. Das ergibt einen aromatischen Sirup, wie Rosensirup, Malvensirup, Löwenzahnsirup usw.

Beispiel:

Löwenzahnblütensaft mit Orangen und Zitronen

1 l Wasser • 1 kg Zucker • 1 Zitrone • 1 Orange
2 Handvoll Löwenzahnblüten • 2 g Zitronensäure

Zubereitung
Alle Zutaten in ein großes Gefäß geben, mixen und 24 Stunden stehen lassen. Aufkochen, filtrieren und heiß in sterile Flaschen abfüllen. Aufgespritzt schmeckt dieser Saft, gekühlt getrunken, wie Fanta.

Zusatzinformation
Durch die Zugabe vom Saft aus 2 Zitronen oder ca. 2 g Weinstein- oder Zitronensäure erhält man einen Sirup mit einer längeren Haltbarkeit.

Blütensirup
Löwenzahnsirup

Blütensirup

Sirup als Honigersatz

Löwenzahnhonig

300 g Löwenzahnblüten • 2 kg Zucker • 1 l Wasser
Zitronensaft von 2 Zitronen

Zubereitung
Blüten mit Wasser ansetzen, über Nacht stehen lassen, aufkochen und abseihen. Den Zucker mit dem Wasser verrühren und ca. 2 Stunden leicht einkochen lassen. Frischgepressten Zitronensaft dazugeben, nochmals kurz aufwallen lassen und heiß in sterile Gläser abfüllen.

Fichten- oder Tannenwipferlsaft

1 l Wasser • 1 l junge Tannen- oder Fichtenwipferl (Maiwipferl) • 1 kg Zucker

Zubereitung
Die Wipferl mit dem heißen Wasser übergießen und über Nacht stehen lassen. Für noch mehr Aroma können die Wipferl auch kurz mit dem Mixstab gemixt werden. Am nächsten Tag abseihen. Den Saft mit dem Zucker kurz aufkochen und heiß in Schraubflaschen abfüllen.

Maiwipferl im Glas – die Schichtmethode

ca. 4–5 Handvoll Maiwipferl • 2 kg Rohzucker

Zubereitung
Die Maiwipferl in ein großes Glas geben, darüber eine Schicht Zucker geben, dann wieder eine Schicht Maiwipferl usw. Zum Schluss kommt immer der Zucker. Mit einem Tuch abdecken und an eine sonnige, warme Fensterbank stellen. Nach einigen Wochen löst sich der Zucker auf und wird flüssig, anschließend gut umrühren, filtrieren und in kleine Gläser abfüllen.

Tipp

Pflücken Sie die Maiwipferl, das sind die jungen Triebspitzen der Fichte, an einem sonnigen Maitag so gegen die Mittagszeit. Am besten sollte es auch einige Tage vorher nicht regnen, ansonsten könnte der Sirup zu gären anfangen.

Hinweis

Als Zuckerersatz können im Garten die Pflanzen Stevia oder das Zuckerblatt gepflanzt werden, die allerdings nicht winterhart sind. In der Wildnis finden Sie die extrem süße Tüpfelfarnwurzel (Engelsüß) in Mauer- und Felsspalten.

Hustensaft
Mai-wipferl

Natürliches Zitronen-Orangen-Aroma

Wenn Sie gerade eine Zitrusfrucht übrighaben und diese gerne bevorraten möchten, finden Sie hier ein paar Rezepte

Zitronen- oder Orangenzucker

Dafür schneiden Sie gereinigte Bio-Zitronenschalen oder -Orangenschalen klein, geben 1 : 2 Zucker hinzu und mixen die Masse mit der Moulinette oder dem Mörser. Gut trocknen lassen.

Dieser Zitronenzucker hält sich mindestens 1 Jahr und kann für Sirup, Tee, Joghurt oder zu Kuchen und Süßspeisen verwendet werden.

Zitronen-Aromapulver

Zitronen- und/oder Orangenschalen von gereinigten Bio-Früchten abschälen, trocknen lassen und in einer Kaffeemühle fein pulverisieren.

Zitronensalz

Alternativ können Sie für die pikanten Zitronenliebhaber die Schalen natürlich auch mit Speisesalz verarbeiten. Dafür schneiden Sie eine gereinigte Bio-Zitronenschalen klein, geben 1 : 2 Salz hinzu und mixen die Masse mit der Moulinette oder dem Mörser. Da Salz konservierend wirkt, muss es nicht getrocknet werden. Das schmeckt wunderbar zu Fisch, Gemüse, Salat.

Sie könnten auch etwas Olivenöl als Zitronenpesto dazugeben.

Tipp

Ein Zitronenersatz sind die heimischen Sanddornbeeren und die Frucht des Hirschkolbensumachs (Essigbaum).

Fruchtgummi selbst herstellen

500 g Früchte

Zubereitung

Die Früchte fein mixen, passiertes Fruchtmus oder abgeseihte Rückstände der Marmeladeerzeugung fein pürieren und evtl. bei Bedarf süßen.

Ganz dünn auf ein Backpapier (ich verwende hier eine Dauerbackfolie) streichen.

Einige Stunden im Backofen oder im Dörrgerät bei 50 °C bzw. bei Restwärme am Herdrand oder Kachelofen trocknen und abkühlen lassen.

Vorsichtig von der Backfolie ablösen, in Stücke schneiden und etwas nachtrocken lassen.

Zur Aufbewahrung ein Backpapier dazwischen einlegen und in Dosen aufbewahren.

Als Zusatz, wenn ihr Fruchtmus recht flüssig ist, könnten Sie hier auch noch etwas pulverisierte Flohsamen einrühren.

Eva's Tipp

Zusatzinformation

Der Fruchtgummi schmeckt super, fast wie Gummibärchen. Ich verwende gerne Trauben, Heidelbeeren, Himbeeren, Johannisbeeren oder Erdbeeren. Besonders lecker schmeckt ein Apfelfruchtgummi aus gedünsteten, passierten Äpfeln (Apfelmus) mit ein paar Himbeeren.

Tipp! Fruchtgummirollen

Gut getrocknet auf ein Backpapier legen, mit Papier in Streifen schneiden, zusammenrollen und in einer Dose aufbewahren.

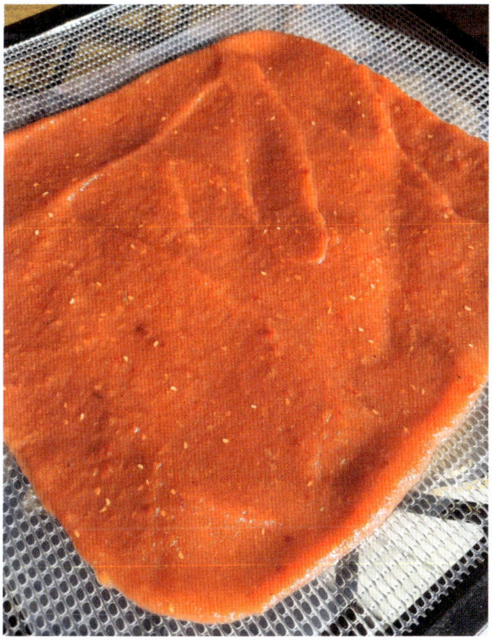

Getrocknete Früchte- oder Gemüsechips

Früchte, wie Äpfel, Birnen, Zwetschken, Marillen usw., aber auch Gemüse, wie Zucchini, Karotten, Sellerie, Tomaten, Kürbis und Pilze, können im Backofen oder im Dörrautomaten haltbar gemacht werden. Hierfür Gemüse oder Obst säubern, fein schneiden, locker auflegen, gut trocknen lassen und in Gläsern luftdicht aufbewahren.

Obst- und Gemüsesticks sind jederzeit als Snack, Würze in Suppen, als Einlage, im Risotto usw. verwendbar.

Hinweis

Grundsätzlich ist ein Trocknen an der Sonne auch möglich. Die Sticks ganz dünn aufschneiden, locker verteilen. An einem trockenen, sonnigen Ort, vor Insekten geschützt, auf Backpapier auflegen, dabei öfters wenden.

Würzpulver

Gemüse, Gemüsereste und Kräuter so gut, wie es geht, zerkleinern, gut trocknen lassen und in einer Mulinette zu einem aromatischen Würzpulver vermahlen.

Löwenzahnwurzelkaffee

Löwenzahnwurzeln ausstechen, reinigen und waschen, zerkleinern und im Ofen gut trocknen lassen. In einer Pfanne ohne Öl rösten, bis es herrlich duftet, abkühlen lassen und in einer Dose aromageschützt aufbewahren. Mit einer Kaffeemühle mahlen, das ergibt einen köstlichen, bekömmlichen Kaffee. Dieser gilt als so genannter Kaffee-Ersatz der Nachkriegszeit.

Zucchinichips

Apfelchips

Löwenzahnwurzelkaffee

Kräuter- und Früchtetee trocknen

Sammeln Sie nur Kräuter, die Sie kennen! Am besten an einem sonnigen Vormittag und nur auf Plätzen, wo Sie keine Schadstoffe vermuten, fernab von Straßen und Hundegassiplätzen. Legen Sie die Kräuter locker auf einen sauberen, mit Küchenpapier ausgelegten Karton (Bananenschachteln können Sie auch sehr gut stapeln) und trocknen Sie sie möglichst rasch an einem trockenen, warmen, vor direkter Sonneneinstrahlung geschützten Raum (z. B. Heizraum).

Nach einigen Tagen die Kräuter rascheltrocken in Gläser, Dosen oder Papiertüten abfüllen und beschriften.

Tipp

Eine gute Möglichkeit ist die Bevorratung eines Familien-Jahrestees für den Winter. Hierfür können Sie folgende Kräuter im Jahreslauf sammeln. (S. 156)

Blätter von
- Sträuchern: Himbeere, Brombeere, Ribisel (Johannisbeere)
- Garten: Malve, Salbei, Minze, Melisse, Ringelblume
- Wiese: Thymian, Spitzwegerich, Löwenzahn, Brennnessel, Schafgarbe
- Bäume: Linden- und Holunderblüten, Birkenblätter, Fichtenspitzen

Alles bei Sonnenschein sammeln und auf einem Karton locker auflegen. Vor Sonne geschützt im Wohnraum trocknen lassen.

Diesen Tee können Sie im Winter täglich als Frühstücksgenuss oder Abendtee servieren.

Kandieren

Früchte (z. B. Zitronen, Kirschen, Birnen, aber auch Kürbis), Beeren (wie Erdbeeren und Himbeeren) und Blattstängel (wie Engelwurz) oder auch Ingwer können Sie auch mehrmals in heißes Zuckerwasser einlegen, kandieren und anschließend gut trocknen lassen. Hierfür Zucker und Wasser 1 : 1 aufkochen lassen und die Blattstängel, Früchte usw. in mehreren Durchgängen immer wieder in die heiße Zuckerlösung geben und anschließend trocknen lassen.

OBST LAGERN

Äpfel und Birnen je nach Sorte sollen im Herbst vorsichtig geerntet und locker in Kisten aufbewahrt werden. Ein kühler, luftiger Keller eignet sich hier sehr gut. Die Kiste können Sie mit Farnblättern auslegen, das schützt vor Ungeziefer und reduziert Fäulnis.

Fallobst oder Frühäpfel (Klaräpfel) werden sogleich zu Apfelstrudel, Kuchen, Apfelmus oder Apfelsaft, der zur Haltbarmachung ca. 10 Minuten bei 70 °C eingekocht werden muss, verarbeitet.

Um Trauben im Herbst länger genießen zu können, könnten Sie sie vorsichtig am Stiel abschneiden und im luftigen Keller mit Wäscheklammern an einer Schnur hängen.

Die Beeren zur etwas längeren Haltbarkeit kurz in Essigwasser tunken und gut abtrocknen lassen.

Generell werden Früchte zur Haltbarmachung getrocknet oder eingekocht, frisch wird nur sehr wenig aufbewahrt, da die Haltbarkeit bei Früchten sehr begrenzt ist.

ESSIG

Essig kann so vielseitig in der Küche, im Haushalt, in der Hausapotheke (S. 155) und als Hausmittel (S. 140) verwendet werden.

Essig aus Apfelresten

1 kg Bio-Äpfel, klein geschnitten, mit Schale und Kerngehäuse, ohne Stängel
1½–2 EL Zucker

Zubereitung
Ein großes sauberes weithalsiges Einmachglas mit den Bio-Äpfeln, Schalen, Kerngehäusen ohne Stängel füllen und den Zucker (dieser beschleunigt den Gärvorgang) dazugeben.

Füllen Sie das Glas nun mit kaltem Wasser auf, bis die Äpfel vollständig bedeckt sind. Mit einem sauberen Tuch abdecken und bei Raumtemperatur stehen lassen.

In den ersten Wochen müssen Sie das Glas ab und zu etwas schwenken oder umrühren, da zum Gären reichlich Sauerstoff benötigt wird. Wenn sich eine Essigmutter an der Oberfläche bildet, schieben Sie sie ganz leicht nach unten, damit der Ansatz genügend Sauerstoff bekommt.

Nach ca. 6–8 Wochen ist der Essig fertig. Mit einem Tuch die Äpfel abseihen, in eine saubere Flasche oder ein Glas einfüllen, verschließen und nun einige Wochen nochmals nachreifen lassen. Sie können in der Zwischenzeit gerne kosten, ob Ihnen das Aroma und der Geschmack schon munden.

Essig aus Apfelsaft oder Most

Apfelsaft stehen lassen und mit einem sauberen Tuch abdecken, damit keine Insekten hineinkommen. Ab und zu schwenken, um die Sauerstoffzufuhr zu erhöhen und die Gärung zu beschleunigen. Es ist wichtig, den Essig nicht ganz abzudichten, sondern nur mit einem Stoffstück oder einer Küchenrolle abzudecken. Mit der Zeit bildet sich ein Schaum, weiter abgedeckt im kühlen Keller vergären lassen und schön langsam entsteht eine feine Essigduftnote.

Im natürlichen Apfelessig wächst langsam eine Essigmutter (erst sind feine Schlieren zu erkennen, die später fest und glibrig werden), die Sie immer wieder in einen neuen Essigansatz weitergeben können. Durch die Zugabe einer fertigen Essigmutter wird die Entwicklung eines guten aromatischen Essigs beschleunigt.

Oder Sie nehmen einen Apfelmost (vergorener Süßmost), ziehen diesen ab, d. h., abgießen ohne Trübstoffe, die sich am Boden absetzen, und filtern ihn. Leeren Sie diesen in ein Essigfass oder ein großes Gefäß um, damit so viel Luft wie möglich in den Most kommt. Geben Sie die Essigmutter dazu und lassen Sie den Essigansatz, nicht ganz luftdicht (Stofftuch) verschlossen, mehrere Monate reifen.

Weinessig

Ein großes weithalsiges Gurkenglas mit Traubenwein (ca. 7–8 Vol.-%) auffüllen, die Essigmutter dazugeben, mit einem Tuch abdecken und mehrere Monate reifen lassen.

Tipp

Als herrliches Erfrischungsgetränk können Sie im Sommer ein Glas Wasser mit einem kleinen Spritzer Essig trinken. Auch einen Essigansatz aus Beeren, Kräutern und Honig können Sie anstatt einer Limonade aufgespritzt trinken.

GEMÜSE HALTBARMACHEN

Gemüse einlagern bzw. einmieten

Hier stelle ich Ihnen einen Kühlschrank vor, der ganz ohne Strom auskommt, genauso wie man ihn früher hatte.

ERDKAMMER BZW. ERDMIETE ANLEGEN

Diese dient im Winter als Schutz vor der Kälte und im Sommer als Kühlschrank.

Dafür müssen sie in einem geschützten Gartenbereich ein Loch ausheben (ca. 1,5 m tief), den Boden mit Mäusegitter, Stroh und Sand ca. 15 cm auslegen und die Wände können Sie mit Holzbrettern auskleiden, wenn Sie möchten.

Das Gemüse nur ganz grob reinigen, legen Sie es auf die Sandschicht. Dafür sind z. B. Karotten, Pastinaken, Kohlrabi, Kren, Rote Rüben, Rotkraut, Topinambur usw. geeignet. Immer schichtweise einlegen und die Zwischenräume wieder mit Sand und Stroh auffüllen.

Mit einer dicken Schicht (ca. 15–20 cm) Heu oder Stroh bzw. etwas Schafwolle und einer Plane bedecken und mit großen dicken Brettern oder einer Europalette, die Sie innen mit einer Noppenfolie bespannen, abdecken (Achtung, nicht das jemand in ihren Erdkeller stürzt und sich verletzt).

Auch Styroporboxen mit etwas Stroh oder Sand und Ihrem Gemüse können Sie direkt in diese Erdkammer stellen.

Hinweis! Upcycling 1

Auch eine alte Waschmaschinentrommel (diese dient vor allem auch als Mäuseschutz) können Sie als Erdkühlschrank bzw. Erdmiete an einem schattigen, geschützten Platz komplett in der Erde eingraben. Damit bleibt Ihr frisch geerntetes Wurzelgemüse, wie Karotten, Kohlrabi, Rote Rüben, länger frisch und knackig. Als Drainage (die im Winter auch als Frostschutz dient) werden der Rand, der Boden und die Hohlräume der Trommel mit Sand und Stroh ausgekleidet. Die Öffnung wird mit einem Holzrahmen verbunden und mit einem selbstgemachten Deckel aus Holz, den sie innen mit Styropor auskleiden, verschlossen. Oder aber ganz einfach nur eine dicke Styroporplatte mit einem Ziegel oben auflegen. Dieser Deckel dient als Schutz vor Nässe, Wärme und Kälte. Das eingelagerte Gemüse können Sie noch zusätzlich mit einer Schicht aus Stroh und Sand bedecken. Dies dient im Sommer zur Kühlung und im Winter als Gefrierschutz. Deckel abnehmen und Sie können Ihr Gemüse ganzjährig einzeln entnehmen.

Hinweis! Upcycling 2

Auch eine alte, gebrauchte Gefriertruhe lässt sich, wenn die elektrischen Teile sowie das Kühlmittel entfernt sind, ganzjährig als Gemüselager verwenden und ist ein weiteres tolles Upcycling-Projekt.

KISTE ZUM EINLAGERN

Alternativ können Sie es auch mit einer großen Kunststoffwanne probieren. Dafür müssen sie diese mit Styropor und einem dicken Vlies auslegen und aus Stroh und Sand eine dicke Bodenschicht einfüllen. Nun das frisch geerntete Gemüse nur ganz grob reinigen, die Blätter abdrehen und schichtweise mit etwas Sand einlegen. Die letzte Schicht dicht mit Stroh auslegen.

Das überlappende Vlies zusammenklappen, mit einem Deckel aus Styropor abdecken und mit einer Decke einhüllen. So ist Ihr Gemüse vor Kälte, Licht und Feuchtigkeit geschützt Sie können den ganzen Winter über z. B. frische und knackige Möhren bis ins Frühjahr hinein einzeln entnehmen. Zum Aufbewahren können Sie diese Kiste in eine geschützte Laube, auf die Terrasse, aber auch in die Garage stellen.

Kartoffeln werden allgemein luftig, kühl und dunkel im Keller gelagert.

Tipp

Ein altes Sprichwort besagt: Was in der Erde wächst, kann auch in der Erde gelagert werden.

Konservieren von Gemüse

Durch das Konservieren von Gemüse haben wir eine tolle Methode, um uns ganzjährig gesund, nahrhaft und abwechslungsreich zu ernähren. Ein ganz wichtiger Punkt ist natürlich auch, dass Sie das Geldbörserl schonen, denn Sie können Gemüse zur Hauptsaison günstig beim Erzeuger oder am Bauernmarkt einkaufen bzw. den Gartenüberschuss toll verwerten und bevorraten.

Grundrezept Gemüse einkochen

ca. 1 kg Gemüse • 1 l Wasser • 20 g Salz • 1 TL Öl • evtl. 1 Prise Zucker

Zubereitung

Gemüse in Salzwasser blanchieren oder kochen (bei Karotten etwas Zucker hinzugeben), heiß abfüllen, Öl hinzufügen und anschließend für ca. 60–90 Minuten in einem Topf mit heißem Wasser bei ca. 100 °C oder im Backofen bei 175 °C einkochen. Abkühlen lassen und abgekühlt zum Aufbewahren in die Vorratskammer stellen.

Konservieren

Beim Konservieren von Gemüse können Sie ähnlich wie beim Obst vorgehen. Das Gemüse wird gereinigt, zerkleinert, gegart oder kurz blanchiert (und mit einer leichten Salzlösung oder milden Essigwasserlösung übergossen), abgefüllt und verschlossen. Im Backofen bei 175 °C und für ca. 60 Minuten sterilisieren. Hülsenfrüchte, wie Bohnen, Erbsen, Linsen, sowie Kohlrabi und Wurzelgemüse, wie Karotten, Sellerie, müssen Sie länger einkochen (ca. 90–120 Minuten). Am besten verwenden Sie dafür einen Einkochtopf mit Temperaturregler. Bei einer kleinen Menge können Sie auch einen großen, hohen Topf mit einem Geschirrtuch auslegen, die Gläser hineinstellen und mit Wasser in derselben Temperatur wie das Einkochgut einfüllen – die Gläser sollten dann zu Dreiviertelvoll mit Wasser bedeckt sein. So nun das Gemüse im Kochtopf zugedeckt köchelnd (ca. 100 °C) einkochen. Das würde im Notfall bei Stromausfall auch im Topf am offenen Feuer auf einem Grillrost funktionieren.

Hinweis! Einkochen im Backofen

Das Backblech mit einem Geschirrtuch bedecken, mit warmem Wasser bodenbedeckt auffüllen und die Gläser daraufstellen und für ca. 60–90 Minuten ab dem Zeitpunkt, wo im Einkochglas kleine Bläschen aufsteigen, bei 175 °C einkochen – je nach Gemüse. Zugedeckt abkühlen lassen und erst dann in den Keller oder die Vorratskammer stellen.

Gemischtes mediterranes Gemüse einkochen

2 kg gemischtes Gemüse, wie Zucchini, Aubergine, Tomaten, Paprika, bunt, evtl. Chili
2 EL Öl • ½ TL Salz • 1 Prise Zucker • Gewürze, wie Lorbeerblatt, Pfeffer, Petersilie

Zubereitung
Gemüse putzen, waschen und grob würfelig schneiden, in einen großen Topf geben, mit etwas Öl anrösten und gegebenenfalls mit etwas Wasser aufgießen. Würzen und im eigenen Saft ca. 30 Minuten dünsten lassen. Heiß in sterile Gläser abfüllen und gut verschrauben.

Einkochen im Backofen bei 175 °C: Das Backblech mit einem Geschirrtuch bedecken, mit warmem Wasser bodenbedeckt auffüllen und die Gläser daraufstellen. Oder zugedeckt im Kochtopf mit Wasser bei 100 °C für ca. 60 Minuten einkochen.

Herausnehmen, zugedeckt abkühlen lassen und erst dann in den Keller oder die Vorratskammer stellen.

Eva's Tipp

Zusatzinformation
Genießen Sie ein Gläschen pur oder als Beilage zu Nudeln, Reis, Couscous oder einem herzhaften Steak.

Gemüserisotto auf Vorrat einkochen
Ca. 2–2 ½ kg Gemüse allerlei (Karotten, Paprika, Zucchini, Zwiebeln, Tomaten)
ca. 1 kg vorgekochter Reis (300 g Langkornreis und 750 g Wasser, 1 TL Salz)
4 EL Öl
ca. 2 EL Essig

Gewürze
1 TL Salz
½ TL Pfeffer
1 EL Tomatenmark
½ TL Rohzucker
½ TL Knoblauchpulver
1 Prise Chiliflocken
1 TL Gemüsebrühepulver
1 TL Petersilie, getrocknet
etwas Dill

Zubereitung

Gemüse putzen, waschen, grob raspeln oder würfelig schneiden. Das Gemüse in einen großen Topf geben, mit etwas Öl anrösten, Zucchini als letztes hinzufügen, würzen und im eigenen Saft zugedeckt dünsten lassen. Bei Bedarf mit etwas heißem, abgekochtem Wasser aufgießen (damit der Garprozess nicht unterbrochen wird). Nun können Sie zu der Gemüsemischung den gekochten Reis hinzufügen, mit etwas Essig verrühren, nochmals kurz aufkochen, in sterile heiße Gläser abfüllen und gut verschließen.

Für die Vorratskammer

Die Gläser kommen nun nochmals für 60 Minuten (mit Zwiebel mind. 120 Minuten) bei ca. 175 °C in den heißen Backofen (oder in einen Einkochtopf mit heißem Wasser). Dafür die Gläser auf ein tiefes Backblech mit einem feuchten Tuch mit heißem Wasser stellen. Abkühlen lassen und dann in die Vorratskammer stellen.

Eva's Tipp

Zusatzinformation

Das Risotto kann einfach so pur als Snack gegessen oder als Beilage erwärmt werden. Auf dieselbe Art können Sie Pilzrisotto oder Reisfleisch einkochen. Semmelknödel kochen Sie in Sturzgläsern bei 100 °C für 120 Minuten ein.

Hinweis! Sie kennen das vielleicht …

Bei manchen Rezepten liest man, das Einkochgut kommt nach dem Kochen einfach nur heiß abgefüllt in Gläser. Ich habe das auch schon des Öfteren gemacht, oft hat es funktioniert, dann wieder nicht. Für eine Krisenvorsorge oder ein Haltbarmachen, wo Gemüse und Nahrung knapp sind, möchte ich optimale Haltbarkeit und nicht das Risiko von kaputtem Gläserinhalt. Deshalb stelle ich mein Einkochglas zum Sterilisieren immer nochmals in den Backofen, Einkochautomaten oder in einen Topf mit kochendem Wasser.

Tomatensauce

1 kg beste reife Tomaten • Salz, Zucker, Basilikum • ½ rote Paprika • 2 EL Öl

Zubereitung

Alle Zutaten in einen großen Topf geben und ca. 30 Minuten kochen, bis alles weich ist. Gut abschmecken. Alles mixen, durch ein Sieb passieren und steril in Gläser abfüllen.

Entweder im Backofen bei 175 °C einkochen. Das Backblech mit einem Geschirrtuch bedecken, mit warmem Wasser bodenbedeckt auffüllen und die Gläser daraufstellen.

Oder in einem Kochtopf mit Wasser bei 100 °C für ca. 60 Minuten einkochen.

Herausnehmen, zugedeckt abkühlen lassen und erst dann in den Keller oder die Vorratskammer stellen.

Eva's Tipp

Zusatzinformation

Ebenso mache ich das mit einer Gemüse-Zucchini- bzw. Kürbissuppe usw.

Hinweis! Einkochen von Suppen und Fertiggerichten

Wichtig ist, die Speise muss vor dem Einkochen immer fertig gegart sein. Es dürfen kein Mehl oder keine Sahne verwendet werden, diese Zutaten können Sie später vor dem Anrichten hinzufügen.

Hinweis! Sterilisieren

Die Gläser schon vorher für 15 Minuten bei ca. 120 °C im Backofen sterilisieren.

Hinweis! Einkochen

Das Gemüse bzw. Einkochgut dann heiß darin abfüllen (bis ca. 3 cm unter den Rand). Entweder im Backofen bei 175 °C einkochen. Das Backblech mit einem Geschirrtuch bedecken, mit warmem Wasser bodenbedeckt auffüllen und die Gläser darauf stellen. Oder in einem Kochtopf mit Wasser bei 100 °C für ca. 60–120 Minuten, man rechnet ab dem Zeitpunkt wo das Wasser kocht. Herausnehmen, zugedeckt abkühlen lassen und erst dann in den Keller oder die Vorratskammer stellen.

Suppenwürze-Ersatz

Suppenwürze im Glas

600 g Gemüse und Wurzelgemüse, wie Karotten, Sellerie, Lauch, Pastinaken, Petersilienwurzel, Liebstöckel • 200 g Salz

Zubereitung

Alle Zutaten in einer Küchenmaschine zerkleinern, mit dem Salz vermischen und in saubere Gläser abfüllen.

Kühl stellen und bei Bedarf 1 TL als Würze in heißes Wasser, zu Suppen, Saucen und Aufläufen geben. Hält gekühlt und verschlossen mehrere Jahre.

Suppen-Würzpulver

600–1.000 g Gemüse und Wurzelgemüse, wie Karotten, Sellerie, Lauch, Pastinaken, Petersilienwurzel, Liebstöckel • 20 g Salz

Zubereitung

Alle Zutaten in einer Küchenmaschine zerkleinern, mit etwas Salz vermischen und im Backofen oder am Kachelofen trocknen lassen. Anschließend nochmals mörsern oder fein mahlen und in Gläser abfüllen.

Trocken aufbewahrt hält es sich mind. 2 Jahre. Bei Bedarf 1 TL als Würze, zu Suppen, Saucen, zum Reis und in Aufläufe geben.

Tipp

Hier können Sie auch Gemüsereste wunderbar verwerten. Wann auch immer im Haushalt ein Überschuss an Gemüse anfällt, sollten Sie diesen gleich verarbeiten und trocknen. So können Sie diesen am Jahresende vermahlen und sie haben viele vollgefüllte Gläser von ihrer selbstgemachten Suppenwürze.

Fermentieren – natürlich milchsauer Einmachen

1 kg Bio-Gemüse, gebürstet, ungeschält[15]
20 g Salz, unjodiert (2 %)
Gewürze
saubere Gläser
1 großes Kohl- oder Weinblatt
etwas zum Beschweren

Zubereitung

Zum Beispiel Kraut und Karotten fein schneiden, mit Salz vermengen, ca. 1 Stunde stehen lassen und evtl. etwas drücken und kneten, damit der Zellsaft austreten kann.

In ein sauberes Glas einfüllen, dabei ganz fest drücken bzw. stampfen (ansonsten noch mit etwas 2%igem Salzwasser aufgießen), da das Gemüse immer mit etwas Flüssigkeit bedeckt sein muss. Das Glas ca. ¾ vollfüllen und mit einem ganzen Kraut- oder Weinblatt oder Johannisbeerblättern abdecken.

Mit einer kleinen Glasschale, einem Tonstück oder einem Stein beschweren und das Glas verschließen. Einen Teller unterstellen, denn es kann auch etwas Flüssigkeit austreten.

Bei Raumtemperatur ca. 2–5 Tage je nach Gemüse stehen (fermentieren) lassen, es steigen dabei Bläschen auf und die Flüssigkeit kann sich leicht verändern. Die Schraubgläser dabei täglich einmal öffnen, damit die Gärgase entweichen können. Bei einem Bügelglas mit Gummi können die Gärgase auch geschlossen entweichen.

Nach den ersten Tagen bei Raumtemperatur kommen die Gläser gut verschlossen ins Kühle zum Nachreifen.

Nach ca. 2–4 Wochen können Sie das fermentierte Gemüse verkosten, ungeöffnet ist es ca. 1 Jahr haltbar – je nach verwendetem Gemüse.

---

15 Auf der Oberfläche bzw. der Schale von Biogemüse befinden sich natürliche Bakterien, die wir für die Fermentation benötigen.

Beispiel:
- Kraut mit Kümmel
- Kraut mit Karotten
- Karotten
- Sellerie, Karotten, Liebstöckel, Wurzelpetersilie
- Rotkraut, Apfel
- Fenchel
- Chinakohl, Paprika, Chili
- Paprika bunt, Zwiebel
- Rote Rüben mit Kren
- Rote Rüben mit Apfel
- Kürbis

Eva's Tipp

Zusatzinformation

Wenn ein Gemüse selbst zu wenig Eigensaft bildet, gießen Sie es mit einer Mischung aus 1 Liter Wasser und 20 g Salz auf. Weichere Gemüsesorten, wie Gurken und Paprika, benötigen auf 1 Liter sogar 35 g Salz, damit sie schön knackig bleiben.

Gut geeignet sind Kraut, Kürbis, Kohlrabi, Rote Rüben, Suppen und Wurzelgemüse, wie Sellerie, Karotten, Liebstöckel, Wurzelpetersilie usw., sowie Gurken, bunte Paprika und Zwiebeln

Ich habe ein Glas fermentierte Karotten (gelbe und orange) jetzt nach einem Jahr geöffnet und sie sind immer noch super knackig, ich bin begeistert. Da fermentiertes Gemüse äußerst gesund ist, können Sie einfach mal hier und da einen Löffel zu Ihren Speisen hinzufügen.

Hinweis

Durch das Fermentieren (milchsauer Vergären) werden Lebensmittel sozusagen vorverdaut. Es entstehen dabei probiotische Mikroorganismen, Milchsäurebakterien, Polyphenole, wertvolle bioverfügbare Vitamine, wie Vitamin B_2, B_{12} und Folsäure. Es ist somit ein wahres Kraft- und Nährstoffpaket und eine Heilnahrung für Magen und Darm.

Süß-saures Gemüse einlegen

Zutaten
1 kg Gemüse, wie z. B. Kürbis, Gurken, Zucchini, bunte Paprika, Zwiebeln, Kraut und Kräuter sowie Pilze

Aufguss: Rezept 1
je 1 EL Gewürze, Kräuter, Senfkörner, wie Dill, Bohnenkraut, Petersilie, Ysop, Melisse, Liebstöckel
150–200 g Zucker
20 g Salz
400 ml Apfel- oder Weinessig (6 %)
700 ml Wasser

Aufguss: Rezept 2
¼ l Wasser
¼ l Weißwein
¼ l Weinessig
Gewürze, Zucker, Salz, Senfkörner, Dill, Bohnenkraut, Petersilie, Ysop, Melisse, Liebstöckel.

Aufguss: Rezept 3
Einlegeessig

Zubereitung 1
Kürbis, Gurken, Zucchini, bunte Paprika, Zwiebeln in Stücke schneiden, in eine große Schüssel geben, würzen, gut durchmischen und in sterile Gläser abfüllen.

Den Aufguss-Essig mit den Gewürzen aufkochen, abkühlen lassen und kalt über die Gemüsesticks gießen.

Die Gläser verschließen und bei 175 °C im Backofen (mit etwas Wasser im Backblech) für ca. 30 Minuten sterilisieren.

Kühl gelagert, sind diese süß-sauren Gemüsesticks mindestens 1 Jahr haltbar.

So können Sie Gemüse der Saison, welches im Sommer oft günstig zu bekommen ist, super bevorraten.

Zubereitung 2
Kürbis, Gurken, gelbe und grüne Zucchini, bunte Paprika, Zwiebeln in Stücke schneiden.

Die Gemüsesticks mit den Gewürzen in Wasser, Weißwein und Weinessig 4 Minuten aufkochen lassen, ganz heiß abfüllen, evtl. 1 TL Öl dazugeben, mit einem Weinblatt bedecken und sofort mit sterilen Deckeln verschließen.

Mit einem Küchentuch zudecken und so abkühlen lassen.

Kühl gelagert, sind diese Gemüsesticks mindestens 1 Jahr haltbar.

Auch Wiesenblätter, z. B. die Kohldistel, können Sie als Wiesensauerkraut wunderbar einlegen.

Tipp

Ich gebe immer 1–2 Weinblätter oder Johannisbeerblätter in die Einmachgläser dazu. Die darin enthaltenen Gerbstoffe (Tannine) lösen sich, sorgen für mehr Haltbarkeit und auch dafür, dass das Gemüse schön knackig bleibt!

Wiesensauerkraut

Sauer eingelegte Blütenknospen oder Samen können als Kapernersatz dienen, wie z. B. Gänseblümchen, Margeriten, Löwenzahnknospen, Bärlauchknospen, Kapuzinerkressesamen, Wiesenbocksbart, Nachtkerze, Käsepappel

Gemüse-Überschuss

Gemüse, das gerade zu viel ist, können Sie zu Suppen, Saucen und Eintöpfen verarbeiten. Diese können Sie für Ihren Vorrat gut einkochen. Kochen Sie Ihre Speise wie gewohnt fertig und füllen Sie diese in sterile Gläser.

Entweder im Backofen bei 175 °C einkochen. Das Backblech mit einem Geschirrtuch bedecken, mit warmem Wasser bodenbedeckt auffüllen und die Gläser darauf stellen.

Oder in einem Topf mit Wasser bei 100 °C für ca. 60–90 Minuten sterilisieren.

Zugedeckt abkühlen lassen und erst dann in den Keller oder die Vorratskammer stellen.

Hinweis

Bedenken Sie, dass Gerichte mit Zwiebeln (diese müssen vorher gedünstet werden) länger eingekocht werden müssen und Sahne oder Mehl „nicht“ ins Einkochgut kommen dürfen, sondern erst beim direkten Verwenden des Einkochgutes frisch hinzugefügt werden sollen, weil die Haltbarkeit sonst stark darunter leidet.

Hinweis

Diese Möglichkeiten des Einkochens im Backofen oder Kochtopf können für all jene eine Alternative sein, die keinen Rexkochtopf oder Einkochautomaten besitzen.

HALTBARMACHEN VON FLEISCH

Unsere Vorfahren verwendeten von geschlachteten Tieren alles sehr gewissenhaft bis auf den letzten Rest. So wurden Sulze, geröstete Leber, Leberknödel, Pastete, Blutwurst (oder Bluttommerl) und vieles mehr daraus gemacht. Das Fleisch wurde durch Einkochen, Einsalzen, Selchen, Trocknen oder durch Einlegen in Fett bzw. Schmalz oder Öl haltbar gemacht.

Einkochen

Ein Fleischgericht immer ohne Mehl, dafür mit schmackhaften Gewürzen und Gemüse fertig kochen, sauber in sterile Gläser zu ca. der Hälfte bis Dreiviertelvoll abfüllen und verschließen. Nun im Einkochautomaten oder im (Schnell-) Kochtopf mit Wasser befüllen, die fertigen Gläser für mindestens 90 Minuten bei 100 °C einkochen und 30 Minuten bei Restwärme im Ofen nachziehen lassen.

Früher gab man immer eine starke Fettschicht oder Schmalz beim Einkochen dazu, durch das Kochen wurde das Fett flüssig. Beim Erkalten bildete es so eine schützende Fettschicht auf der Oberfläche, weshalb man die Gläser dann nur etwas über die Hälfte befüllt hat.

Beispiele: Rinderbraten, Faschiertes, Suppenfleisch, Gulasch, Hühnchen, Wildbraten, Schweinsschnitzel oder -braten.

Fleisch einkochen, Garen im eigenen Saft am offenen Feuer

Machen Sie Feuer (das geht natürlich auch am Herd) und bereiten Sie einen großen Topf vor, wo Sie die Gläser locker, ohne dass sie sich berühren, hineinstellen können.

Nehmen Sie einige große, sterile Schraubgläser je nach Bedarf. Zerteilen Sie Ihr Fleisch (Wild, Lamm, Rind, Schwein) z. B. in größere Würfelstücke für Ragout oder Gulasch.

Würzen Sie Ihr Fleisch direkt je nach Wunsch in einer Schüssel mit Kräutern, Gewürzen, Lorbeerblatt, Wacholderbeeren, Pfefferkörnern, Paprikapulver und Salz oder geben Sie es jeweils direkt ins Glas. Nun das Fleisch bis zu Dreiviertelvoll in die Gläser füllen und ein bis zwei große Löffel Schmalz, Fett oder Öl hinzugeben. Verschließen Sie die Gläser sauber.

Geben Sie in den großen Topf ein Geschirrtuch hinein, stellen Sie die Gläser darauf und füllen Sie es bis zum oberen Rand mit kaltem Wasser. Stellen Sie nun den Topf zugedeckt auf einen Rost ans Feuer, heizen Sie laufend, aber bei schwacher Hitze nach und lassen Sie dort den Topf mit dem Fleisch den ganzen Tag bei mäßiger Hitze dahinsimmern. Am Abend können Sie noch einen Holzscheit nachlegen und über Nacht bei Restglut kann das Einkochgut langsam auskühlen.

Am nächsten Morgen ist Ihr Fleisch für die Vorratskammer bereit zum Einlagern. Ein Glas kann natürlich sofort verkostet werden.

Tipp

Diese Methode eignet sich auch gut für den Fall, dass der Strom plötzlich ausfällt und Sie das Gefriergut rasch ohne Strom verarbeiten möchten.

Hinweis

Konservieren im Kochtopf mit heißem Wasser: Das Fleisch durchbraten bzw. fertiggaren (ohne Mehl!) und bis ca. Dreiviertelvoll in Gläser abfüllen. Die Gläser in einen Topf mit heißem Wasser stellen. Ab dem Zeitpunkt des Kochens für 70–90 Minuten konservieren, auskühlen lassen und am nächsten Tag in die Vorratskammer stellen.

Kübelfleisch

In Ton, Emaille, Holzkübeln oder Milchkannen wurde früher das zuvor gekochte oder geselchte Fleisch (in ca. Halb-Kilo-Stücken, aber auch geselchte Würste, damit sie nach dem Lufttrocknen nicht zu fest wurden) lagenweise mit Schmalz oder Fett eingelegt. Es durfte dabei kein Hohlraum entstehen, denn dies konnte zu rascherem Verderben führen. Die letzte Schicht bildete immer eine dicke Fettschicht. Gelagert wurde dieses Kübelfleisch immer in einem kühlen Raum oder aber es wurde in die kühle Erde eingegraben.

Sulze

Dafür werden Schwarten, Kopffleisch, Stelzen, Haxeln in etwas Salzwasser (Lorbeerblatt, Pfeffer, Suppenwürze, Majoran) weichgekocht, so löst sich die natürliche Gelatine. Das Fleisch wird herausgenommen und abgekühlt ganz fein nudelig geschnitten (auch gekochte kleingeschnittene Karotten oder Erbsen können dazugegeben werden). Das Fleisch wird in der abgeseihten Suppe nochmals 1 Stunde lang aufgekocht (evtl. könnte noch zusätzlich Gelatine hinzugerührt werden), in eine Schüssel gegeben, mit der Suppe übergossen und zum Festwerden ins Kühle gestellt.

Die Sulze wird dann kalt fein aufgeschnitten und mit Essig, Öl und Zwiebeln serviert.

Haus- oder Selchwurst

2 Teile Schweinefleisch • 1 Teil Rindfleisch
½ Teil reiner Speck • Wurstgewürz
Knoblauch, Salz, Zucker oder Pökelsalz

Zubereitung
Das gemischte Fleisch wird grob zerkleinert und durch einen Fleischwolf (mittleren Aufsatz) gedreht (Faschiertes). Davon einen kleinen mageren Teil ganz fein faschieren und mit ganz wenig kaltem Wasser oder Rotwein abschlagen (Brät), sodass eine cremige Masse entsteht, die dann zum restlichen Wurstfleisch dazugegeben wird. Die Masse gut würzen, den Speck nun ganz kleinwürfelig schneiden, zur Wurstmasse hinzugeben und ca. 15 Minuten gut durchkneten. Dann wird mit Hilfe eines Fülltrichteraufsatzes der saubere Darm aufgefädelt (aufgedreht) und die Masse ohne Lufteinschlüsse abgefüllt. Bei beliebig gewünschter Länge wird abgedreht. Entweder wird ein Teil ca. 10 Minuten in heißem Wasser gebrüht und anschließend angebraten (Hauswurst). Oder der andere Teil am nächsten Tag für ca. 1½ Tage ganz langsam geselcht (Selchwurst).

Auch ein Einkochen im Glas wäre möglich. Hierfür die sauberen Gläser bis zur Hälfte mit der Wurstmasse befüllen, in einen Topf (oder Einkochautomaten) mit kaltem Wasser stellen und für mind. 120 Minuten bei 100 °C einkochen. Herausnehmen und zugedeckt abkühlen lassen.

Selchen

Die frischen Fleischstücke (Bauch, Schopf, Karree) werden mit Salz, etwas Zucker und Knoblauch (oder alternativ mit etwas Pökelsalz) gut eingerieben (eingesalzen) und 1–2 Tage in eine große Box, Wanne oder Schüssel gelegt, damit die Beize gut einziehen kann.

Dann in einer Wanne mit einer Salzlake einbeizen (Wasser mit Salz aufkochen lassen, abgekühlt über das Fleisch leeren und mit einem Holzbrett oder Stein beschweren). Nach ca. 3 Wochen nimmt man das Fleisch heraus, schwemmt es mit klarem Wasser ab, lässt es abtropfen und reibt es trocken. Nun kommt es in die vorgeheizte Selche.

Für mind. 2 Tage wird es bei niedriger Temperatur (ca. 30–50 °C) geselcht. Es kann gebrüht und sofort gegessen werden oder Sie lassen es für ca. 2–6 Monate hängend nachreifen. Je nach gewünschter Festigkeit lassen Sie es dann an einem luftigen kühlen Ort entsprechend lange hängen.

Geselchte Würste werden sofort gebrüht gegessen oder für Hartwürstel lassen Sie sie ca. max. 10 Tage hängen, da sie sonst zu fest werden.

Bei gewünschter Konsistenz können Sie alles vakuumverpacken, einfrieren oder wie früher in Fett einlegen (siehe Kübelfleisch links).

Leberpastete[16]

⅔ Kopffleisch oder Bauchfleisch (fett), ⅓ Leber und evtl. fette Fleischreste grob zerkleinern, dämpfen bzw. mit etwas Zwiebeln kurz anrösten und gut abkühlen lassen. Durch den Fleischwolf treiben (doppelt durchlassen – dann wird es ganz fein), den entstanden Bratensaft oder etwas Brühe dazugeben, mit 2 EL Weinbrand, Knoblauch, Thymian, Majoran, Salz, Pfeffer und Suppenwürze würzen. Für eine Leberstreichwurst kommt zur gedämpften faschierten Leber noch etwas ausgelassene Butter dazu, diese wird nach dem Auskühlen ganz cremig gemixt. In kleine Gläser ca. bis zur Hälfte befüllen und in einen Einkochautomaten oder in einen großen Topf mit Wasser hineinstellen. Dabei sollten die Gläser mind. zu ¾ mit kaltem Wasser bedeckt sein. Nun ca. 120 Minuten (ab dem Zeitpunkt des Kochens gerechnet) bei ca. 100 °C konservieren.

16 Eine alternative Leberpastete ohne Fleisch finden Sie auf S. 98.

Trockenfleisch

Hühnerfleisch oder Rinderfilet ohne Fett in dünne Streifen schneiden, marinieren (z. B. mit Pfeffer, Curry, Salz, Paprika, Wacholder, Chili usw.) und einige Stunden im Kühlschrank anziehen lassen. In einen Dörrautomaten geben (locker auflegen) und für 10 Stunden bei ca. 50 °C trocknen lassen. Abgekühlt kann es vakuumiert oder in einer Glasdose aufbewahrt werden.

Knochensuppe einkochen

Wenn Sie Knochen bekommen und diese nicht einfrieren können, ist dieser Fond bzw. diese Suppe sehr gut geeignet.

Die Knochen in etwas Öl gut anrösten, mit Wasser aufgießen und mit Gemüseresten, Eierschalen und etwas Salz ca. 2–3 Stunden köcheln lassen. Evtl. Wasser nachgießen, abseihen und nochmals 1 Stunde einreduzieren lassen. Anschließend heiß in sterile Gläser abfüllen, den Backofen auf 180 °C vorheizen und bei 100–120 °C für 90 Minuten weiter einkochen. Abkühlen lassen und kühl und dunkel lagern.

EINFACHES WISSEN ÜBER MILCH- UND KÄSEVERARBEITUNG

Auch ein einfaches Wissen über Milch- und Käseverarbeitung war für unsere Großeltern selbstverständlich und wichtig. Für den Fall, dass Sie dieses Wissen einmal benötigen, habe ich es für Sie ganz kurz zusammengefasst.

Holen Sie sich bei einem Milchbauern Ihres Vertrauens gleich einen 5-Liter-Kübel voll frischer Rohmilch und experimentieren Sie.

Joghurt

500 ml Milch • 1–2 EL Naturjoghurt (als Starterkultur)

Zubereitung
Am einfachsten ist es, wenn Sie noch ca. 1–2 EL Naturjoghurt aus der Vorratskammer haben und diese mit ca. 500 ml Milch ansetzen.

Hierfür wird die Milch erwärmt, aber nicht gekocht und das Joghurt in die handwarme Milch eingerührt.

Variante 1
Lassen Sie das Joghurt über Nacht in der Küche mit einem Tuch bedeckt stehen und bereits am nächsten Tag können Sie das cremige Joghurt abfüllen. Es kann vor dem Servieren mit Honig, Früchten oder einem Fruchtmus verrührt werden.

Variante 2
Sie können es aber auch gleich in saubere Gläser abfüllen, verschließen und in einen großen Topf mit handwarmem Wasser stellen. Die Gläser sollten ca. 3/4 voll mit Wasser bedeckt sein. So lassen Sie sie ca. 6–7 Stunden ruhen, ohne den Topf dabei zu verrücken. Nun kann sie im Kühlschrank gelagert und gegessen werden.

Tipp

Immer etwas von einem Joghurt als Starterkultur aufheben.

Süßrahm (Sahne)

1 l frische Kuhmilch

Zubereitung
Auf der frischen Milch sammelt sich an der Oberfläche Rahm (Süßrahm bzw. Schlagobers). Diesen können Sie abschöpfen, kühlstellen und als Sahne verwenden oder zu Butter weiterverarbeiten.

Butter

Frische Sahne

Zubereitung
Sahne bzw. Rahm mit einem Löffel von der frischen Vollmilch abschöpfen. Sie sollte ca. 2 Tage gut gekühlt werden.

Nun mit einem Mixer, einer Zentrifuge, einem Quirl oder einfach durch kräftiges Schütteln in einem kalten Honigglas die Sahne (ca. 5 Minuten) zusammenschlagen. Das trennt die Sahne in einen flüssigen und einen festen Teil. Die nun entstandene feste Butter entnehmen, nochmals mit kaltem Wasser waschen, die Butter mit der Hand abklatschen, in eine ganz kalt ausgespülte Form drücken, glattstreichen und auf ein Butterpapier stürzen.

Hinweis

Früher wurde die Butter in große Alpenampferblätter gewickelt und so aufbewahrt.

Buttermilch

Sahne bzw. den Rest von der Buttererzeugung

Zubereitung
Die Flüssigkeit, die bei der Buttererzeugung abfällt, nicht wegwerfen. Das ist die so genannte Buttermilch, die pur oder mit heimischen Beeren gemixt getrunken werden kann.

Molke, Topfen (Quark) und Frischkäse

1 l Milch • 1 Msp. Lab oder 1 Handvoll Labkraut • 1 EL Essig, 2 EL Zitronensaft oder 1 EL Joghurt

Zubereitung
Magermilch (ohne Rahm) handwarm wärmen. Ca. 2 Tage stehen lassen, die Milch wird dabei etwas dicker. Dies kann durch die Zugabe von Wärme, Lab, Labkraut oder einem Spritzer Essig, Zitronensaft oder Joghurt beschleunigt werden, dann müssen Sie die Milch nur 2–3 Stunden stehen lassen.

Die nun entstandene Dickmilch mit dem Messer schneiden, durch ein Tuch abseihen.

Einen Tag gut abtropfen lassen und evtl. gut ausdrücken.

Der feste Teil ist der Topfen (Quark), der nun mit Gewürzen, Schnittlauch und Kräutern zu einem leckeren Frischkäseaufstrich oder zu Kräuterrollen verarbeitet werden oder aber allgemein in der Küche sowie auch in der Hausapotheke eine vielseitige Verwendung finden kann.

Die entstandene Flüssigkeit ist die Molke, die mit Fruchtsaft oder z. B. mit Erdbeeren gemixt als Fruchtmolke getrunken wird.

Steirerkäse

je 1 TL Kümmel, Pfeffer und Salz • ca. 100 g Butter
1 kg frischer, trockener Topfen (Quark) • evtl. 2 EL Rahm

Zubereitung
Ein Teil dieses Topfens wird in eine Plastikschüssel gegeben und diese mit einem Tuch abgedeckt. Bei Zimmertemperatur ca. 2 Tage stehen lassen und dabei öfters umrühren. Dabei entsteht ein würziges Aroma.

Nun wird der Topfen mit Kümmel, Pfeffer und Salz gewürzt.

In einer Pfanne etwas Butter zerlassen, den Topfen darin zum Schmelzen bringen (rösten) und dabei laufend umrühren. Wenn eine sämige Masse entstanden ist, können Sie jetzt nach Wunsch noch den frischen Topfen hineinbröseln oder etwas Rahm unterrühren, damit der Käse cremiger und etwas milder wird.

In eine kalt ausgespülte Form (z. B. eine Margarinedose) oder in eine mit einem feuchten Tuch ausgelegte Schüssel eingießen und anschließend kühl stellen, bis der Käse ganz fest ist.

Am nächsten Tag kann der Käse aus der Form gestürzt und das Tuch abgezogen werden.

Am besten gelingt dieser Steirische Röstkäse in der warmen Jahreszeit.

Weichkäse

2 l Milch (Kuh-, Schaf- oder Ziegenmilch) • 2 EL Joghurt • 2 EL Buttermilch
1 Msp. Labpulver oder ca. 25 ml Apfelessig bzw. 60 ml Zitronensaft
etwas Salz und Kräuter zum Würzen

Zubereitung
Die Milch (Kuh-, Schaf- oder Ziegenmilch) unter Rühren handwarm erwärmen (auf ca. 30 °C). Das Joghurt und die Buttermilch einrühren und ca. 10 Minuten stehen lassen. Dann eine Messerspitze Lab oder Apfelessig und Zitronensaft dazugeben und verrühren. Für ca. 45 Minuten ruhen lassen (dabei die Schüssel nicht verrücken).

Nun die gestockte Milch (den Käsebruch) mit dem Messer in lauter kleine Quadrate einschneiden und nochmals 15–30 Minuten ruhen lassen. Ein Geschirrtuch über ein Sieb legen und einen Topf zum Abtropfen darunterstellen. Nun den Käsebruch in ein Tuch, einen Siebschöpfer oder in eine gelöcherte Käseform geben und ca. 4 Stunden gut abtropfen lassen. Wenden Sie den Käse alle 30 Minuten, damit er nicht anklebt.

Mit etwas Salz und Kräutern würzen, kühl stellen und sofort verspeisen.

Dieser Käse kann z. B. aufs Brot, zum Überbacken, zum Salat oder als Fülle in Teigtaschen, Tortillas usw. verwendet werden.

In Würfel geschnitten, mit Gewürzen bestreut oder darin gewälzt und in Öl eingelegt, ist er mehrere Wochen haltbar und kann als leckerer Snack gegessen werden. Gut passen dazu bunter Pfeffer, Knoblauch, Kräutersalz oder -pulver, Brennnesselsamen, Schnittlauch, Paprika, Chiliflocken, Bärlauch, Bohnenkraut, Blüten usw.

Käse

2 l Milch (Kuh-, Schaf- oder Ziegenmilch) • 2 EL Joghurt und 2 EL Buttermilch
1 Msp. Labpulver oder ca. 25 ml Apfelessig bzw. 60 ml Zitronensaft
Salzlake • 200 g Salz • 1 l Wasser (evtl. durch etwas Molke ersetzen)

Zubereitung
Die Milch (Kuh-, Schaf- oder Ziegenmilch) unter Rühren handwarm erwärmen (auf ca. 30 °C).

Das Joghurt und die Buttermilch einrühren und ca. 30 Minuten stehen lassen. Dann eine Messerspitze Lab oder Apfelessig und Zitronensaft dazugeben und verrühren. Für ca. 45 Minuten ruhen lassen (dabei die Schüssel nicht verrücken).

Nun die gestockte Milch (den Käsebruch) mit dem Messer in lauter kleine Quadrate einschneiden. Für ca. 30 Minuten rühren. Der Bruch sollte nicht mehr klebrig sein, sondern locker auseinanderfallen, Sie können dabei die Schüssel mit dem Käsebruch auch in ein handwarmes Wasserbad stellen. Die Wärme und die Länge des Rührens beeinflussen die Härte des Käses.

Ein Geschirrtuch über ein Sieb legen und einen Topf zum Abtropfen darunterstellen.

Nun den Käsebruch in ein Tuch schöpfen und einige Stunden gut abtropfen lassen. Hierfür können Sie das Tuch an den Enden verknoten und aufhängen (das ergibt eine schöne gleichmäßige Form), in ein Sieb geben oder in eine nach unten gelöcherte Form pressen. Dabei mehrmals wenden und etwas beschweren.

Dieser Käselaib kann nun 2 Tage in eine Salzlake (evtl. mit etwas Sauermolke von der abgeronnenen Flüssigkeit) eingelegt werden.

Nach 2 Tagen wird er zum Abtropfen aus der Salzlake genommen, jetzt muss der Käse reifen.

Er wird für 4–5 Wochen bei guter Luftfeuchtigkeit und bei ca. 15 °C gereift, dabei wird er alle 2 Tage mit Salzlake eingerieben.

Kräutertopfen

Möchten Sie einen weicheren Schnittkäse, können Sie diesen nach 14 Tagen in Stücke schneiden, würzen, mit Öl übergießen und weitere 14 Tage bei ca. 18 °C dunkel stellen. Im Glas, mit Öl bedeckt, hält er sich mehrere Monate.

Hinweis

Diese Salzlake kann natürlich öfters verwendet werden.

Keine Milch? Hier gibt's leckere Alternativen

Notzarella

100 g Cashewkerne (mit etwas Wasser über Nacht einweichen, abgießen) oder 9 EL Mandelmehl (kann direkt verwendet werden) • 2 EL Flohsamenschalen
300 ml Wasser • Saft von ½ Zitrone • ½ TL Salz, etwas Pfeffer
ca. 1–2 EL Hefeflocken, je nach Würzigkeit • 1 EL Öl

Zubereitung

Die Flohsamen mit 300 ml frischem Wasser ca. 2 Std. einweichen. Die eingeweichten, abgeseihten Cashewnüsse, Zitronensaft, Öl, Flohsamen und die Gewürze gut vermixen, bis eine sehr cremige Substanz entsteht. Das geht am besten in einem Mixstab, Hochleistungsmixer oder Blender. Die Formen mit eiskaltem Wasser ausspülen, die Masse in die Form füllen und mit einem Löffel festdrücken.

Kühlstellen, aus der Form stürzen, aufschneiden, mit Tomaten und Basilikum servieren oder in der Küche für heiße Brötchen mit Tomaten, Aufläufe, Lasagne usw. verwenden.

Zum Aufbewahren können Sie den Notzarella auch in ein Glas mit milder Salzlake legen.

Fester Cashkäs zum Aufschneiden

100 g Cashewkerne (mit etwas Wasser über Nacht einweichen, abseihen) oder alternativ Sonnenblumenkerne, geschälte Mandeln oder Haferflocken
ca. 100 g Süßkartoffeln oder Kürbis (für Stärke und Farbe)
400 ml Wasser
2 EL Agar Agar (Geliermittel aus Rotalge)
2½ EL Hefeflocken (oder Miso = fermentierte Sojasauce)
1 EL Paprikapulver (geräuchert)
1 Msp. Knoblauchpulver
½ EL Zitronensaft

Zubereitung
Die Süßkartoffeln, schälen, würfeln und in etwas Wasser mit Salz weichkochen und abseihen.

Die restlichen Zutaten mit den abgekühlten Süßkartoffeln in das Mixglas geben, den Agar Agar mit dem Wasser verrühren und anschließend unter ständigem Rühren aufkochen, bis die Masse geliert. Das Gel noch warm ins Mixglas dazugeben und gut durchmixen.

Kleine Formen kalt ausspülen, nach Wunsch den Boden mit Gewürzen (Chili, Pfeffer, Kümmel, Schnittlauch) bestreuen, die Masse zügig einfüllen und im Kühlschrank aushärten lassen.

Nach dem Herausstürzen können Sie ihn aufschneiden und verkosten.

In einer verschließbaren Box aufbewahren, Sie können ihn auf Brot essen oder auch zum Überbacken verwenden.

EIER HALTBARMACHEN

Eier einlegen

Um Eier für den Winter haltbar zu machen, wurden sie früher in große, geschlossene, dunkle Gefäße, wie z. B. einen Tontopf oder einen Kübel, mit Kalkmilch eingelegt. Hierfür wurde Löschkalk (im Baumarkt erhältlich) mit Wasser verdünnt, dafür 4 EL Löschkalk mit ca. 2 Litern Wasser verrühren. In diese so genannte Kalkmilch werden vorsichtig mit einer Prise Salz die frischen Eier mit der Spitze nach unten eingelegt. Dabei müssen die Eier ca. eine Handbreite mit der Flüssigkeit bedeckt sein. Sie werden dunkel und kühl, z. B. im Keller, gelagert.

Beinahe ein Jahr (8–12 Monate) sind diese Eier nun haltbar. Vor dem Verwenden mit etwas Wasser abspülen. So hatte man früher für mehrere Monate frische Eier zur Verfügung.

Tipp

Nur ganz frische und ungewaschene Eier direkt vom Bauernhof dafür verwenden.

Trockenes Eipulver selbst herstellen

Zubereitung 1
12 Eier werden in einer Schüssel aufgeschlagen und verquirlt (evtl. leicht salzen). Anschließend im Dörrgerät (für ca. 6 Stunden) trocknen lassen.

Zubereitung 2
Die verquirlten Eier auf zwei Backbleche aufteilen und bei ca. 30 °C im Backofen trocknen lassen. Dabei z. B. einen Kochlöffel in die Backofentür einklemmen, damit die Feuchtigkeit entweichen kann.

Nachdem sie abgekühlt ist, wird die Masse in einer Kaffeemühle oder einer Moulinette fein zu Pulver vermahlen, in Portionsbeutel abgefüllt und für den Vorrat vakuumiert bzw. in Dosen luftdicht aufbewahrt.

Hinweis

Man kann Trockeneipulver natürlich auch fertig kaufen, das hält sich laut Hersteller ca. 10 Jahre. Im Bioladen gibt es in Portionsbeuteln auch einen veganen Ei-Ersatz als Pulver zu kaufen.

GÄRTNERN UND SICH SELBST AUS DEM EIGENEN GARTEN VERSORGEN

DER GARTEN FÜR DEN SELBSTVERSORGER

Früher fand man in jedem zweiten Vorgarten einen kleinen, aber feinen Gemüsegarten, Obstbäume, ein oder zwei Beerensträucher und oft war sogar noch Platz für ein paar Hühner, Hasen und eine Ziege. Somit hatte man als Selbstversorger Obst, Salat, Gemüse, Kartoffeln, Eier, Milch und Fleisch.

Ein kleiner Selbstversorgungsgarten ist auch heute der Traum vieler Menschen. Frei, unabhängig und selbstbestimmt Lebensmittel anzupflanzen, wird vielen immer wichtiger. Zu wissen, was man hat und isst, ist doppelt nährend und macht auch ein wenig stolz und glücklich. Außerdem ist es nachhaltig und ressourcenschonend.

Leider hat nicht jeder diese Möglichkeit, den notwendigen Platz und die Muße zum Gärtnern. Ich habe hier versucht, für Sie ein paar kleine Garten- bzw. einfache Gemüseanbauideen anzuführen.

Zum Anbau im eigenen Garten oder Sammeln in der Natur sind solche Gartenhelfer von enormem Wert:

- Kübel oder Scheibtruhe
- Gartenschere
- Spaten
- Handschaufel
- Handschuhe

Stellen Sie sich einmal folgende Frage:

- Haben Sie eine Möglichkeit zum Gartenanbau?
- Was würden Sie gerne anpflanzen bzw. was essen Sie gerne?
- Haben Sie dafür auch Samen vorrätig bzw. haben Sie vermehrfähige Samen?
- Haben Sie die Möglichkeit, einen Schrebergarten zu mieten oder ein kleines Stück Land zu pachten? Dann können Sie notfalls sogar ein paar Hühner oder andere Tiere halten.

Machen Sie für sich selbst einen Plan, welche Möglichkeiten Sie schaffen könnten, um evtl. einige Lebensmittel selbst anzubauen (Balkon, Fensterbrett, Hinterhof, Dachterrasse, Kübel Garten ...).

Hier kommen ein paar einfache Beispiele!

SOMMERGEMÜSE IM GARTEN ODER AM BALKON ZIEHEN

Kresse

Der Anbau funktioniert ganzjährig im Innenraum, einfach die Samen auf etwas feuchtes Küchenpapier streuen, ans Fenster stellen, mit Wasser ansprühen und feucht halten. Aber sie gedeiht auch im Außenbereich sehr gut, dort direkt in die Erde sähen, im Winter einfach etwas abdecken.

Auf einem Küchenpapier angesät.

Superfood von der Fensterbank – vom Samen zum Keimling

Radieschen, Rettich, Rote Rüben, ganze Getreidekörner, wie Dinkel, Weizen, Hirse, keimen an der Fensterbank. So haben Sie eine gute Möglichkeit, in wenigen Tagen (auch im Winter) Frische, Energie, Vitalität und richtige Kraftpakete zu ziehen. Keimsaaten werden in einem leeren Honigglas gut gewässert bzw. gespült. Darüber wird eine Feinstrumpfsocke gestülpt, durch die sie täglich gut gegossen werden können. Das Wasser wird nach ein paar Mal Schwenken wieder abgegossen. Sie können die Samen auch täglich herausholen und in einem Sieb abspülen. Nach dem Spülen kommen sie wieder zurück ins Glas an die helle Fensterbank. Das wird täglich wiederholt, bis sich die gewünschte Größe des Keimlings entwickelt hat.

Man kann Erbsen, Bohnen und Linsen sogar dunkel keimen lassen. Hierfür je 2 EL Linsen oder Bohnen für ca. 2 Tage in Wasser einweichen. Nun das Wasser abgießen und die Bohnen oder Linsen in ein leicht feuchtes Geschirrtuch einschlagen. Nach ca. 2 Tagen können Sie nachsehen, jetzt müssten die Bohnen bereits gekeimt sein und können nun zu Brot, Auflauf, Risotto weiterverarbeitet werden.

Auf Erde gewachsen

Kartoffeln

Im Mai werden die Kartoffeln je nach Triebaugen auseinandergeschnitten. Diese dann in eine dunkle Mörtelwanne, Kübel oder einfach nur in einen Sack mit nährstoffreicher Erde geben und mit der Triebseite nach oben einpflanzen, mit Erde bedecken und bewässern. Achtung, nicht auf die Abflusslöcher in den Gefäßen vergessen, damit keine Staunässe entstehen kann.

Wenn das erste Grün zu sprießen beginnt, können Sie nochmals Erde nachfüllen (anhäufeln), damit fördern Sie eine bessere Fruchtbildung.

Sobald das Kraut später abblüht, kann nach Kartoffeln Ausschau gehalten werden.

So haben Sie aus einigen alten Kartoffeln eine Ernte von mehreren Kilo frischer Kartoffeln. Die Kartoffeln werden am besten kühl und dunkel gelagert.

Karotten

Samen (frühreife Sorte verwenden) in einer Kiste oder einem Beet aussäen, mit Erde bedecken und feuchthalten, mit einem Vlies oder einer Folie abdecken und ankeimen lassen. Dadurch wachsen ihre Karotten viel schneller. Es kann sein, dass sie zu dicht gesät sind, dann sollten Sie etwas ausgedünnt werden, damit sie nicht so eng nebeneinander wachsen und sich voll entwickeln können.

Was ich auch sehr toll finde, ist, die abgeschnittenen Enden der verwendeten Karotten aus der Küche wieder neu austreiben zu lassen. Hierfür einen Karottenstrunk in etwas Wasser hell ans Fenster stellen, die zarten Blattaustriebe schmecken nicht nur gut, sondern peppen jede Mahlzeit auf.

Tipp

Sie können das Karottengrün auch zu Aufstrich oder Pesto, fein gehackt in die Suppe oder zum Dekorieren von Speisen und als allgemeiner Vitalspender im Winter verwenden.

Pflücksalat

Die Samen oder ein Saatband in Erde einsäen und feucht halten. Bei etwas Wärme und Sonne wachsen hier sehr bald kleine Pflänzchen heran. Das Tolle daran ist, dass Sie jeweils nur so viele Blätter ernten, wie sie gerade benötigen. Denn dieser Pflücksalat wächst dann einfach wieder nach. Beginnen Sie bei der Ernte mit den äußeren Blättern, das Herz im Inneren des Salates muss immer stehenbleiben.

Sie können aber auch in einen Sack Erde aus dem Gartenbaumarkt kleine Löcher einschneiden, die Setzlinge dort einpflanzen, sonnig stellen und feucht halten.

Spinat

Die Samen des Spinats mit Erde bedecken, hell stellen und bewässern. Im Winter auf der Fensterbank mit etwas Frischhaltefolie abdecken, und einige Luftlöcher einsteche. Dadurch wird der so genannte Glashauseffekt erzielt und die Samen keimen schneller. Frische saftige Blätter sind so in wenigen Wochen ganzjährig bereit zur Ernte.

Im Garten kann man ihn ganzjährig nachsäen.

Radieschen

Die Radieschen haben eine recht kurze Vegetationszeit, d. h., sie sind bereits wenige Wochen nach Aussaat erntereif. Sie schmecken hervorragend roh aufs Butterbrot und zu Salaten. Auch die Radieschenblätter sind sehr gesund und nährstoffreich und können in Salaten, Suppen, Aufläufen oder als Pesto verwendet werden.

Bohnen

Nach dem Frost einfach ein paar getrocknete Bohnen (Buschbohne, Breite Bohne) oder Erbsen in die Erde legen, bewässern. Wenn die Hohe Rankbohne zu wachsen beginnt, einfach einen Holzstab als Rankhilfe in die Erde geben. Nach einigen Wochen bis ca. 3 Monaten können Sie je nach Sorte bereits Ihre eigenen Bohnen ernten. Roh sind Bohnen giftig, d. h., sie müssen ca. 15 Minuten in Wasser gekocht werden, bevor sie gegessen werden können.

Tipp

Bohnen sind sehr frostempfindlich, Sie können diese aber wunderbar im Haus vorziehen. Nehmen Sie einen leeren Eierkarton, füllen diesen mit Erde auf oder befüllen Sie leere Eierschalen mit Erde und stecken in jede 1–2 Bohne hinein. Gießen Sie diese regelmäßig und stellen Sie sie auf eine Fensterbank. Ab Mai können Sie diese ins Freie pflanzen oder Sie legen sie einen Tag in lauwarmes Wasser und dann direkt in die Erde.

Zucchini, Kürbis

Etwas Kompost mit Erde in einen leeren Eierbecher geben, getrocknete Kürbis- oder Zucchinisamen dazugeben, feucht halten und keimen lassen. Nach dem Frost können die Setzlinge mit dem Eierkarton dann ins Freie gesetzt werden.

Tipp

Es können auch alte Schüsseln, Wannen, Blumentöpfe, Holzkisten und Palettenaufsätze oder einfach Plastiksäcke mit Erde befüllt und bepflanzt werden.

Hinweis

Ist ihr Balkon im Sommer sonnig und heiß? Dann können Sie gleich auf zwei Etagen anpflanzen. Im unteren Teil gedeiht Ihr Gemüse und als Beschattung (z. B. über ein Gerüst) lassen Sie einen Kürbis darüber ranken. Auch an der Seitenwand können Sie Stangenbohnen oder Erbsen ranken lassen, welche dann auch als Beschattung dienen können.

WINTERGEMÜSE ZIEHEN

Vogerlsalat (Feldsalat)

Den Vogerlsalat müssen Sie nur rechtzeitig aussäen, damit er dann im Winter oder Frühling erntebereit ist. Das ist je nach Lage und Witterung so ab Ende August, Anfang September.

Gerade im Winter sind die Beete sonst ja eigentlich fast leer und ungenützt. Ich streu auch immer einige Samen vom Vogerlsalat im Herbst in leere Tomatenkübeln, die ich mit etwas Erde befüllt habe und etwas geschützt stelle, ab und zu gießen oder mit Schnee bedecken, dann kann ich auch dort meinen Vogerlsalat direkt frisch ernten.

Kohlsprossen

Auch Kohlsprossen können Sie den ganzen Winter einzeln, je nach Bedarf pflücken. Sie dienen als wertvoller Nährstoff- und Vitaminspender. Die Pflanze muss allerdings bereits im Sommer ausgepflanzt werden.

Winterkohl

Im Sommer gepflanzt, werden ganzjährig, auch über den ganzen Winter, die Blätter geerntet. Sie können roh oder gekocht verwendet werden. Es gibt ihn grün- oder rotblättrig.

Asiasalat

Den Asiasalat säen Sie im September in etwas Erde aus und bedecken ihn mit einem Vlies, sodass Sie ihn den ganzen Winter wie einen Pflücksalat ernten können.

Auch hier kann ich eine Pflanze blühen lassen und im nächsten Herbst (September) wieder eigene Samen aussäen.

Tipp! Eigene Samen ziehen

Wenn Sie irgendwo ein schönes Pflänzchen stehen und blühen lassen, bilden sich Samen. Wenn diese reif sind, fallen die Samen oft schon bei Berührung ab.

Dann nehmen Sie eine große Papiertüte, geben die Pflanze kopfüber hinein und lassen sie so trocknen. Dann brauchen Sie nur gut zu schütteln bzw. sie abrebeln und die Samen fallen alle am Tütenboden zusammen.

So haben Sie günstig Ihre neuen Samen für den nächsten Anbau gesammelt, vorausgesetzt Sie haben keine Hybridpflanzen, sondern noch echte vermehrbare Pflanzensorten.

Vogerlsalat

Kohlsprossen

Winterkohl

Asiasalat

GREEN UPCYCLING

Gemüsestrunk neu austreiben lassen und frisches, leckeres Grün ernten.

MAL WAS GANZ NEUES! – GEMÜSE UND BLATTGRÜN OHNE SAMEN ZIEHEN

Das hab ich jetzt schon öfters versucht, ich bin begeistert und finde, es ist eine echt tolle Sache.

Sie bekommen notfalls aus Gemüseresten und eigentlich Abfall für den Kompost neues Blattgrün, oft sogar ganze Pflanzen.

Experimentieren lohnt sich hier.

So geht's:

- Eine Frühlingszwiebel oder Lauch abschneiden, in ein Wasserglas stellen und weiterwachsen lassen. Bereits nach einem Tag sieht man den ersten Wachstumsschub. Das saftige Grün abschneiden, in der Küche verwenden und wieder weiterwachsen lassen.
- Einen Karottenstrunk auf einen Teller in etwas Wasser an einen hellen Platz am Fenster stellen, die zarten Blattaustriebe schmecken nicht nur gut, sondern peppen im Winter jede Mahlzeit auf.
- Von Kraut, Kohl oder Brokkoli einfach den Gemüsestrunk ausschneiden, in ein Glas mit etwas Wasser an die helle Fensterbank stellen und so nach Tagen neue Blätter austreiben lassen.
- Von Roten Rüben den Strunk auf einen flachen Teller mit etwas Wasser ans Fenster

stellen, nach einer Woche entstehen saftige Blätter mit viel Vitamin C und wertvollem bioverfügbarem Eisen.

- Stangensellerie und Chinakohl 2 cm über dem Strunk abschneiden und in etwas Wasser stellen. Wenn sie auszutreiben beginnen, können Sie diese in etwas Erde einpflanzen und weiterwachsen lassen.
- Vom Radicchio einfach den Strunk in etwas Wasser stellen oder in etwas Erde stecken, dunkel stellen und nach 1 Woche die ersten Blätter ernten.

UPCYCLING, RECYCLING UND ANDERE GARTENIDEEN

Gemüseampel, selbstgemacht

Die leeren Plastik-, PET- und Wasserflaschen als Pflanzgefäße weiterverwenden.

So haben Sie weniger Müll, viel Freude und tolle Gefäße!

Hierfür scheide ich mit einem scharfen Messer oder Stanleymesser den Flaschenboden ab, fülle die Flasche erst mit etwas Steinen und dann mit Erde.

Nun setze ich oben meine Samen oder Setzlinge hinein, bewässere sie gut und steche evtl. Löcher in den Boden ein, um Staunässe zu vermeiden.

Ich montiere mir einen Henkel zum Aufhängen. Dazu Löcher zum Befestigen einer Schnur seitlich mit einer heißen Nadel einstechen.

Dafür eignen sich z. B. Kapuzinerkresse, Hängeerdbeere, Bohnen, Paprika, Chili ...

Mini-Gewächshaus

Die Flasche der Länge nach aufschneiden, Abtropflöcher einstechen, mit Erde befüllen und Samen z. B. von Spinat einsäen. Befeuchten und als Mini-Gewächshaus sozusagen den Deckel locker darauflegen.

Kübel-Gemüse

In einem Kübel am Balkon können Sie z. B. Tomaten, Chili, Paprika oder Snackgurken einpflanzen.

Alternatives Gemüsebeet

In einen Sack voll Pflanzerde vom Baumarkt können kleine Pflanzlöcher eingeschnitten werden und Samen oder Pflänzchen eingesetzt werden, wie z. B. Erdbeeren, Pflücksalat, Chinakohl, Minze, Melisse, Kohl, Chili ...

Notfalls nehmen Sie Müllsäcke, alte Plastiksäcke oder Jutesäcke, befüllen Sie diese mit Erde (Kompost und Maulwurferde) stechen Abtropflöcher ein, um Staunässe zu vermeiden, und setzen Pflanzen oder Samen hinein.

Verschiedene Pflanzgefäße

Auch Lebensmittelverpackungen, wie Tetrapacks, können Sie gut wiederverwenden.

Schneiden Sie die leeren Packungen (z. B. von Milch, Orangensaft usw.) der Länge nach auf.

Füllen Sie diese mit Erde (immer unten Löcher einstechen und evtl. etwas Kies als Drainage verwenden), streuen einige Samen hinein, befeuchten alles und schon steht dem Gärtnern nichts mehr im Weg.

Hochbeet – mal anders

Vier Paletten zusammensetzen und zu einem Hochbeet verschrauben. Unten mit einem Mausgitter auslegen, die Innenseite mit Noppenfolie auskleiden und in der Mitte mit Ästen, Laub, Kompost und zum Schluss einer dicken Schicht Erde auffüllen. Nun können Sie ihre Samen oder Jungpflanzen einsetzen.

Spalier-Gemüse

Paletten einzeln aufstellen und den Hohlraum mit Folie oder Vlies auskleiden bzw. mit Kies drainagieren, mit Erde befüllen und bepflanzen.

Essbare Wohnraumdeko

In der Wohnung anstatt Blumen bereits im zeitigen Frühjahr essbare Pflanzen oder Kräuter, wie Petersilie, Schnittlauch, Basilikum, Minze, oder Blütenkräuter als essbare Dekoration setzen.

Naschgarten für alle

Nutzen Sie mit Ihren Nachbarn als Gemeinschaft bereits jetzt brachliegende Grundstücke der Gemeinde z. B. als essbaren Blütengarten oder Naschgarten für Beerensträucher. Das freut nicht nur die Bienen und Schmetterlinge, sondern auch uns Menschen, ob Groß oder Klein.

Gemeinschaftliches Gärtnern

Finden Sie Gleichgesinnte und organisieren Sie eine Gartengemeinschaft oder gründen Sie selbst einen Gartenverein. Vielleicht gibt es jemand in Ihrer Nähe, der ein kleines Stück Brachland, das nicht gepflegt wird, an Sie oder diesen Gartenverein verpachten möchte oder Ihnen sogar gratis zur Verfügung stellt. Beginnen Sie, Hügelbeete anzulegen, auf einem Misthaufen wächst z. B. ein Kürbis! Ein Beet für Salate, Kraut und Karotten usw. das wäre Versorgung für die kommende Zeit in voller Fülle.

Tun Sie sich zusammen und machen Sie Unmögliches möglich. In einer Gemeinschaft hat ein jeder andere Stärken und Talente, nutzen wir diese.

Es macht nicht nur unabhängiger, sondern fördert auch die Gemeinschaft und den Zusammenhalt. Stellen Sie sich eine gemeinsame Ernte, ein gemeinsames Erntedankfest und viele gemütliche Stunden im Austausch mit Gleichgesinnten vor. Kinder, die in einem essbaren Beeren-Labyrinth verstecken spielen? Was meinen Sie, wäre das nicht schön? Gerade in Zeiten einer Krise, bei Lebensmittelknappheit oder in einer Notsituation wird ein gemeinsames Miteinander, sich gegenseitig Aushelfen und Unterstützen einen neuen Stellenwert bekommen.

Einer Vision, einer Idee muss immer ein Gedanke vorangehen. Ein inneres Brennen, ein so genannter **Seele**nfunke wird für eine ganz bestimmte Sache entzündet. Dann wird auch der **Geist** eine Möglichkeit finden, dem **Körper** den Weg dafür zu zeigen und zu ebnen. Den ersten Schritt dazu, muss man aber immer selbst tun!

SCHLUSSWORT

„ICH LEBE MEINEN TRAUM – MEIN LEBEN MIT KRÄUTERN"

Ich bin Eva Tragner und als Älteste von vier Kindern auf einem Bio-Bauernhof am Fuße des Zirbitzkogels im Zirbenland in der Steiermark aufgewachsen. Somit wurde mir die Liebe zur Natur schon in die Wiege gelegt. Ich bin verheiratet, habe zwei wunderbare Kinder und lebe in einem idyllischen kleinen Dorf bei Knittelfeld. Meine Liebe gilt meiner Familie, der Natur und dem einfachen Leben mit all seinen wunderbaren Schätzen. Seit meiner Jugend beschäftige ich mich mit dem alten Volksheilwissen unserer Vorfahren, den heimischen Kräutern und der Pflanzenheilkunde.

Meine ganz besondere Begeisterung gehört dem Wissensschatz und dem einfachen Leben unserer Großeltern, nämlich dem Wissen über ihr Leben, den Wildkräutern, „der Apotheke Gottes", denn das sind jene Pflanzen, die ohne unser Zutun, ohne Gießen, ohne Jäten, ohne Pflege wachsen und gedeihen, die jeden Tag, jede Woche, jedes Jahr immer zur richtigen Zeit am richtigen Ort stehen und nur darauf warten, dass wir ihre Talente und Kräfte entdecken!

Einen Spaziergang durch die Natur, die Wiesen und Wälder zu machen, den ganzen Reichtum um uns, all diese Geschenke wahrzunehmen, sie zu sehen und dankbar dafür zu sein – das ist Wertschätzung an unserer Schöpfung.

Ich bin glückselig, diese kleinen Wunder täglich rund um mich sehen zu dürfen.

Ich halte Kräuter- und Naturseminare, bin in Natur- und Erwachsenenbildung tätig, organisiere regionale Kräutertreffs, mache Kräuterführungen, Almwanderungen und verschiedenste Workshops zum Thema Kräuterverarbeitung, Natur- und Kräuterkunde, Krisenvorsorge sowie Basiswissen für die Grüne Hausapotheke, die Wilde Vorratskammer, das Leben aus der Natur, altes Volks- und Heilpflanzenwissen usw. sowie auch Seminare zum Thema „Kräuter-Kosmetik – natürlich schön".

Mein Kräuterwissen eignete ich mir aus der Liebe zum natürlichen und einfachen Leben, durch tägliches Experimentieren und durch das Verwenden meiner selbsthergestellten Kräuter- und Pflegeprodukte, durch unterschiedliches Feedback von meiner Familie, Freunden und Kursteilnehmerinnen und -teilnehmern sowie durch die verschiedensten wertvollen Kräuterausbildungen, die ich besuchen durfte, und durch meine jahrelangen Erfahrungen aus dem Leben mit Kräutern und der Natur an.

Sehr gerne teile ich meine Erfahrungen und meine Begeisterung mit meinen Freunden und Mitmenschen. Infos unter:

http://www.eva-sonnengarten.at/

Besonders wichtig für ein „glückliches Leben" sind Gesundheit, Zufriedenheit und eine sinnerfüllte Seelenbeschäftigung sowie auch der gelebte, vollkommene harmonische Einklang mit der Natur als Einheit von Heil-, Pflege- und Nahrungsmittel.

Dann werden sich auch unser Körper, unser Geist und unsere Seele im harmonischen Einklang befinden.

MEIN PERSÖNLICHER WEG ZUM THEMA KRISENSICHER

Durch Gespräche und Erzählungen mit meinen Eltern, Großeltern und Urgroßeltern bekam ich höchsten Respekt vor ihnen, ihrem Leben und der Zeit, in der sie aufwuchsen, wie sie lebten, vor ihren Erfahrungen und ihren Geschichten.

Ich wurde immer neugieriger, über unsere Vorfahren, wie sie lebten, wie sie arbeiteten und ob sie glücklich waren. Ich wollte einfach alles wissen, z. B. was sie anbauten, aßen, wie sie kochten, womit sie ihre Haare wuschen und ihre Zähne putzten. Und wie das Leben ohne Technik, Handy und Internet war.

Ein Auto besaßen sie nicht, mein Großvater hatte aber Pferde und fuhr mit einer Kutsche. Viele konnten nur zweimal im Jahr Zucker, Salz und eventuell sogar einmal Kaffee kaufen. Der Rest kam aus der Produktion am eigenen Hof, gekocht wurde mit dem, was da war und sie selbst produzierten.

Zur Verfügung hatten sie bei uns im ländlichen Raum, je nach Region: Weizen, Gerste, Roggen, Hafer, Polenta, Kraut, Erdäpfel, Eier, Milch, Topfen, Rahm, selten Fleisch und Wurst (wenn, dann frisch oder geselcht) sowie Äpfel, Schwarz- und Preiselbeeren.

Mir war es immer ein besonderes Anliegen, mich durch meine Fähigkeiten und mein Wissen unabhängig zu machen. Es macht so frei, unabhängig und sehr zufrieden. Zu wissen, dass man auch fern von dieser Konsumwelt noch überleben kann. Etwas, mit dem man notfalls auch gut in einer schwierigeren Zeit leben und womit man sich ernähren kann. Und gerade am Anfang der Coronapandemie und den zahlreichen Lockdowns rückte das Thema Krisenvorsorge sowie die Gedanken, ob ein Leben auch ohne Strom möglich sein könnte, immer mehr in meinen Fokus.

Hier kommt mir ein besonderer Gedanke in den Sinn: „Sehen wir doch Krisen als Chance, als Türöffner für neue Ideen, Gedanken und Lösungen, ich würde sagen, es ist sogar ein erster Schritt in eine neue Zeit."

Ich experimentiere täglich aufs Neue, kreiere neue Rezepturen und probiere verschiedenste Möglichkeiten des Kochens, Gemüseanbaus, verschiedene Zubereitungen sowie auch Kräuter- und Pflegeprodukte in meiner Zauberküche aus. Meine große Lieb- und Leidenschaft ist es, aus einfachsten Zutaten, die viele von uns zuhause vorrätig haben, neue Produkte und Kreationen zu kreieren. Um mich und meine Liebsten zu verwöhnen und für die Zukunft möglichst frei und konsumunabhängig zu werden. Sehr gerne lasse ich Sie durch meine Bücher und Workshops daran teilhaben.

Ich hoffe, Sie können den einen oder anderen Tipp aus diesem Buch für sich persönlich nutzen.

Möge dieses Buch Sie gut durch die kommende Zeit begleiten.

Tue deinem Körper etwas Gutes, damit deine Seele und dein Geist sich darin wohlfühlen.

Mit lieben und zuversichtlichen Gedanken!
Herzlichst, Ihre

Eva Tragner

DANKE

1. an Hr. Uhl vom Zivilschutzverband Steiermark für seine Zeit und die Informationen
2. meinem Mann für seine tolle Unterstützung und seine Ideen
3. meinem Sohn für das tolle Coverbild und den regen Austausch
4. meiner Tochter für ihre Ideen und ihre Unterstützung
5. meiner Familie und meinen Freunden, die mich stets motivieren
6. meiner Mama und Freundin Gudi vom Pichlerhof für die Käserezepte
7. meinen Eltern für ihr Können, die wertvollen Tipps und die vielen praktischen Rezepte für die Verarbeitung von Lebensmitteln
8. meinen Großeltern bzw. meinen Omas für ihre Erzählungen und Geschichten aus ihrem Leben
9. meiner Schwiegermutter für viele gute Backrezepte
10. meinen Kursteilnehmern für den Austausch, ihr Feedback und Anregungen
11. an den Leopold Stocker Verlag, besonders an Fr. Mag. Heike Pekarz, für das Umsetzen dieses Buches
12. meiner Intuition, Inspiration und meinem lebendigen Entdeckergeist
13. der Natur für ihre Schätze, ihre Schönheit, ihre Vielfalt und ihre Vollkommenheit
14. dem Schöpfer für alles Leben hier auf Erden

QUELLEN, BÜCHER, EMPFEHLUNG

Emilie Zeidler / Elfriede Temm: St. Martiner Kochbuch. 33. Auflage, Leopold Stocker Verlag 2019.

Grabnerhof Kochbuch. Die altsteirische Küche. Leopold Stocker Verlag 2019.

Zivilschutz Verband Steiermark www.zivilschutz.steiermark.at

Jules Silver: Prophezeiungen Bis zur Schwelle des 3. Jahrtausends. Ariston Verlag 1987.

Eva Tragner: Leben mit Kräutern. Eigenverlag 2019.

Eva Tragner: Meine Grüne Hausapotheke: Kräuterrezepte einfach selbst gemacht. 2. Auflage, Leopold Stocker Verlag 2020.

Eva Tragner: Kräuterkosmetik. Natürlich schön von Kopf bis Fuß. Leopold Stocker Verlag 2022.

Lars Konarek: Überleben in Krisen- und Katastrophenfällen. Ein Handbuch für jedermann. Das Survival-Wissen der Spezialeinheiten. 4. Auflage. Leopold Stocker Verlag 2020.

Weck-Einkochbuch. Weck, Abteilung Verlag 2008.

Anna Müller / Olga Walser: Mein erstes Kochbuch. Verlag E. Dorner 1948.

Ursula Baron, Elsbeth Blaser: Abc des Einmachens. Energie-Verlag 1984.

Vortrag von Reinhard Baldessarini: Hausmittel

FNL-Kräuterakademie: Ausbildung Dipl. Kräuterexperte/in